温暖的大地

各族各界人民营救红西路军将士纪实

WENNUAN DE DADI

●王国华 主编

兰州大学出版社

图书在版编目(CIP)数据

温暖的大地/王国华主编. —兰州:兰州大学出版社,2013.1

ISBN 978-7-311-04051-2

Ⅰ.①温… Ⅱ.①王… Ⅲ.①纪实文学—中国—当代 Ⅳ.①I25

中国版本图书馆 CIP 数据核字(2013)第 019798 号

策划编辑 施援平 许 景
责任编辑 高燕平
封面设计 刘 杰

书 名 温暖的大地
作 者 王国华 主编
出版发行 兰州大学出版社 (地址:兰州市天水南路 222 号 730000)
电 话 0931-8912613(总编办公室) 0931-8617156(营销中心)
0931-8914298(读者服务部)
网 址 http://www.onbook.com.cn
电子信箱 press@lzu.edu.cn
印 刷 兰州人民印刷厂
开 本 880 mm×1230 mm 1/32
印 张 9.25
字 数 236 千
版 次 2013 年 1 月第 1 版
印 次 2013 年 6 月第 2 次印刷
书 号 ISBN 978-7-311-04051-2
定 价 36.00 元

目　录

大地为什么温暖

（代序）

董汉河

《温暖的大地》是王国华、孙瑛主编的《飘落的种子》的姊妹篇。《飘落的种子》（兰州大学出版社 2008 年 6 月出版）真实记述了中国工农红军西路军 48 位将士，因西路军失败而流落张掖及河西地区后，就像一颗颗飘落的种子，顽强地生根、开花、结果，而最终成为人民共和国基层政权的基石。因此，我为《飘落的种子》写的序言题为《种子　小草　基石》。飘落的种子之所以能够生根、开花、结果，是因为有温暖的大地。这温暖的大地，是指厚德载物的人民。这部《温暖的大地》，主要记述的就是张掖及河西地区的人民，如何以自己的温暖，使西路军那些飘落的种子生根、开花、结果的。内容丰富真实，令人感慨深思，受益匪浅！

大地为什么温暖？因为有太阳的光辉。自从有了中国共产党，人民常常将党组织和领袖的关怀比作太阳的光辉，也有人将革命理想视为心中的太阳。党和领袖的关怀，使我们感到温暖；革命理想则使我们总是看到光明，成为我们前进的动力。然而，读着这部书稿，我深深感到，仅仅将党组织和领袖的关怀以及革命理想看做太阳的光辉是远远不够的，广大人民群众中本身就蕴含着丰富的热力和能源。这热力和能源有些因共产党和红军的积极影响而被激发出来，有些则是优秀文化的积淀在特殊环境中的展现，是善良人性的光辉。正是有了这一切，大地才温暖，才厚德载物，才能使那些西路军飘落的种子生根、开花、结果。的确，大批西路军蒙难将士被营救，是党组织努力策划成功运作的结果，但其中也离不开包括爱国宗教人士在内的人民群众的积极支持。例如，基督教人士高金城欣然接受中共委托，前往马家军严酷统治下的张掖寻找西路军军政委员会主席陈昌浩，与地下党组织一起成功营救近三百名西路军蒙难将士回到革命阵营，他自己却被敌人秘密杀害，就是典型的事例。高金城烈士之所以为营救西路军蒙难将士献出宝贵生命，主要出自他的爱国情怀，同时也与他信奉的基督教教义有关。当时国难深重，高金城已对反动腐朽的蒋介石及其南京政府不抱希望，将兴国富民的希望寄托在共产党身上，这也与"爱人如己"的基督教教义有一致性。

书稿中更多的西路军营救者，与共产党和红军并无直接关系。有些红军曾占领过的地方，群众的积极营救可能与红军的积极影响有关；那些红军从未到过的地方，则无法与共产党和红军的影响相联系。前者如家居永昌水磨关的前清官员王永年，国民党张掖县县长马鹤年，前清武举人鲁秉礼，星星峡边卡大队队长王效典和运输站长王玉峰，以及与红军有过接触的高台群众柴维仁、杨廷贞、李培福、无名大娘、盲人妇女，临泽群众王学文、吴作善、徐菊香、刘尚同，永昌毛卜喇的毛丕礼等。他们不避风险自觉自愿地援救西路军，都是因为亲自看到或感受到红军政策的温暖和纪律的严明，认为红军是仁义之师，是老百姓的希望所在，是中国的希望所在。是红军的温暖激发了他们心中的善良和温暖，但他们人性中那份固有的善良也是无法否认的。后者则有张掖爱国商人刘芳、龙王庙道士徐合德、修枪工人王应魁、裁缝杨仲贵，民乐开明绅士孙振铎、校长李兴俊、农民李宗先，高台淘金人杨育俊，山丹老中医但复三、地主陈治国与贫苦农民袁登福，安西万佛峡道士郭元亨，肃北蒙古族大娘江西力，肃南裕固族牧民安福才、贫苦猎户屈大成，永昌赵学普、黄开兰，武威马二奶奶，青海汉族老奶奶、藏族喇嘛、土族阿爹，古浪道姑李姑姑，天祝西顶草原的李坚草吉等。他们都是在西路军失败后才接触和救护红军的，当初救护蒙难红军大都出自同情、善良和义气，是中华民族优秀文化的积淀在起作用，用毛泽东的话说，就是几千年来积淀的“民主性的精华”在起作用，其中也包括宗教文化的精华。

当然，并不能否认少数人救红军战士也包含私人动机或是封建伦理在起作用，如个别人想借机找一个干儿子或妻子，但即便是这样，在当时也要冒极大的风险。1958 年，张掖地委和专署将他们和其他保护红军有功人员一起表彰，是正确英明之举。这不但因为他们在客观上营救保护了红军，还因为他们心中也包含着善良和温暖。

读着这部书稿，我不但深切地感受到革命的艰难，感受着大地的温暖，同时也对革命历史的丰富性和复杂性，对中华民族的优秀文化，对人性的丰富性和复杂性，有了更切实充分的认识。

这部书稿是对革命历史的有益补充，甚至比正规的革命史有着更丰富的内容。读着书稿我欣慰地感到，大地的温暖在一代一代地传承。当年被营救的红西路军将士没有忘记人民的救命之恩，革命胜利后他们不断地以各种方式寻找和感谢当年的救命恩人。如今，西路军将士的子女们又在真诚地传承着前辈的善良、友谊和温暖。只要有火种在，大地就不会寒冷。这部书稿，就是传递温暖的火种。

读着这部书稿，我们可以明显地看到了中国社会的巨大进步。在那个以路线斗争和阶级斗争为纲的年代，不但许多西路军将士经常遭受审查，有的甚至被打成“张国焘的走狗”、“叛徒”等等，就连保护过他们的群众有的也遭受牵连，甚至蒙受不白之冤。这都是当年那些极“左”观念和极“左”政策造成的。新时期以来，上述不实之词和个别冤假错案，都得到了纠正。然而，历史的教训是十分稀缺珍贵的营养，只要正视它，合理吸取其有益的成分，就可以减少精神营养缺乏症，使我们身心健康，使社会和谐发展。

这部书稿所反映的，只是各地各界各族人民群众救护西路军将士事迹的一部分。据我所知，青海省以及甘肃省的靖远、景泰、古浪、武威、永昌、酒泉、安西等县市，还有不少人民群众救护西路军将士的感人事迹，散见于各种党史资料中。因时间和条件所限，本书不可能全部收集、整理、编写，这当然是一种遗憾。然而，一滴水也可反映太阳的光辉。这部书稿所反映的，已足以使我们感受到了大地的温暖，并给我们留下许多有益的思考和启迪。

2012年5月5日

王效典

——与李先念的跨时代情义

王效典

1990年代，八路军驻新疆办事处纪念馆的几位工作人员来到兰州，找我研讨西路军左支队到达新疆的人数，给我提供了一条十分重要的线索：当年新疆督办盛世才派驻星星峡的边卡大队长兼边务处星星峡办事处主任王效典说，他当时给到达星星峡的西路军左支队将士换发军装，原来的500套军装，发完后还剩了几十套。王效典1961年后仍在新疆工作，他们曾采访过。王效典的说法与之后出版的《陈云年谱》和《陈云传》提供的数字基本一致。从此，我记住了王效典，这个接应西路军左支队进新疆的功臣和历史见证人的名字。

2012年4月中旬，曾任甘肃省副省长、现任全国人大法律委员会副主任的李重庵因公来甘肃。他给我打电话，问我知不知道王效典？我当然知道，当即在电话上讲了王效典当年接应西路军左支队进新疆的事迹。李重庵说王效典是他岳父，生前留下了一点与西路军左支队及与李先念交往的相关资料，想让我考证研究。我对此喜出望外！没过几天，李重庵副主任便寄来了相关资料，是其岳父王效典和岳母王德辉生前亲笔写的回忆录复印件，其中不但有王效典当年接应西路军左支队的回忆，还有全国刚解放时李先念亲自关照王效典的史实。王效典与李先念跨越时代的情义很使我感动，特又查阅、核实和补充相关资料写成此文，与读者分享。

一

王效典，1914 年生于辽宁北镇县一个贫农家庭，幼时被送至姨母家读书到初中毕业。1931 年“九一八”事变后加入李杜将军领导的部队，编入抗日义勇军。后因弹尽粮绝退入苏联境内，被接进赤塔，由中苏双方教授马列主义革命理论。后斯大林与盛世才协商，将这批抗日义勇军将士送往新疆。王效典被安排进盛世才为名誉校长的军官学校炮兵科学习，毕业后被分到边务处，1937 年又被派到星星峡任边卡大队长兼星星峡办事处主任，仍属新疆政府边务处领导。

当时，盛世才积极采取亲苏联共政策，曾几次写信给苏共中央和中共驻共产国际代表王明，主动表示愿意秘密经过新疆，给中共和红军运送武器。因此，斯大林和共产国际才决定让西路军到哈密或安西接受苏联援助的武器弹药，并派陈云和滕代远率领代表团和电台前往新疆接应西路军。

1937 年 4 月下旬，盛世才命令教导团特科大队长宫自宽，率全大队官兵 500 余人，带装甲车 4 辆和 72 辆汽车，前往星星峡迎接红西路军进疆。途中击退了叛匪尧乐博斯的武装袭击和阻挠，于第五天进驻哈密，只带 30 辆汽车于第六天傍晚到达星星峡。他们与先行迎接西路红军的边卡大队长王效典接上了头，会见了中共中央代表。接着做好返程准备工作，将为西路军带去的干粮大饼、罐头等食品分送给全体红军干部战士，以备从星星峡到哈密途中食用。几天后，西路军左支队乘车顺利到达迪化。“当车队进入市郊（原三甬碑附近的俄罗斯坟，平坦地方），盛世才亲自迎接，并在现场召集驾驶人员训话，大意：一路辛苦出色完成了任务，应予表扬，每人特赏省官票2万两，以示奖励。并指示任何人不准外泄这次任务的情况。训话毕车队鱼贯进入市区，进驻西大桥阜民纱厂。”（据《西路军左支队在新疆》第165–166页，新疆人民出版社1991年9月第1版。）

二

最早奉命在星星峡接应西路军左支队的王效典，都做了些什么工作呢？丰富的史料证明，他积极热情、周到细致地领导了接送西路军左支队的全过程，并与先期到达的左支队成员一起，坚决果断地俘虏并处决了叛匪头目尧乐博斯派来缴枪的副官等，保证了左支队将士的安全。

李先念

其夫人王德辉这样回忆：“1937年，西路军左支队到达星星峡时只剩400余人。王效典得到情报，工农红军地形不熟，后有马步芳追兵，前边有新疆少数民族叛匪阻截，形势对红军十分不利。他当机立断，率领边防军，乘着大卡车，打着红旗出卡迎接。不少失散的红军被王效典迎进星星峡。在边卡上王效典曾和李先念住一幢房子（一明两暗），王效典曾向李先念下保证：红军安全请政委放心，有我王效典在就有红军在。王效典还把不少边卡上的装备送给红军，他拿出自己的私人皮靴、军装、武装带给李先念政委换装。”（《西路军左支队在新疆》第167页，新疆人民出版社1991年9月第1版。）

许多西路军左支队将士的回忆，都证实了这一令他们终生难忘

的情景。第一批到达星星峡的左支队将士共 13 人,其中有三十军八十八师二六八团任营部文书的张官朝。他这样回忆他们到达星星峡的情景:“我们沿着电线杆子延伸的方向西进,走了一天一夜,夕阳西下的时候，我在山沟里猛然看见三个头戴大檐帽的军人骑马迎面而来。我手无武器,也无退路,就勒紧缰绳,壮着胆大声问:‘你们是哪一部分的? ’那三人表示,他们是盛世才部队的,是专门来接我们的,我这才明白已经到了星星峡。当时,我党和新疆督办盛世才搞统一战线,他已经从迪化(今乌鲁木齐)派了一名校级军官带了几个人在星星峡负责迎接我们，人们叫那位军官为王主任，后知此人名叫王效典。他每天派出一辆汽车,开到白墩子和红柳园一带,收容我们的人。”[郝成铭等主编《中国工农红军西路军回忆录卷》(下)第332-333 页,兰州红西路军研究会编印]

和李先念一起抵达星星峡的杨南桂回忆说:“这一天,我们爬上山头,遥遥看见前方远处的公路,电线杆沿着公路一根根地排列着,有几个人正在那里走动。李(先念)政委派骑兵营长郑大平同志前去联络,等一会儿他就兴奋地跑回来报告,那是新疆的边防部队。”“当时,新疆盛世才的部队,由于受我党的影响,同情抗日,并同我党建立了抗日民族统一战线关系。因此,星星峡的驻军就打着红旗,迎接我军。他们在星星峡已为我们准备了房子、猪肉、羊肉、馍馍和米饭,非常客气地招待我们。”(《西路军左支队在新疆》第 61 页,新疆人民出版社 1991 年 9 月第 1 版。)

王效典还主动支持配合西路军左支队将士，积极防备反共头目尧乐博斯的武装袭击，并俘虏处决了他派来缴红军枪械的反动军官。

最早到达星星峡的肖显清回忆:“我记得第一晚到达星星峡的仅有 13 名同志,到第二天晚上也不过才有 30 来个人。就是我们到达星星峡的第二天晚上，盛世才的星星峡边务处（即新疆与甘肃交界的哨所)主任王效典,把边务处办公室让出作我们的支队部,并向我们传达了盛世才的一个电话，大意是：第一，尧乐博斯叛变了，可能要缴你们的枪，要特别注意；第二，你们到了多少人？枪够不够？把我们边务处的两个班（当时该哨所驻有两个班）的枪给你们用，这由王主任负责；第三，你们有什么具体困难，我们派飞机援救你们。”

“第三天，我站岗时，发现远处有个小山包似的东西在缓缓地向我们这边移动。我马上报告队长，支队长杨秀坤同志仔细瞧了瞧说：‘那是汽车，快准备战斗！’尧乐博斯果真派人来缴我们的枪了。我们30多人大多是警卫员，带的是驳壳枪，便迅速埋伏起来。待敌人靠近后，枪声四起，敌汽车这才熄了火。我们乘机冲上去，将车上的一个副官扯了下来，带到边务处的房子里（也就是我们支队部住的房子），逼着他给尧乐博斯通个电话。这个副官叫通了哈密的尧乐博斯，并按我们教的话报告说：红军有一万多人，每人身上都有长枪、短枪和大刀，后面还不断有队伍过来，可不得了啊！”

“我们乘缴获的这辆汽车，举着军旗，带上一名司号员，向东南方向游动吹号，呼叫我们的同志，大造红军声威。尧乐博斯果真没敢朝我们这里来，而是向青海方向逃跑了。这时我们的同志聚集来了不少。工委会的几名领导同志听到我们的号音，也带着一些突围出来的同志赶来了。我们在星星峡待了十多天，任务是四处寻找突围出来的同志。连日里，我们踏遍沙漠丘陵，四处寻找，共集合起约400余人。”（《西路军左支队在新疆》第88-89页，新疆人民出版社1991年9月第1版。）

李天焕

最早到达星星峡的周纯麟也说：第二天上午（应该是29日），哈密警备司令尧乐博斯派来的一个副团长（实为少校军需主任李西斋）和他的一个副官长（实为中校副官长铁木尼牙孜），开着一辆卡车来到了星星峡，他们气焰十分嚣张，要我们

把枪打成捆，领导干部到哈密去受奖，其余就地等待命令。显然他们是要缴我们的械，这是绝对不能答应的。这时候，我们的杨团长、刘政委、饶参谋长和王主任（王效典）立即进行研究，很快作出决定，把这两个家伙处决掉，并把这个任务交给一营营长曾玉良、我和其他几个人去执行。很快把两个家伙捆起来，拖到对面山沟给处决了。我们一面继续守卫在星星峡口，一面利用这两个家伙开来的汽车，打上红旗，沿着我们的来路，去接我们走散的同志，当天下午，我们就在三十里外接回了一些同志。（《周纯麟回忆录》第222-226页，中共党史出版社2005年1月第1版。）

三十军政治部主任李天焕和代军长程世才都回忆说，他们是被星星峡派出汽车，打着红旗，迎接到星星峡的。李天焕回忆：盛世才派了一名副官，在星星峡迎接我们，这时我们沿着大路前进的一部分同志，已到了星星峡，那位副官便派了一辆汽车，上面插着红旗，出来迎接我们了。他们在星星峡给我们准备了房子、猪肉和米饭。[李天焕：《气壮山河》，及《中国工农红军西路军回忆录卷》（上），第510-511页]程世才证实了此说："当时新疆盛世才的部队，由于受苏联的影响，和我党建立了统一战线，所以派驻星星峡的两个连（一说两个班），打着红旗，开着汽车，把我们接了进去，并用猪肉和米饭招待我们。"[程世才：《烽火年代》，及《中国工农红军

王效典一家

西路军回忆录卷》(上),第 510-511 页。]

三

王效典当年作为盛世才的部下，迎接西路军左支队进新疆等，都有盛世才的指示。但 1941 年他却被盛世才抓进监狱，严刑逼供，到 1944 年才被保释出狱。其后一直到 1949 年全国解放时，全家仍漂泊流浪，寄人篱下，生活无着。这究竟是怎么回事呢?

1938 年，王效典从星星峡调到乌鲁木齐军官学校任政治部副主任兼教官，给第三、第四期学员教授科学社会主义和资本论等课程。期间，他曾数次奉命赴个别县市平息少数土匪叛乱，也曾与一批中共、联共(布)人员一起赴百灵庙为共产国际做过谍报工作，对象是日本、蒋介石的军政人员等。1941 年，王效典和边务处的二十多名青年一起被盛世才逮捕入狱，罪名是“参与陈、武案”。陈，是指边务处长陈培生；武，则指副处长武左军。盛世才出于政治需要，诬陷他们“阴谋暴动”，将他们逮捕刑讯。但他们坚持不承认被强加的莫须有罪名。1944 年，张治中重审此案。1945 年二三月间王效典因有病，被其岳父王镜楠花钱保释出狱，到岳父家养病。不久，王效典又遭当年的叛匪尧乐博斯悬赏缉拿。原来，尧乐博斯 1944 年随国民党派遣人员进了乌鲁木齐，仍然记着王效典和西路军左支队将士 1937 年在星星峡俘虏处决其副官一事，故点名悬赏缉拿。在朋友帮助下，王效典秘密潜往兰州隐居。

日本投降后，从新疆迁居兰州的 180 多位原东北义勇军人员连同其家属，于 1946 年集体向甘肃省政府主席顾祝同请愿，要求回东北老家务农，得到批准，并领到路费和毛毯等。原东北义勇军将士携家属共 500 余人，乘卡车从兰州到了西安。胡宗南因怀疑其中有共产党，下令阻止，就地解散，自谋出路，不得离陕，并派特务跟踪。这些东北义勇军人员走投无路，有人摆地摊，有人则直接流落街头靠乞讨度日。王效典的岳父王镜楠此时已先到北平居住。他的一个朋友在西安国民党部队里任军需官，看王镜楠的面子帮助王效典挂了个空名字，当时叫“吃空饷”。但王效典全家大人小孩共有五口，只靠那点“空饷”不能解决衣食之忧。

1948年，王效典的岳父就写信让他全家回北平想办法。几经周折，王效典在昔日同学王德新的帮助下，于当年秋天秘密逃往北平岳父家。先是岳父资助了一点钱，让王效典做卖香烟、火柴之类的小生意。由于时局动荡，物价不稳，不久就赔光了本钱。王效典又去卖破烂。

转眼到了1949年，北京已经和平解放，湖北也已经解放。一日，在旧衣布市场上，王效典在翻阅别人的报纸时，无意中看到一则令他兴奋却又半信半疑的消息：湖北军区司令员李先念召开某某会议！当天回家后，王效典就将这个消息告诉了妻子王德辉，并详细讲述了1937年他在星星峡接应李先念和西路军左支队的事情，说这个湖北军区司令员李先念，不知是不是当年他在星星峡接应过的那个李先念。王德辉说：“咱们写信问问！”王效典说：“不行。共产党是讲

王效典(后排中)与妻子王德辉(后排左二)、岳父王镜楠(前排中)及儿女

大公无私的,不讲私人关系,没用。”王德辉坚持说:“我们全家现在没有生活出路。你有这么个关系,我们写封信去问问,能否帮助我们一下。行就行,不行就不行,对我们也没有什么不好!”王效典很固执,说不写。王德辉急了,说:“我写!”她当即给李先念写了一封信,首先问李先念是不是当年率西路军到星星峡的李先念;其次就说王效典目前没有工作,没有生活来源,全家五口挣扎在饥饿线上,能否帮助他们解决工作。信尾签了王效典的名字。

没过几天,王效典就收到了李先念的亲笔回信,抬头写的是“效典先生”,内容大意是:弟正是 1937 年去星星峡的李先念。你们生活上有困难,可向我过去的秘书易家驹说明情况。他现在是湖北省军区政治部主任,正在北京六国饭店开会。不几天,易家驹就乘汽车带着四名警卫及工作人员,到王效典家探望来了。

当时王效典全家借住在西皇城根一间没有窗户且十分破烂的储藏室里。易家驹看到王效典家的狼狈状况,当即给了 3000 元法币(约合刚解放时的人民币 300 元)。王德辉用这钱的一部分买了粮食和衣物,解决了全家的燃眉之急。几天后,李先念派人将王效典全家接到外贸部招待所,住了近一个月。期间,李先念给当时的华北人民政府主席董必武写信,请他给王效典介绍工作。征求意见时,王效典表示愿意到外贸部门,于是就被介绍到了外贸部工作。到职前,王效典专门到武汉看望李先念。李先念派一名秘书陪同王效典游览了武汉市容和一些名胜古迹,临别时又赠送了高级烟酒和钱。王效典回京后,又专程赴东北看望了当年在星星峡认识的李卓然、程世才、滕代远等领导。1950 年,王效典被调往华北外贸管理局(在天津),第二年全班人马迁回北京,王效典又调到中国进口公司工作。每每想起自己的经历和李先念等领导的关怀,王效典总是激动不已,常常热泪盈眶。他曾两次给李先念写信,汇报工作和生活等情况,并深表感激。李先念两次都亲笔回信,鼓励王效典努力工作,戒骄戒躁,全心全意为人民服务。王效典没有辜负李先念的期望,一直兢兢业业地工作,两年内从科员、科长一直提拔到副处长、处长，并加入了民主建国会，参加全国政协活动，参与领导外贸部工商界人士学习，还到外贸学院教授外贸运输课。

1960年，有人怀疑王效典伪造李先念给他的回信，是政治骗子。公安部以让王效典到海南出差为名，秘密把他接住到公安部，逐一查验了李先念等给他的信件，半个月后，终于查清是真实的。一年后，王效典回到单位，积极响应党的号召，报名到新疆支援西北建设。1961年10月，他调到新疆建设兵团八一百货大楼任经理。"文化大革命"期间，王效典受到冲击。1967年北京财经学院的红卫兵找到他的家里，要王效典写材料，证明李先念在新疆期间"叛变"，是"叛徒"。他回答说"这是没有的事情"，红卫兵对他拍桌子，他也没写一个字。1970年，王效典被下放到石河子一四六团二营八连农场，劳动了近3年；1973年回到乌鲁木齐任原职。因"文革"受冲击，下放劳动期间受到不公正对待，王效典患上了高血压、心脏病、胃出血等重病，回乌鲁木齐后不能坚持上班，于1977年3月退休。同年5月，赴兰州探亲治病，并拟继续东行去北京。不幸6月突发脑出血，19日病逝，享年63岁。

王效典在西路军左支队危难之时，全力以赴周到细致地接应援助，果断处决前来缴械的叛匪，有力保障了李先念等红军将士安全，实在是功不可没。全国解放时，在他全家生活无着的困境中，已担任党和国家领导人的李先念多次亲笔给他回信，派人看望，帮他解决生活困难，安排工作。这说明，共产党人是不会忘记帮助过革命的各阶层人民，更不会忘记自己的救命恩人。李先念和王效典之间跨越时代的情义，更使我敬佩！

（董汉河）

王玉峰

——戈壁长风古道侠情

1937 年 4 月，西路军左支队在李先念、李特、李卓然、程世才等将领的率领下，900 余人由大公岔山口出祁连山，到达安西县境内。在榆林河谷、踏实一带，得到了当地百姓的资助后，进至城南 20 里的十工村，决定攻打安西县城，取得给养物资后向新疆方向进发。然而，由于情报失误，敌我力量悬殊，在攻城未克的情况下，决定退出战斗，向西转进，于 4 月底陆续到达甘、新交界的关口驿站——星星峡。

星星峡

星星峡坐落在甘肃与新疆交界的一片荒凉起伏的山丘下，自古以来是内地通往新疆的重要通道。山下一片宽阔平坦的石滩上，国民党军事委员会运输统制局西北运输管理局在此设转运站。转运站位于山峡西口,有一个能停200余辆汽车的大院,五六栋平房,每栋十余间,还有两排宽阔的仓库,用于堆放货物。站内有工作人员10名,服务勤杂人员30余名。

站长叫王玉峰,山东人,生于1898年,6岁时随父闯关东,在东北读过几年书,后被中长铁路录用,经过自己的勤奋与努力,在铁路内部的学校毕业后,被任命为中长铁路国境内一个小站站长。"九一八"事变后,东北全境沦陷,他不愿当亡国奴,与其他员工随东北军撤至西安。

当时国民政府正在大力号召开发西北,提出了"开发西北,公路第一,发展西北,移民第一"的口号。于是,王玉峰参加了西北公路建设,被派往甘、新公路的要冲——星星峡转运站任站长。

王玉峰任站长后,通过报纸,了解到中国共产党的抗日主张,特别是"西安事变"后,获悉少帅张学良与中共结成了抗日民族统一战线,心中不免对中国共产党和红军产生了好感。红西路军左支队一部先期到达星星峡后,他看到红军将士虽衣衫褴褛,浑身伤痕,但为人和气,士气旺盛,心中颇为同情,便与盛世才部驻军代表、边卡大队大队长王效典一同商议安置营救红军的方案。

此时,经过苏联方面协调,新疆督办盛世才同意西路军余部进入新疆,并派两个连接应红军。当时情况紧急,到达的红军只有100余人,大部分失散在沿途。王效典与王玉峰当即派两辆汽车,打着红军的旗帜,携带食物出关东行,寻找失散的红军战士。4月30日,找到李先念等100余人,最后陆续有400多人到达星星峡。

当时,驻哈密警备司令尧乐博斯叛变,欲派兵堵截红军,王玉峰当即将站内枪支、子弹借与红军并介绍关卡周围情况,夜晚又在站内外设置岗哨,加强戒备,确保红军安全。

数百人齐聚星星峡,加之盛世才部派来接应的部队近千人,解决给养、物资成为首要任务。除陈云、滕代远从迪化赶来时携带的一批物资和盛世才部派飞机两次空投的给养外,王玉峰又积极组织协调工作人员安置红军,准备住房,烧水更衣,处置伤员,安排伙食。左支队在星星峡休整的几天时间里，王玉峰常常忙至深夜。为了办好伙食，他同陈云、滕代远、王效典等人又积极想法搞来新鲜的牛羊肉、罐头、蔬菜,以便使将士们迅速恢复体力。经过休整,战士们精神焕发,面貌一新。

5 月 4 日下午,400 余名红军将士乘坐数十辆卡车奔赴迪化,临别时战士们与王玉峰拥抱告别。看着将士们远去的身影，他欣慰地流下了热泪。数年后,左支队战士东返抗日前线时,路过星星峡,再次受到他的接待。

抗战伊始,苏联大批援华军事物资(包括飞机、装甲车、枪械、弹药、药品汽车、油料等)是国内抗战急需的,必须保证及时、安全转运到前线。为此,王玉峰日夜操劳,殚精竭虑。每批物资都要亲自督察办理,严防物资丢失损毁。抗战后期,又有大批美国援华抗战物资经新疆运往抗日前线，都是他亲自办理转运。大批的国际援华物资的成功转运,为中华民族的抗战事业做出了巨大贡献。

1942 年 4 月,由于国际国内形势变化,军阀盛世才公然投向蒋介石集团,在新疆大搞白色恐怖主义,捏造“四一二”暴动案,大肆搜捕中共在新人员。9 月 17 日,将留在新疆航空队学习飞行和机械修理的 43 人与驻疆工作人员共百余人投入监狱。常琨是抗战初期被党组织派往伊犁做知识分子统战工作的中共地下党员，当他得知盛世才部军警到处抓捕共产党时，正患有斑疹伤寒病的他就匆忙搭乘一辆拉皮毛的车,赶到星星峡。下车后已昏迷不醒,经王玉峰搭救,在其家中养病 40 余天后才痊愈。当时星星峡关卡到处是盛世才部的特务,对出疆人员严加盘查,略有嫌疑,就地抓捕。为追捕常琨,盛世才的人追到星星峡,住在小旅店里,只等常琨一出门就要抓他。在此危难时刻,王玉峰用钱买通了一个国民党上校军官——运输队大队长,将常琨化装成副司机带到兰州，找到八路军驻甘办事处，回到了党的怀抱。

酒泉解放后，星星峡被酒泉军管会接管。由于王玉峰为人正直，工作敬业，被解放军酒泉军管会调到后勤部工作，主要从事进疆物资调运及汽车装备管理。在新的工作岗位上，王玉峰一如既往，兢兢业业，为进疆大军迅速进占新疆立下了功劳。后来，西北军政委员会交通部组建私营汽车管理委员会，王玉峰被调至甘肃分会任业务科长，工作就是给私营汽车配货。

当年夹边沟劳教农场的食堂

1957年，王玉峰被错划成右派，在酒泉夹边沟劳教农场劳动改造。1960年4月30日，时任安西县委书记的常琨去夹边沟办事，巧遇王玉峰。常琨当即与劳教农场领导交涉，提出“这是一位对革命有大功的人，必须释放”的要求。后经反复协商，以治病名义将王玉峰带回安西。但王玉峰因长期饥饿劳损，身体极度虚弱，于1960年5月3日去世，葬于安西。

斯人已逝，英魂长留，这位为人民、为共和国做出贡献的功臣，人民将永远铭记。

（杨玉君）

郭元亨

——我心向佛

郭元亨

1937年3月，红西路军左支队在李先念、李卓然、程世才的带领下，突破了马家军的围追堵截，克服了严寒、饥饿和疲劳，来到了安西县万佛峡的榆林窟，得到了郭元亨道士的慷慨资助，使红军摆脱困境西进新疆。

郭元亨，原名郭永科，1896年11月21日出生于甘肃省高台县南华村一贫苦人家。他7岁丧父，自11岁起就给本村郭永顺家放牛羊糊口度日。从15岁开始，又给本县的薛发元和张八旦扛长工，并学会了织土布。1926年，郭元亨为逃避抓壮丁而背井离乡，辗转到玉门赤金堡靠乞讨或帮工谋生，后又逃奔到安西县踏实乡做短工。由于郭元亨家里贫穷，又居无定所，到了30岁尚未娶妻。

郭元亨本想逃出高台后就可避免被抓兵，没想到在安西也同样不安全。为了虎口逃生，他只好冒着刺骨的寒风，过卡房子山，准备向祁连山深处逃奔。当他投宿万佛峡古刹榆林窟时，与住持马荣贵相遇。马荣贵听了郭元亨的身世后，非常同情他的遭遇，又见他忠厚老实，身体结实，便将他收为徒弟，取道名为元亨。

郭元亨被马荣贵收留后，成为佛门的虔诚信徒，每日黎明即起，打扫殿台，念诵经文，接待前来拜谒的香客，还同其他几位师兄弟帮助师父经营万佛峡和蘑菇台的 100 多亩庙田，深为师父马荣贵所信任。马荣贵病危之时，不但把住持一职传给了郭元亨，还把榆林窟的传世珍宝象牙佛传给了他。

象牙佛存世有两尊，是由同一根象牙分两段雕琢而成。一尊传说存于国外，在中国境内的这一尊不知何时就传到了榆林窟。明朝嘉靖年间，战乱四起，僧道四散，榆林窟屋舍也被流沙掩埋，洞窟内禽兽出没，数百年间，香火灭绝，人迹罕至。清朝嘉庆年间，有一名叫吴根栋的云游僧人见寺庙破败不堪，便立誓振兴。他在清除积沙时掘出了埋在洞窟一角用黄绸包裹着的象牙佛，便鸣钟召集当地香工僧人和本地乡民，把这尊象牙佛恭恭敬敬地在榆林窟供奉起来。自此以后，榆林窟香火旺盛。吴根栋在辞世前将象牙佛传与弟子保护，

万佛峡

由此开始了寺庙住持代代传承保护象牙佛的佛规，象牙佛也成为万佛峡榆林窟的镇寺之宝。

在这偏远的峡谷庙宇内，住持只不过是管一两个徒弟，忙时接待香客，闲时接待过往商贾而已，而保护象牙佛才是郭元亨的头等大事。郭元亨知道象牙佛是一件稀世珍宝，为了保险，就把它小心翼翼地埋藏在蘑菇台附近的卡房子山上。从此，他便成了这尊珍宝唯一的知情者和保护者，他的后半生，也同这尊象牙佛紧紧联系在一起。

时光荏苒，岁月如梭。10年的道士生活在平静中一晃而过。此时的郭元亨已40出头，他虽然没有见过红军，但红军血战高台、临泽，兵败祁连，被俘的红军惨遭马家军野蛮屠杀和蹂躏的悲惨境遇也偶有所闻。

1937年4月22日早晨，红西路军左支队先遣部队在蒙古族向导的带领下来到距安西县城70公里的蘑菇台子，榆林窟就在这里。

这天天刚亮，左支队先遣队100余人到达蘑菇台子。4月的安西，寒风阵阵，红军将士宁可露宿野外，也不干扰寺院的清静。当身披破衣羊皮、脚裹旧布毡片、面容憔悴的队伍突然出现在眼前时，郭元亨惊呆了。经过先遣队连长的介绍，郭元亨从似懂非懂的四川口音中，知道是红西路军左支队经过祁连山的艰苦跋涉来到此地，目的是去新疆，他们是先遣队。更让郭元亨感动的是，到了此种地步的这支军队，纪律竟然如此严明。他当即为部队腾出房子，送来小麦2.4石，面粉200多斤，黄米6斗，胡麻油30斤。又赶来了两头黄牛和20只羊，用马驮来了4口袋盐巴，还将一匹棕红色的马送给了程世才代军

程世才

长。

几百名红军将士分食这些食物，也许吃不了几天，可这是一个偏远地域深山老道多年的积累。在西路军左支队将士处于伤病交加，缺衣少食，人困马乏，疲惫之极的危困时刻，郭道士拿出这么多物资支援红军，解决了部队的燃眉之急，真乃雪中送炭。

郭道士的善行受到部队首长的赞扬，他们将郭道士所送粮食、盐巴、清油、牲畜等列成清单送交给程世才代军长，他仔细看过后，在清单上签上“程世才”后又交给了郭元亨。

郭元亨大受感动，便将条子收留下来。当天下午，左支队就出发了，郭元亨还让身边一个叫毛牛娃的骆驼客给红军当向导。

这年5月，马家军进山搜捕红军，风闻郭元亨支援了红军，就把他抓起来审问、搜查，结果从身上搜出了程世才写的收条，证实了他“私通共党”的传闻。马匪当即把他五花大绑，用马鞭子抽打，还扒掉衣服烧他的下身，直至烧得昏死过去，再用凉水喷醒。

为了逃出魔掌，留条命来保护象牙佛，郭元亨忍着剧烈的疼痛，

红军当年生火做饭的地方

从地下挖出自己多年的全部积蓄3两6钱黄金和100块银元，全部交给了马家军才保住了性命。

郭元亨道士与程世才将军的书信往来(1)

郭元亨遭受了马匪的毒打火烧，在两个徒弟的照应下休养了数月，身体才渐渐恢复，但却留下了终身的残疾。

1940年夏天，军阀马步芳听说万佛峡有稀世珍宝象牙佛，就派兵抢劫。他们对郭元亨严刑逼供，极尽摧残，但郭元亨守口如瓶，始终只说：“没有听说过这件事，也没有看见过什么象牙佛。”马匪四处挖掘，搜寻无果，便把郭元亨带到了酒泉。驻酒泉的马家军头目马步康更是软硬兼施，把郭元亨折磨得死去活来，直到将他的左臂打伤致残才放了他。郭元亨一心向佛，用生命保护象牙佛直到新中国成立。

1950年，郭元亨将象牙佛献给安西县人民政府（现存中国历史博物馆）。他保护象牙佛的义举受到了甘肃省人民政府嘉奖，他也被政府聘为文物保管员，保护着榆林窟。1957年，郭元亨当选为安西县人大代表、县人民委员会委员和甘肃省人大代表。1961年又当选为甘肃省政协委员。

1960年，在我国国民经济困难时期，郭元亨主动要求不吃供应粮，在蘑菇台种地自产粮食，并将余粮交给国家。

1961年10月3日，郭元亨请安西县干部胡链代笔，给时任中央军委装甲兵副司令员的程世才去信，谈了自己的工作和生活方面的情况，并请程司令员证明自己当年支援红军财物的事情。程副司令员和装甲兵政治部收到信后很快复信，证明郭元亨在革命艰苦岁月里帮助了红军的可贵事迹。这两封信至今保存在瓜州县档案馆。

其中一封信的内容为：

郭元亨老先生：

您61年10月3日由胡琏(链)代笔给我的信收阅。谢谢您在二十多年前红军路过万佛峡那种困难情况下对革命的帮助。

信中谈到解放后生活有了提高，而您被选为省人民代表和省政协委员，能为人民做些事情那很好。

关于37年4月间红军路过万佛峡时关于你们帮助粮食和牲畜问题确属事实，我也写信给安西县，特告。

最后，今后如有机会就去西北，一定前往拜访。

祝身体健康！

程世才

1961年12月8日

另一封信是写给安西县政府的，内容如下：

安西县人民委员会：

我们接到贵县祁连公社万佛峡道士郭元亨老先生给我部副司令员程世才同志的一封信，要求证明红军路过该地时，他曾赠送粮食、牲畜等物。经程世才同志回忆，确有此事。在革命艰苦的岁月里，郭元亨老先生帮助了红军，实为可贵。除程世才同志直接给郭老先生复信外，特致函你们，作为证明。

此致

敬礼

装甲兵政治部(印)

1961年12月9日

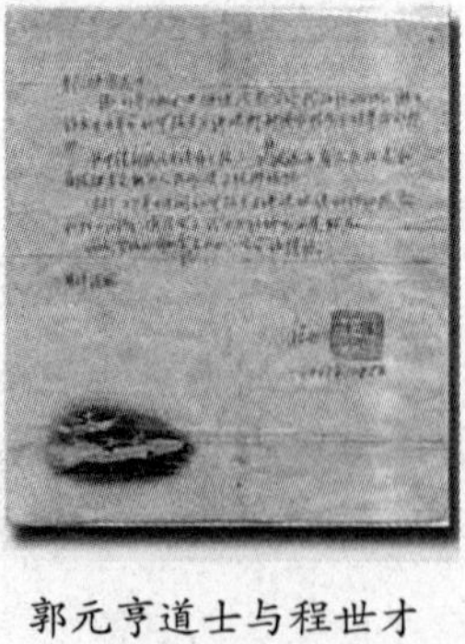

郭元亨道士与程世才将军的书信往来(2)

“文化大革命”中，郭元亨因是旧社会的道士及一些生活方面的琐事而受到批判、游街和不公正待遇。

1976年7月8日，郭元亨因病去世，享年80岁，他的遗体安葬于万佛峡古刹附近的南戈壁。1987年11月3日，在安西县文物普查中，郭元亨墓被列为名人墓。1989 年 8 月 29 日，安西县人民政府公布郭元亨墓为县级文物保护单位。

党和人民没有忘记这位在西征红军最危急、最困难的时刻给予无私援助的道人。1996 年 11 月 21 日郭元亨诞辰百年时，安西县博物馆在榆林窟立“郭元亨先生纪念碑”以志纪念。

郭元亨先生纪念碑

郭元亨先生在革命战争的艰苦岁月里不顾个人安危，冒着生命危险，慷慨解囊，援助红军的高尚品德和保护象牙佛的动人事迹将永载史册。

（彭明）

高金城
——精神永存

高金城

1937年3月，红西路军西征失利后，幸存的指战员有的被关在敌人监狱，有的潜藏在祁连山中，有的失散后流落四方，处境极其危险。为了使被俘和失散的红西路军将士尽快脱离险境重回革命队伍，1937年5月，党中央决定在兰州建立红军办事处（后改称八路军办事处），其重要任务之一，就是就地组织力量营救西路军失散人员。周恩来通过南汉宸、吴波了解到高金城有进步倾向，以及他在甘肃广泛深厚的社会关系和崇高的威望，党中央经慎重考虑，决定邀请在兰州开办福陇医院的高金城先生出面营救河西走廊的红军战士。

高金城，河南襄城人，1886年出生于一个农民家庭。少时因家庭贫困到乡间福音堂做勤杂工而入基督教，后被送到教会学堂、医院学习。1915 年毕业后，受友人邀请，高金城来到兰州英国人开办的医院工作。他目睹当地特别是河西走廊医疗条件落后的状况，就抱着济世救人、造福河西的决心，先后两次在甘州等地行医布道。由于高金城医术精湛，性情豪爽，慷慨大度，乐善好施，又广交社会各阶层人士，在河西人民中赢得了很高的威望，深受民众爱戴。

北伐战争开始后，高金城随冯玉祥东征，被委任为后方医院院长。这期间，他结识了吉鸿昌、浦化人、余心清、吴波等人。他们的斗争经历，对高金城的政治倾向产生了重大影响，尤其是浦化人、余心清由一个基督教传教士转变为坚定信仰马克思主义的共产党员，对高金城触动更深。蒋冯阎中原大战后，高金城离开军队到北京协和医院工作，潜心钻研医术。1932 年他参加了协和医院组织的战地医疗队，奔赴上海支援十九路军抗战。从上海回到协和医院不久，高金城又到一家药房任经理。这一时期，他的思想处于急剧变化阶段。国难当头，中国向何处去？自己又作何选择？从亲身经历中，他切实悟出只有共产党才能救中国的道理。他和中共地下党员有了进一步的接触，他住的地方成了中共地下党员经常来往和开会的场所，也曾屡遭警察和特务搜查。

1933 年冬，高金城毅然只身赴甘，实现造福陇人的愿望。回到阔别多年的兰州，在友人帮助下，他办起福陇医院。1934 年，北京协和医院护士长牟玉光，因敬仰高金城的为人，从北京迢迢数千里来兰州同他结为夫妻。

福音堂医院旧址

不久，他们又开办了牟玉光助产事务所，夫妻两人共同造福甘肃人民。

这时期，中共甘宁青特委遭到国民党反动派破坏，国民党极右分子对革命人民实行法西斯统治，白色恐怖笼罩着省城兰州。面对这国事日非、民不聊生的局面，高金城异常焦虑，常与友人抨击时弊，公开抒发政见，竟被划作“不稳定分子”，多次被反动军警抄家，福陇医院也处于风雨飘摇中。

此时的高金城，也更加明确地认识到，只有共产党是抗击日寇、能给人民带来自由幸福的中流砥柱，这也是高金城后来真诚帮助共产党，为营救共产党领导的红军不惜付出生命的原因。

1937 年 8 月 1 日晚，中共中央驻甘代表谢觉哉，偕同八路军驻甘办事处处长彭加伦、秘书长朱良才，在兰州五泉山和高金城晤面，进一步商讨去河西营救西路军的具体办法，议定由高金城重开福音堂医院掩护营救工作，派原红四方面军西路军特务营副营长蔡光波协助。

当年福音堂医院工作人员合影

为便于开展营救工作，经谢觉哉提议争取，国民党甘肃省政府主席贺耀祖任命高金城为“甘、凉、肃三州抗敌后援会”主任，进行抗日宣传和统战工作，“兰八办”还为高金城准备了一笔活动经费。年已半百的高金城，告别了妻子和幼女，担负起了这一光荣使命。

8 月 3 日，高金城和

蔡光波沿着祁连山麓徒步西行，一路风餐露宿来到甘州。这里马步芳军队的反共气焰十分嚣张，敌一〇〇师师长韩起功不久前刚对西路军被俘人员进行过疯狂屠杀，东关外出现了骇人听闻的“万人坑”,人们心中蒙着一层恐怖的阴影。

为了大造舆论,高金城建议召开了抗日动员大会。开会那天,大佛寺广场人山人海，马家军的一部分人也来参加。各方代表先后在大会上发表演说,高金城最后发言。他从日本帝国主义侵占东三省，讲到“西安事变”,特别强调共产党顾全大局,与国民党重新合作,形成了抗日民族统一战线的大好局面；他还有针对性地提到大后方都在释放政治犯,甘州也不应例外。

随后，高金城在兰州八路军办事处的领导和甘州地下党组织的配合下，向韩起功要回被其军队据为伤兵医院的福音堂医院重新开诊。他又以医院缺少医护人员为由，向韩起功要回被俘女红军王定国、徐世淑等人到医院当护士,安排她们利用看病送药的机会,出入敌人兵营,搜集情报,传递信息,在医院还为红军伤病员专设病床。他以行医为名，深入倪家营、康隆寺等红西路军曾集中作战活动的地区,寻找失散红军,了解相关情况并秘密报告兰州八路军办事处。他以自己的公开身份和影响力，联络较为开明的国民党张掖县县长马鹤年出钱、出路条,组织失散人员返兰。他做通民乐县洪水区区长兼民团团长孙振铎的工作，布置医院的医生陈大伟、张明新和护士

高金城烈士纪念会

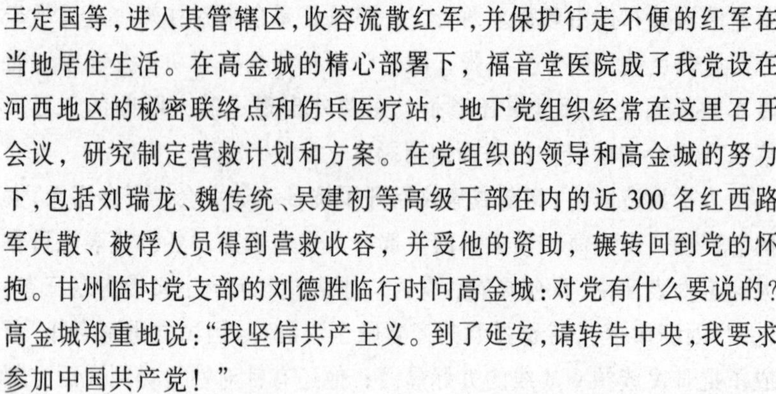

王定国等，进入其管辖区，收容流散红军，并保护行走不便的红军在当地居住生活。在高金城的精心部署下，福音堂医院成了我党设在河西地区的秘密联络点和伤兵医疗站，地下党组织经常在这里召开会议，研究制定营救计划和方案。在党组织的领导和高金城的努力下，包括刘瑞龙、魏传统、吴建初等高级干部在内的近300名红西路军失散、被俘人员得到营救收容，并受他的资助，辗转回到党的怀抱。甘州临时党支部的刘德胜临行时问高金城：对党有什么要说的？高金城郑重地说：“我坚信共产主义。到了延安，请转告中央，我要求参加中国共产党！”

红军流落人员一批批“失踪”，引起了敌人的怀疑。1937年11月9日，高金城在最后一次托沈丹带给谢觉哉的信中报告：甘州尚有3条驳壳应运回；南山确还有一些人不敢出来；甘凉一带流落的人还多(《甘肃文史资料选辑》第七辑谢觉哉同志日记摘抄)。不久，韩起功司令部一位处长冒着风险告诉高金城，马步芳等在青海密谋杀害

清明节祭奠高金城

共产党,名单上就有他,要他赶快离开甘州城。高金城想到自己的任务还未完成,坦然地说:“我的根就在这祁连山下,哪里也不去!”此时,甘州城里风声已紧,进出邮件受检查,汽车站不售票,一些要道设了哨卡,蓝衣社特务四处活动。面对这一危险局势,高金城置个人安危于不顾,继续采取各种办法营救红军。

1938 年春节前夕,又有 19 名在饥寒中难以继续隐蔽的红军伤病员,从祁连山中来到甘州城附近,高金城不顾一切地将他们收容到福音堂医院治疗,但被敌人发现。1938 年正月初三凌晨,韩起功派人到福音堂医院找高金城,谎称“韩师长得急症,请高院长出诊!”高金城已经意识到此去有生命危险,但将钢笔等相关物品留给熟睡中的小儿子后,毅然而去。高金城来到韩起功司令部,韩起功立刻露出狰狞的面目,逼迫高金城承认是共产党员,要他交出共产党员名单,交代救走了多少“共党分子”。高金城临危不惧,高声颂扬共产党爱国爱民,是抗日救国的民族英雄;怒斥韩起功是日寇的帮凶、走狗,中华民族的败类。灭绝人性的韩起功命人先断高金城四肢,然后将其活埋在大衙门的后花园里(郑仁泉、全士英《祁连忠魂高金城》)。1949 年 8 月兰州解放后,高金城的夫人牟玉光来到张掖,继承高金城的遗志,在张掖县人民医院任副院长至 1965 年。

1951 年,甘肃省民政厅追认高金城为革命烈士。1952 年 2 月 3 日,中共甘肃省委在张掖福音堂医院召开高金城烈士遇难 14 周年大会,谢觉哉寄来题词,甘肃省委书记张德生、副书记孙作宾等人送来挽联,上书“精神不死”。

高金城烈士营救收容红西路军失散、被俘人员的事迹在张掖党史和红西路军历史上留下了浓墨重彩的一笔,高金城的高大形象也犹如巍峨的祁连山,永存人间。

(李生广)

牟玉光
——乱世天使

牟玉光

牟玉光是革命烈士高金城的妻子。她是一个助产士，她在乱世之中营救了许多失散的红军战士，使他们找到了党组织，回到了革命队伍。

牟玉光，山东德州人，自小家境贫寒，曾勤工俭学学医学。1930年，牟玉光在北京协和医院当护士时认识了高金城，她十分钦佩高金城的为人和医术，尤其对高金城失去妻子十分同情，就主动担负起了照顾抚养高金城四个孩子的责任。牟玉光为人耿直，工作勤勉，高金城也非常欣赏她，相同的秉性和品德使两颗心渐渐靠拢。1932年，高金城到兰州齐鲁会馆创建了福陇医院，他写信给牟玉光，邀请她来兰州。高金城说："你是助产士，西北妇女太可怜了，你要见到她们生孩子的痛苦时，定愿意帮助她们的……"收到信后，牟玉光马上打点行李，从香山慈幼园带上高金城的小儿子高仕杰，长途跋涉28天，来到了高金城的身边。

1934年12月25日圣诞节这天，高金城和牟玉光举行了婚礼。从此，高金城与牟玉光夫妻俩在兰州从事医务工作，高金城给人看病，牟玉光给人接生，都是当时兰州有名的医生，在各阶层人士中很有影响。

王定国

牟玉光和高金城都是富有正义感的人，“七七事变”之后，他们目睹祖国大好河山遭到日本侵略者的铁蹄践踏，千万无辜同胞遭到敌人的枪杀，认识到只有共产党才能救中国。1937 年在张掖工作时，高金城曾对王定国说：“我不是共产党，但是，我拥护共产党倡议的抗日民族统一战线，因为共产党是救国的。”

“共产党是救国的，是坚决抗日的。”这也是牟玉光当时的信念。1937 年 8 月，牟玉光支持丈夫高金城受中共党的委托到张掖一带营救红西路军被俘失散人员。高金城到张掖后，与中共地下党支部的同志密切配合，共同努力，在国民党张掖县县长马鹤年的帮助下，使近 300 名失散和被俘的红军指战员陆续回到了革命队伍。

当时，牟玉光以在兰州仓门巷开设的助产事务所为联络点，秘密接收和转送高金城介绍来的红军人员。有时碰上警察查户口，她就让女红军躺在产床上装作产妇，一次次化险为夷。牟玉光还利用工作之便，结识了许多上层人物的家眷，通过和这些人的往来及言谈，牟玉光了解到在兰州秘密关押了一批红军战士。于是，她立即把这一重要消息报告给驻兰州八路军办事处的负责人。经过办事处的多次交涉，终于使这些同志获释。有一次，监狱里关押的一个女士要生孩子，请牟玉光去接生。牟玉光了解到这位女士叫林坚，是一个共产党员，同狱中还有一位女红军，是西路军妇女独立团的政治处主任华全双。牟玉光立即把这一消息报告给了兰州八路军办事处的王定国，办事处找省政府交涉，救出了华全双。林坚也因在第三国际工

作的特殊身份，后经八路军驻兰办事处的党代表谢觉哉找甘肃省政府主席贺耀祖设法帮助释放了。被救后，林坚去了延安，把一个女儿留给了牟玉光抚养，取名安安。

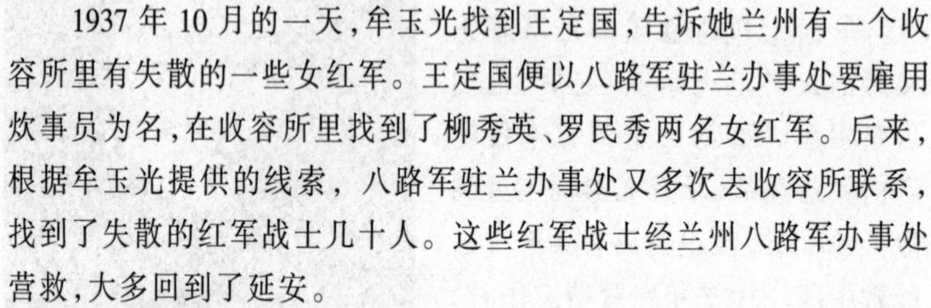

1937 年 10 月的一天，牟玉光找到王定国，告诉她兰州有一个收容所里有失散的一些女红军。王定国便以八路军驻兰办事处要雇用炊事员为名，在收容所里找到了柳秀英、罗民秀两名女红军。后来，根据牟玉光提供的线索，八路军驻兰办事处又多次去收容所联系，找到了失散的红军战士几十人。这些红军战士经兰州八路军办事处营救，大多回到了延安。

1938 年正月初六，牟玉光接到了在张掖福音堂医院工作、并与她有莫逆之交的张秀玉发来的电报："孩子有病，急速返甘。"牟玉光心急如焚，把正在吃奶的小女儿安顿好，立刻动身去了张掖。到张掖已经是正月十五了，牟玉光知道了高金城失踪的情况，更是心如刀割，悲痛欲绝。但牟玉光强忍悲痛，给韩起功写信，要求寻找高金城，

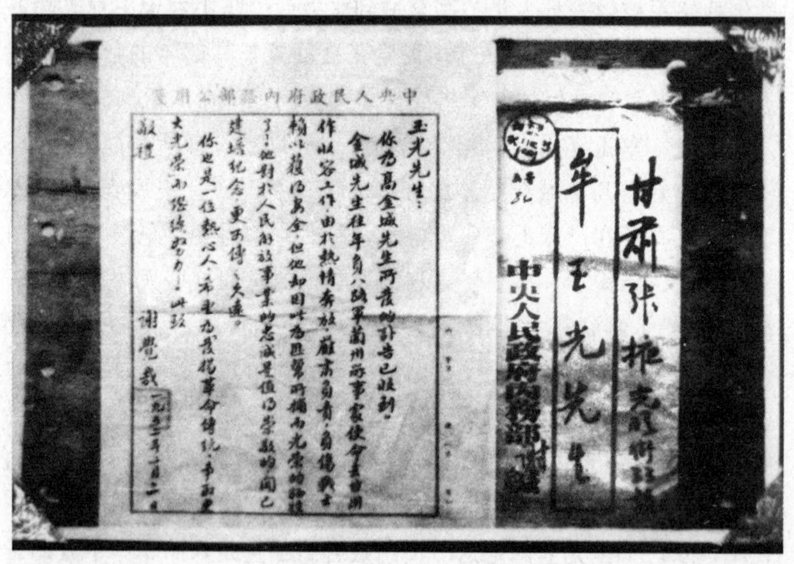

中央人民政府内务部公用笺

玉光先生：

你为高金城先生所发的讣告已收到。

金城先生在年负八路军兰州办事处使命去甘州作收容工作，由于热情奔放，[illegible]负责，负伤战士[illegible]以获得安全，但他却因此为匪帮所[illegible]而光荣的牺牲了！他对于人民解放事业的忠诚是值得崇敬的，闻已建墓纪念，更可传之久远。

你也是一位热心人，希望为发扬革命传统，争取更大光荣而继续努力！此致

敬礼

谢觉哉

甘肃张掖

牟玉光先生

中央人民政府内务部谢缄

谢觉哉写给牟玉光的信

说要是被害，就要查明原因，严惩凶手。但韩起功以无法查找应付，牟玉光没有办法，只好返回兰州。就在这样悲痛的情况下，牟玉光回兰州时还冒着生命危险将3名女红军带到了兰州八路军办事处，一名是有病住院的杨淑兰，一名是在倪家营战斗中负伤、大腿截肢的王志英，还有一名叫钟成秀。牟玉光将她们安全送到了兰州八路军办事处。

高金城蒙难后，牟玉光更加坚定了革命的意志和对共产党的信任。她毅然提出了加入中国共产党的要求。担任党中央驻兰代表的谢觉哉考虑到当时的历史条件，告诉牟玉光暂时留在党外继续为党工作更为有利，牟玉光接受了谢觉哉的指示。也就是从那时候起，牟玉光虽然没有在组织上入党，但在思想上已经站进了共产党的行列。她继续以在兰州开设助产事务所为掩护，进行革命工作。王九菊曾经在《旧时兰州的助产业》一文中写了牟玉光的一些事迹：1937年以后高金城大夫的夫人牟玉光女士，又在仓门巷3号开设了产科门诊所。她协助高金城开展营救西路红军，为党做了不少工作。她经常

牟玉光(二排左七)调往兰州时与张秀玉一家合影

以接生为名，去高层人士家中。日寇轰炸兰州时，牟玉光带着林坚的孩子和自己的小女儿雪梅，四处奔波，到处躲藏，后来两个孩子因患肺炎都死了。

牟玉光和王定国之间有着很深的情谊，王定国的两个孩子定定、飘飘都是牟玉光接生的，牟玉光对孩子们也很有感情。1940 年，王定国准备回延安，牟玉光考虑到王定国一个人带着两个孩子从兰州到延安路途遥远，当时边区又被国民党封锁，物资贫乏，生活困难，带孩子不方便，就主动要求把王定国一岁多的大女儿留下来抚养。当时，高金城被害不久，牟玉光家里还经常被特务监视，并遭到搜查，王定国对她说："我们走后，你的处境更加险恶，我不能给你增添麻烦。"王定国临走的时候，还给牟玉光介绍了当时的政治情况，希望牟玉光在乱世之中，能保护自己。

王定国离开兰州后，牟玉光没有停止革命营救工作。1946 年，牟玉光的女婿刘亚哲先生护送在新疆被盛世才关押、"双十协定"后释放的 100 多名我党同志回延安。路过兰州时住在东校场营房内，牟玉光得知这一消息后，心情非常激动，她一定要去看望这些同志，因为其中有些人是当年路经兰州去新疆工作的，牟玉光认识他们。牟玉光化了装，戴了墨镜，在这些同志出发前夕，来到了东校场，终于见到了她日夜挂念的张文秋等人！她们紧紧地握着手，热泪盈眶，相互问候，诉说久别衷肠。牟玉光对张文秋说："请你转告同志们，这次你们是真正回到'家'了，护送你们的刘亚哲是我的女婿，一路上他会照顾你们的。"

1949 年兰州解放前夕，马步芳据守兰州，为了躲避马步芳的迫害，牟玉光从兰州来到张掖，住在了高金城创办的福音堂医院。时隔不久，张掖也解放了。牟玉光欣喜万分地跑上街头，迎接当年的红军——人民解放军。

当一兵团司令员王震了解到当年为营救西路军而牺牲的高金城的夫人牟玉光在张掖时，就和几位首长来医院看望，牟玉光又感动又兴奋。王震和几位首长提起当年高金城营救红军的事情，都非常激动，随同王震一起来的魏主任说："我在这个医院住过，我就是当年由高院长送走的。"

张掖解放后，牟玉光找到人民政府，把福音堂捐献给了政府。经县委书记徐树文、县长曾耀等人的批准，牟玉光在县医院担任了副院长。1965 年，牟玉光调到甘肃省卫生厅妇幼保健处任副处长。1976 年 6 月，牟玉光获悉当年她营救的红军女战士杨淑兰逝世后，不顾八旬高龄，从兰州到北京参加追悼会，表现出了对红军战士发自内心的深厚感情。她邀请王定国到兰州来，还对王定国说："别看我老了，我还能为党工作几年啊！"1980 年，已经是 85 岁高龄的牟玉光加入了中国共产党，实现了她多年的夙愿。两年后，牟玉光在兰州逝世，终年 87 岁。

转瞬间，半个世纪血与火的奋斗已载入史册。在河西走廊悲壮的历史中，牟玉光天使一般济世救人的故事和她伟大的献身精神，将光照千秋，永远激励着后人。

（缪丽霞）

张秀玉

——抑恶扬善　恪守信义

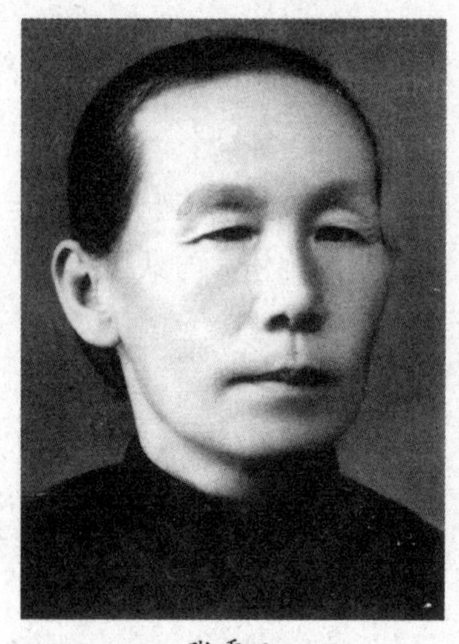

张秀玉

张掖有一位普通的妇女，在国民党马家军等反动武装的血腥统治下，协助著名爱国民主人士高金城先生营救收容红西路军失散人员，抚养革命后代，体现了她抑恶扬善、恪守信义的社会美德。她叫张秀玉。

张秀玉，1900 年出生在甘州一个中医大夫家里。5 岁时父亲去世，姊妹 5 人靠母亲一人做苦工拉扯大。从小苦难的生活，磨炼得她勤劳勇敢，性格坚强。17 岁那年，经亲戚介绍，张秀玉嫁给比自己大 10 多岁的银匠张耀坤为妻。张耀坤是河南洛阳人，学过银匠手艺，年轻时独自到甘州谋生，为人耿直，做事诚信。两人成家后，借贷部分资金，依靠乡邻们的帮助，在甘州城开了一间银匠铺，生意时好时淡，勉强维持一家人生活。

1920 年，高金城先生来甘州行医布道时，认识了河南籍老乡张耀坤，以后张秀玉常找高金城治病，从此张、高两家来往密切，结为莫逆之交。时间长了，高金城的信仰、品质，逐步感染了她。1921 年，高金城在张掖修建福音堂医院，张秀玉一家热心响应，积极串联河南老乡募捐。动工后，她虽然怀有身孕，行动不便，但仍帮助推磨子、烧开水、做零活。医院建成后，高金城吸收学徒学医，张秀玉跟高金城学了儿科，同时兼干打扫卫生、缝补衣服等杂务，成为医院唯一的女职员。

1924年，张秀玉等人随同高金城到肃州传教、行医。1925年，高金城因多次指责肃州贪官污吏的丑恶行为，被肃州镇守使捏造罪名关进监狱，意欲以死罪处之。张秀玉立即带上高金城的信件及其孩子从肃州赶回甘州，托人设法营救。半年后，北伐战争开始，冯玉祥率国民革命军入甘，派人将高金城从狱中救出。高金城出狱后，即被冯玉祥邀请去郑州，任西北军伤兵医院院长。

高金城离开肃州前后，张秀玉不仅照顾高金城生病的妻子，而且还用自己的乳汁先后哺育高金城的两个孩子。虽然张秀玉的两个孩子因喂奶糕、稀饭，缺母乳而身体单薄，但高家的后代却能健康成长。

1937年8月，在兰州开办福陇医院的高金城先生受我党的委托，来到张掖开展营救红西路军失散人员的工作。高金城向韩起功要回被其军队据为伤兵医院的福音堂，将医院整修后重新开诊，安

张秀玉与子女们

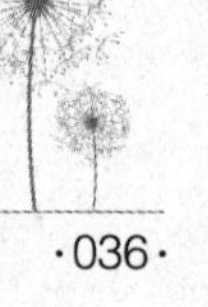

排红军战士王定国等和自己的徒弟张秀玉在医院工作。自此，营救收容红西路军被俘、失散人员的工作全面开始。

按照高金城的嘱咐，张秀玉白天在福音堂医院洗纱布、洗衣服、打扫卫生，晚上在自家的麻油灯下一针针一线线地赶制了100多件衣服，转交给山里的红军御寒。这些历经艰险的红军战士穿上张秀玉缝制的棉衣时，深深体会到了党的温暖和人民群众的关爱。

1938年2月4日凌晨，高金城被韩起功找去为其看病后再没回家。张秀玉闻知，马上给在兰州开设家庭医院、协助兰州八路军办事处工作的高金城夫人牟玉光发电报。牟玉光来甘州后和张秀玉二人曾到韩起功部，叫其设法寻找高金城，但没有任何结果，牟玉光只好先回兰州。临走时，在张秀玉的建议下，牟玉光带走了红军女战士杨淑兰，并安全护送到了八路军办事处。受牟玉光的嘱托，张秀玉常到医院打扫卫生，给看护医院的狗送食，为高金城晒衣服被褥。过了一年多，张秀玉把福音堂医院以前的几位医生召集起来，使医院重新开诊，因为有高金城的声誉，这样又维持了一年多时间。这期间，张秀玉还认领流落红军战士张义华为义子，使其躲过了马家军的追查

张秀玉(左坐者)与牟玉光(右坐者)的合影

迫害。张义华于1941年回到四川老家，解放后参加了工作。

张秀玉（中）与王定国（右）、杨文局

高金城烈士被韩起功杀害后，马步芳部队、国民党医院、外国的教堂都纷纷抢占福音堂。到1947年，为了保护高金城烈士精心开创的这个医院，张秀玉动员全家力量在福音堂医院办起了金城小学，由她任董事长，她的大儿媳李秀兰任校长兼教员，靠募捐办起了仅有三个年级的复式班。学校办了两三年后，外国来的马牧师强占了福音堂医院。迫于无奈，1949年上半年张玉秀将此学校合并到三丰庵小学（新中国成立后改为新华小学，现为西街小学）。因张秀玉婆媳忙于办校，无精力照顾孙女，小孙女莲莲被肺炎夺去了生命。

张掖解放后，张秀玉积极协助街道开展群众工作，帮助从兰州来的牟玉光找到张掖县人民政府，经县委、县政府批准，牟玉光担任了县人民医院副院长。1950年，张秀玉找人写诉状揭露韩起功谋害高金城的罪行，第二年，这个沾满烈士鲜血的刽子手被人民镇压。为了纪念高金城烈士，张秀玉支持牟玉光的倡议，帮助修建了高金城烈士纪念塔。张秀玉还经常应邀向驻地部队、学校学生讲解高金城和红西路军的英雄事迹，使他们接受革命传统和爱国主义教育。

1956年，已年过50的张秀玉为了把有生之年投入社会建设，担任了张掖县医药门市部营业员。她拥护党的领导和人民政府，努力工作，曾多次被评为省、县（市）工商界先进工作者、五好妇女，也多次当选为张掖县各届人民代表大会代表、张掖县人民代表大会代表、张掖县妇女代表大会代表和政协张掖县委员，直到1962年退休。

“文化大革命”期间，张秀玉坚持正义，实事求是，不顾个人安危，没有屈服于企图将革命烈士和红军战士诬蔑为叛徒的别有用心之人的恐吓，保护了高金城烈士的声誉和王定国等红军将士的形象。

党的十一届三中全会召开后，党和人民生活步入正轨，全国各地呈现欣欣向荣的景象。张秀玉及子女和高金城烈士家属、王定国的联系也多了起来，都互有往来。1983年，王定国来张掖时还专程看望了张秀玉。

1986年1月，张秀玉病逝，享年86岁，老伴张耀坤已于1958年病逝。他们共生育8个子女，大部分居住在甘州区，子女们也都像张秀玉夫妇一样，艰苦创业，勤奋工作，生活得幸福美满。

张耀坤、张秀玉一家

张秀玉虽然没有爬过雪山、草地，没有干过惊天动地的大事业，但她患难相助的博大胸怀和不畏艰险营救红西路军的事迹，将与红西路军将士和高金城烈士的崇高精神一起，铭刻于中国革命的记忆长河，代代相传，永不泯灭。（李生广）

马鹤年

——国民党县长的民族大义

马鹤年

1904年10月11日，马鹤年出生在山西省晋城的一个回族家庭里，其父就是著名抗日名将马骏。马骏青年时期在英国留学期间加入孙中山的同盟会。1911年7月毕业后奉孙中山指示回国，与陈其美到山东发动革命。1921年至1936年间，历任河东道君、河东盐运使、山西政务厅厅长、实业厅厅长、教育厅厅长、查禁毒品委员会委员长等职。抗日战争爆发后，马骏组织成立了山西省回民抗日协会，并组织成立了“回民抗日救国义勇队”，在朱德的帮助下与日寇浴血奋战。他通电上海、汉口、西安、香港等17个城市的回教会、回教促进会组织义勇队、自卫团奋起抗日。期间，国民政府军事委员会任命马骏为中将参议。1940年，二战区长官阎锡山任命马骏为上将顾问，1943年被任命为第三届国民参政会参政员。1943年6月，激战之中马骏不幸落入日寇之手，1945年7月以身殉国。

在这样一个充满爱国主义氛围的家庭里，马鹤年自幼树立了“天下兴亡，匹夫有责”的理念。1927 年，他秘密加入中国共产党。为了秉承教育救国的理念，传播共产主义思想，他在父亲开办的私立清真崇实中学当教员。1931 年，他利用回民身份，掩护帮助因革命活动而被捕后又越狱的刘格平，到上海找到党组织并投入到革命洪流之中。

1935 年，马鹤年被国民政府任命为甘肃省高台县县长。1936 年春，受红四方面军总部派遣从四川甘孜出发一路秘密测绘地图，为红军打通国际路线探路、调查民情和军情的情报人员王振华以算命先生为掩护，秘密潜来高台县，国民党特务机构盯上了他，马鹤年以同学的身份加以掩护。并多次与他促膝谈心，了解党和红军长征的情况，并资助 50 元大洋供他开展活动（据 1953 年马鹤年个人《申诉状》）。

1937 年 1 月 1 日，红五军占领高台时，马鹤年凌晨四时率 1400 余人的民团投诚，打开城门迎接红军进城，有 300 多人参加了红军，组成抗日义勇军甘肃省第五路军，完整地移交了大量粮食和布匹等

马鹤年就任张掖县县长时与同僚们的合影

军事物资。红军进驻高台后，王振华向董振堂汇报了马鹤年的现实表现，马鹤年也向董振堂军长汇报了自己曾经也是一名中共党员的情况，受到了董振堂军长的接见并受到优待。在高台战斗最紧张的时刻，为了保护马鹤年，董振堂军长派人将他护送到了甘州城内，从而使马鹤年在高台血战中幸免于难，他内心充满对红军的感激之情。高台失陷后，由于马鹤年的规劝和阻止，数百被俘红军免遭活埋杀害。

随后，马鹤年被调任为张掖县县长。

马鹤年上任当天，韩起功派关押在他旅部的勤务兵武杰向马鹤年送贺信，听武杰口音是四川人，马鹤年试探打听他是不是红西路军战士，并告诉自己曾经是共产党员和在高台的经历，打听了徐向前等西路军领导人的下落，了解了西路军伤俘人员关押的地方，马鹤年开始利用自己的特殊身份给予救助。

1937 年 7 月，马鹤年来到韩起功司令部的剧团里，对关押在此的红军女战士王定国、孙桂英、徐世淑、陈桂兰、蔡德珍等人说："我在大革命时期，就参加了共青团和共产党，大革命失败后，脱离了关系，我是真心实意拥护红军和共产党的。红军是爱国和抗日的，红五军攻打高台时，我开门迎接红军入城，我是高台县长，归甘肃省管辖，不属马家军管，你们董振堂军长、杨克明主任对我很好，把我释放回来，现在我是张掖县长。我要优待你们，你们有什么要求和困难尽管来找我。"在马鹤年的干预和关照下，关押在韩起功司

刘瑞龙

令部的红军战士处境大大改善,可以自由上街,互相探视,还可以自己做饭改善生活。

魏传统

8月,受中共中央驻甘代表谢觉哉委托,高金城先生为救助红西路军抵达张掖,高金城先生抵达张掖后首先和县长马鹤年联系,商谈红军将士的救助问题。在马鹤年关照下,不管什么时候、什么缘由负伤的红军都可以在福音堂医院里得到救治。刘瑞龙、魏传统、王定国等大批名红军将士都得到了马鹤年的救助。国民党特务和军阀韩起功慑于马鹤年的声望,对红军伤病员的屠杀和残害也有所收敛。

马鹤年多次来到文庙巷关押红军的地方,探望和了解被俘红军将士的境况,当他了解到红军的高级干部在狱中的悲惨情况后,马鹤年第三次来到剧团找到王定国说:"文庙巷监狱里关押着你们几位领导干部,是马家军打仗俘虏来的。我对他们好,就是怕马家军发现找麻烦。"王定国趁机问自己的"舅舅"是否在其中?马鹤年当即应诺帮忙,并告诉王定国:"有个监狱老头姓何,你就说是我让你来找他的,找他就可以看到了。"在马鹤年的协调和安排下,王定国等人来到监狱,探视了刘瑞龙、魏传统等8名高级干部,了解了他们秘密党支部开展斗争的情况。刘德胜、王定国和秘密党支部及时把他们的情况通过高金城通报兰州八路军办事处和中共中央驻甘代表谢觉哉,谢觉哉迅速电告党中央,党中央终于得知了刘瑞龙、魏传统等人的情况,为他们最终获救赢得了时间。

当得知刘瑞龙等人将被押往西宁的消息,马鹤年迅速通报了挚友高金城和甘州秘密党支部,并给他们准备了必需的药品等。临行时马鹤年还给押送者送钱打点,要他们一路关照。经过一路辗转,刘瑞龙、魏传统等人终于回到了兰州八路军办事处。

同时，高金城的徒弟陈大伟、张明新等人和王定国、蔡光波在民乐、山丹、肃南祁连山中广泛散发传单，找到了西路军野战医院院长丁世方和甘州中心县委书记吴建初。高金城找到了马鹤年，马鹤年马上写好了自己亲自签名的通行证，终于使他们安全回到了兰州八路军办事处。

1937 年 8 月，甘州中心县委的王有富、潘发生、王克勤等人通过高金城的关系与马鹤年取得联系，化装成便衣警察以替马鹤年朋友押送皮货的名义，拿着马鹤年签发的通行证安全到达兰州，由兰州八路军办事处转送到延安。

王定国的联络引起了国民党特务和韩起功爪牙的怀疑和仇恨，为防不测，马鹤年迅速写好了通行证，并亲自送王定国坐自己朋友的马车离开张掖，回到兰州八路军办事处。

在 1957 年 7 月 1 日马鹤年先生亲笔书写的材料中，叙述了先生在自己张掖家中救护的西路军伤俘人员还有：河南光山人鲁改目，女红军四川人罗彦秀，四川万县人腿部残疾的女红军营长万子英，四川宣汉人吴意和，还有一名副团长没有告诉姓名。其中吴意和伤势严重，马鹤年行生就一直保护在身边。

大批红西路军将士被营救，国民党特务和韩起功将马鹤年上告，马鹤年被国民党甘肃省政府撤职查办。1938 年夏天，返家途经西安的马鹤年同中共党员杜竹生在西安八路军办事处向林伯渠汇报了在张掖营救红西路军的经过，并将吴意和送给了西安八路军办事处。马鹤年营救红西路军的行为得到了林伯渠同志的高度

吴建初

赞扬。之后,马鹤年回到山西晋城,参加父亲马骏组织的“回民抗日救国义勇队”进行抗日。不久,又被国民政府任命为赈灾专员。全国解放后,马鹤年以小本生意维持生计。

1966 年,马鹤年去世,时年 62 岁。

马鹤年不惜牺牲自己,采用各种方式营救了大批红西路军蒙难将士,他的英雄行为,深刻地体现着一切从国家民族大义出发的崇高品德,体现着中华文化最为优秀和最具刚性的血脉传承。

(陈金荣)

但复三
——抛家弃子为红军

1937 年 3 月下旬的一天，居住在山丹县大马营窑坡村的万怀章赶着毛驴外出，傍晚回家路过沙锅口的沙河滩，遇见两个着当地农民服装的陌生人在一个小崖下烤火，便径直向他俩走去。陌生人主动和他搭了话，从谈话中得知，其中操湖北口音的人有病，万怀章便将他们领到大马营窑坡村自己的姐夫但复三家中。这两个陌生人就是红西路军总指挥徐向前和军政委员会主席陈昌浩。

1937 年 3 月 14 日，红西路军在祁连山红石窝召开师团以上干部会议，作出了两项决定：(1)徐向前、陈昌浩离开部队，回陕北向党中央汇报；(2)成立西路军工作委员会，由李卓然、李先念、李特、曾传六、王树声、程世才、黄超、熊国炳 8 人组成，领导西路军余部突围游击。14 日夜，徐向前、陈昌浩告别战友，带着保卫科长袁柯夫和警卫员康海生、邱回春、赵家仕、王茂金等人，以及陈明义、肖永银带领的 30 名警卫战士，离开部队，化装东返延安向党中央汇报。

此时，马步芳、马步青一方面对流落在河西的红军伤病失散人员进行残酷的搜捕杀害，另一方面公开悬赏 10 万大洋捉拿西路军主要领导陈昌浩、徐向前等人。在一片白色恐怖下，陈昌浩、徐向前一行在山里转了六七天。为缩小目标，陈明义、肖永银根据徐、陈意见单独行动。由于敌人盘查得很紧，徐向前、陈昌浩和随行的保卫科长袁克服及 4 名贴身警卫一行 7 人，仍未找到出山的机会。当走到张

徐向前

掖以南的西洞堡时，侦察探路的康海生、赵家仕等人先后被敌人抓去。保卫科长袁克服外出探路，也一去无回。陈昌浩、徐向前两人夜行昼宿，历经艰辛，来到了山丹县境内。到焉支山下的大马营时，陈昌浩因路途奔波，劳累过度，胃病复发，步履艰难地坚持行走。在穷途末路时遇到了湖北老乡万怀章，万怀章将两人领到了姐夫但复三家中。

但复三，湖北大悟县高店乡但家冲人，青年时代在家乡行医，曾在广水县开过中药铺。其妻万氏病故后，为了生计，但复三将一儿一女留在湖北，便与妻弟万怀章离开家乡四处游医，最后流落到山丹，在马营乡窑坡村甘家庄子一带行医为生。经人介绍，续娶陈户山湾的徐氏为妻，并建房在山湾村定居，生有一男一女，男的叫但维朝，女的叫但银叶。后因生活困难，又举家迁至窑坡村甘家庄子，与村人周启宁合开中药店，行医济世，当地人都叫但复三“但湖北”，叫万怀章“万舅”。

但复三是一位有胆识有担当的人。红军在高台、临泽失利后，他秉持医生“治病救人”的传统医德，冒险救助了许多流散红军，除治病疗伤外，还资助路费东返。

但复三见妻弟带来两位外地人，虽不知他们的真实身份，一看就知道是红军，当得知其中的一位还是湖北同乡时，但复三格外高兴，热情接待。由于当时的特殊情况，陈昌浩、徐向前不敢实言相告，只说是来河西做生意的，因遇兵乱，生意没有做成。但复三也不便深究细问。饭后，但复三安排他们上炕睡觉，发现他们带着手枪，便知道他们是红军中当官的。

徐向前第二天醒来时，太阳已升起有一竿子高。徐向前赶紧起身，催陈昌浩上路。不料，陈昌浩胃病严重，无法继续上路。但复三家看病的人多，两个生人在这里一定会引起人们的注意，容易暴露身份，经两人商量后决定陈昌浩留在但复三家中养病，徐向前先行东返。征得但复三同意后，陈昌浩暂住但家养病。

徐向前在但复三家吃罢早饭后，但复三为他准备了干粮，送他从红山窑上路东返。徐向前身穿羊皮袄，扮成羊倌模样，翻越大黄山，沿祁连山边人烟稀少的地方继续东行，风餐露宿，日夜兼程，坐羊皮筏子过黄河，历经艰险，终于 4 月 30 日走到镇原县的援西军司令部，回到了党的怀抱，6 月 18 日回到了延安。

徐向前走后，但复三专为陈昌浩配制中药治病，照顾得无微不至。期间，但复三逐渐从被自己帮助和资助过的红军那里得知了陈昌浩的身份。陈昌浩经过一段时间的观察，对但复三的人品及政治倾向也有了一定的了解。于是，两人推心置腹、互不猜忌，结为莫逆之交。

窑坡虽然地处偏远山区，但当时马家军的队伍还隔三差五来这里盘查搜捕流落红军。为了躲避敌军查问，但复三和陈昌浩在内以兄弟相称，对外称“湖北来河西做生意的同乡”。但是，但复三仍为陈昌浩的安全担忧，马步芳悬赏 10 万大洋捉拿的西路军“大头头”就住在他的家里，事关重大，万一有什么闪失，不但自己要招杀身之祸，也对不起这位“兄弟”，便倍加谨慎。

起初，白天他把陈昌浩藏在一个地窖里，夜深人静时，再叫出来睡在炕上。一次，马家军搜捕红军流散人员，陈昌浩已来不及躲避，为了不引起敌人怀疑，但复三赶忙拿出羊皮、羊毛与陈昌浩谈生意，陈昌浩也若无其事，一边打哈哈、递烟，一边大谈生意，敌人未发现破绽，便悻悻而去。又有一次，敌人来搜查，但复三急忙让陈昌浩钻入墙角的草堆中躲藏，但复三坐在草堆边，一边铡草，一边与敌人周旋应

陈昌浩

对，终于化险为夷。

从那以后，搜捕陈昌浩的风声日紧，但复三不敢再让陈昌浩留在家中，为了避过敌人的搜查，他和义子聂友成、妻弟万怀章趁黑夜将陈昌浩转移到大黄山柳沟曹家大口子窑洞里隐藏养病，他经常以进山采药为名，秘密给陈昌浩送去药品和食物。不久，敌军清乡，陈昌浩处境危险，为防不测，但复三又将陈昌浩秘密转移到大黄山钟山寺后寺的窑洞里躲藏。但复三的义子聂友成、儿子但维朝和妻弟万怀章以挖药为名，轮流上山给陈昌浩送水送饭，送配置好的中药和生活用品。风声紧时，一夜数次转移。为尽快治好陈昌浩的胃病，但复三老人不仅精心地自采草药配制处方，还让万怀章和但维朝专程到张掖福音堂医院取来西药，精心治疗。

经但复三全家人的细心照顾，陈昌浩的病情逐渐好转，体力也得到了恢复。陈昌浩提出要去陕北找党中央，但复三又为陈昌浩一路上的安全担忧，不同意他一人独行。经再三斟酌，但复三决定舍家弃子，亲自护送。为了保密，他瞒着家人打点行装，做好了准备，只给妻子说是要到钟山寺住一夜，便牵了两头毛驴走了。为防万一，临行时又带上义子聂友成，与家人不辞而别。他的妻子等了两天不见回来，让儿子但维朝到钟山寺去找，但维朝找到钟山寺，只看到一头毛驴被狼吃剩的骨架，却不见父亲。这时，但复三已和他 17 岁的养子聂友成一道，护送陈昌浩东返。他们装扮成父子 3 人，以行医为掩护，牵着一头毛驴，历经艰辛，使陈昌浩安全东返。

但复三送走陈昌浩，与义子聂友成返回湖北老家，第二年九月病故。聂友成留在湖北定居，直到解放后病故。

但复三护送陈昌浩走时，其子但维朝只有 18 岁，一直与万怀章生活在一起。后因生活困难，又举家从大马营窑坡村搬到陈户山湾村定居，万怀章于 1958 年过世。

1964 年，但复三在湖北的孙子但堤到山丹来找寻但维朝，并在陈户山湾村居住 10 年之久。但堤到山丹后跟随但维朝儿子的“玉”

字辈，改名叫但玉瑞。“文革”期间，因但玉瑞没有山丹户口，当地人认为他来历不明，对他进行批斗。1974 年，政府为了证实他的身份，就由山湾村书记尚玉龙亲自送他回到了湖北省大悟县。但玉瑞到湖北的第二年，政府安排他在大悟县高店中学任教。

如今，但家人已经把“但”姓改成了“戴”姓，也许“但”姓从此会在窑坡山湾消失，会在山丹消失。而但复三及其家人掩护救助红军脱离险境、抛家弃子亲自护送陈昌浩东返的义举，会在焉支山永远留存。

正如但复三嫡孙但玉瑞的诗作《不是亲人胜似亲人——记先祖父但复三舍纾难救红军》中所说的那样：

壮歌一曲奏河西，慷慨悲欢忆别离。
三十年前追往事，八千里外话新思。
红旗插上祁连山，烈火终烧到天际。
革命成功非易事，前辈典范后人继。

（何自红）

屈大成

——千里相送　忠肝义胆

屈大成

千百年来，宋太祖赵匡胤对赵京娘“千里相送，本为义气”的故事之所以世代传唱、经久不衰，是因为在“千里相送”的故事背后承载着中华民族传统文化中关于“义”的认同和期许。

千年之后，在甘肃河西走廊的张掖又演绎了一幕“千里相送”的传奇故事。故事的主人公是牧民屈大成和红军徐以新。

屈大成，1911 年出生，原籍高台县新坝乡古城沟村。因生活所迫，屈大成的父亲携家人于光绪 28 年（1902 年）迁往肃南喇嘛湾乡西柳沟村居住，成为当地的穷苦牧民，以放牧、淘金为生，家里只有一幢一间多的半草半土的房子，既没有门，也没有院墙。屈大成与父母和妹妹相依为命，一家 4 口只有几亩山坡地和几只羊，过的是半农半牧的艰苦生活。但屈大成为人仗义，乐于帮助穷人、落难之人。1927 年 4 月，屈大成救助了红军徐以新。

徐以新，原名徐一新（据《四方面军人物志》），浙江衢州人，生于 1911 年。1927 年参加上海工人第三次武装起义和南昌起义（据《四方面军人物志》第 608 页),同年加入中国共产主义青年团,任中央军委机要秘书。1928 年在苏联莫斯科中山大学学习。1930 年转入中国共产党,次年学成回国,先后任鄂豫皖军事委员会总政治部副主任、总参谋部主任,西北革命军事委员会秘书长。1936 年 10 月随红四方面军渡河西征,任红西路军干部团政治处主任。新中国成立后,曾任中国驻阿尔巴尼亚、巴基斯坦、挪威、叙利亚大使,外交部副部长。1994 年 12 月逝世。是中共党史上著名的“二十八个半布尔什维克”之一。

徐以新

1937 年 3 月,红西路军征战失利,徐以新在战斗中负伤,失散在肃南红湾寺南山,被挖金子的张老汉救助,在他家养伤数日后出行。

4 月的一天,屈大成去高台新坝路过三层台子(地名)时,遇到了徐以新。通过交谈,屈大成从口音上判断他是失散流落的红军。其间,有马家军的骑兵队路过,屈大成连忙把徐以新藏到不远处一条沟里的芨芨草丛中,自己回到原来的路上继续赶路。马家军骑兵赶上来抓住屈大成,让他带路去新坝。走到大河石坡子,屈大成趁马家兵不注意,跳进深沟逃跑了。他又绕回到原来的地方,找到了躲藏在那里的徐以新。

屈大成是个猎手,家中常有猎物。这一年,马家军借搜查红军为名,三番五次来他家,把他家中的麝香、鹿茸、狐皮等全都抢走了,屈大成非常憎恨马家军。

屈大成向徐以新讲了自己曾经给 100 多个红军带路去红湾寺、百泉寺宿营,又送到九个泉出山的事。徐以新也给屈大成讲了一些红军北上抗日,为穷苦人闹革命的道理。屈大成决心就是舍了命也要保护好这个红军大哥。他怕进村不安全，就把徐以新藏到一个挖过金子的洞里。洞里有一尺多深的水，屈大成就用石头支起木板让徐以新睡觉,每天按时送来吃的。由于洞里阴冷潮湿,不久,徐以新便全身浮肿。

一天夜里，屈大成绕过敌人的关卡，把徐以新接回喇嘛湾的家中。但回家的第三天,地主白志祥就领着马家军前来搜查。屈大成急中生智,连忙把徐以新藏进板炕洞里才躲过了一劫。

由于家里窄小破烂，隐藏很不方便，屈大成又把徐以新转移到了山上的一个石洞里。屈大成每天背着枪,装作打猎的样子,去给徐以新送饭。有时,也让他 8 岁的妹妹装作拾柴火、放驴,去给徐以新送饭。

可是,这里常有猎人前来捕猎。为了保险起见,屈大成又把徐以新转移到了小青沟的一个水洞里。屈大成给徐以新准备了两张山羊皮,一张铺一张盖,还在旁边栽了三块石桩,把破脸盆放在上面做饭吃。家里没有米和面了,屈大成就想尽办法弄一些紫青果、玉米棒子和洋芋蛋让徐以新吃。屈大成还上山放夹子抓青羊、捕旱獭给徐以新补充营养。徐以新的身体渐渐好了起来。屈大成还用卖旱獭皮的钱,买来棉布、羊毛,给徐以新缝了一身棉衣,买了袜子、鞋。屈大成把徐以新装扮成一个商人带回家，对外说是酒泉来的收购茯苓、大黄等山货的“李先生”,以防村里人起疑心。

没多久，马家军搜查红军的风声又紧了，有时一天要到屈大成家里搜查两三次。于是,板炕洞里、牲口圈里、夹墙里,哪里隐蔽徐以新就藏在哪里。马家军抓不到人,就毒打屈大成和他父亲。无奈,屈大成只好连夜把徐以新送到高台县红崖子镇夷坝的舅舅家躲藏。

舅舅所在的村子靠近祁连山，这里只有几户人家，各家又都是单门独户，比较僻静。屈大成对舅舅和几个表哥说徐以新是酒泉过来的生意人,为了避兵要到这里住一段日子。于是,屈大成和徐以新先住在了表哥万生荣的家里。为了遮人耳目，屈大成就帮徐以新买了一些货物，两人忙里忙外地佯装做起买卖来。

可是，徐以新的外地口音还是引起了万生荣的怀疑，万生荣不再让他们出去做买卖，只让在家中帮着干些锄草的农活。随后，屈大成又轮流安排徐以新在周占熊家和六洋坝的王尚敏、赵财宝等家中隐藏。

这段日子，屈大成每天夜里都带着徐以新外出，先后到西柳沟、天桥湾、长沟寺等地打听红军的消息，查找红军住过和打过仗的地方，有些地方徐以新还画了图。有一次，屈大成陪徐以新到距八哥家60多里的四喇嘛那里宣传。徐以新从佛教的起源和如来佛的来历谈起，四喇嘛听了赞叹不已。第二天，四喇嘛又召集小喇嘛们听徐以新讲经，听过后称赞徐以新有"大佛爷的卡码"（意思是有大佛爷的资格）。从这以后，徐以新就利用讲佛的机会，给当地藏民宣传共产党的政策。因为讲得好，四喇嘛说他不是汉人，是四川峨眉山来的喇嘛！

徐以新归队心切，屈大成就专门去酒泉打听红军撤往新疆方面的消息。当得悉部队已经西去，甘州城关押的红军也大多被屠杀，看到西行无望，徐以新决定东返回陕北。屈大成考虑到徐以新地形不熟、语言不通，到外面讲话容易暴露身份，有个本地人在身边，遇到情况也好应付，于是决定送他去延安。

徐以新一家在延安

得知徐以新要走，村民周占熊、王尚敏、赵财宝、王之时、万生福、万生华、万生荣等人变卖粮食，屈大成也卖掉珍藏的麝香、鹿茸等贵重药材，给他凑了路费。徐以新给他们一一写下了证明。

1937年11月，屈大成安排好父母和妹妹，送徐以新东行。行前，屈大成一家又给徐以新做了一套土布衣服，买了

双洋布鞋、一顶大礼帽，还借了件长袍，把他装扮成一个“先生”。屈大成专门买了一个小提箱，在里面放了些牛黄丸、小儿惊风丹之类的药，对外只说徐以新是看病的“李先生”。就这样，徐以新和王尚敏各骑一头毛驴，驮着干粮、衣服，屈大成步行陪同，一起到了元山子。

元山子在新坝北面，甘新公路从这里穿过，当时苏联支援中国的抗日物资就是用汽车经这条线路运送的。屈大成和徐以新在元山子等了半天，路上出现了从新疆开来的车队，徐以新用俄语拦下了汽车。经过交流，车队队长给他们换上了苏联司助人员的外衣，把他们带到了兰州。

屈大成还不知道，就在他们离开的第二天，他的父亲就被闻讯赶来的马家军抓去吊起来毒打审问。赎回家后一病不起，挺了三个月就含恨去世了，剩下母亲与年幼的妹妹相依为命。

屈大成和徐以新到了兰州八路军办事处，见到了谢觉哉。经办事处安排，徐以新和屈大成分别经西安返回延安。在延安，屈大成被安排在中央党校民族班学习，期间，屈大成由徐以新、谢觉哉介绍加入了中国共产党。

中华人民共和国外交部用笺

徐以新给屈大成的证明信

1939年4月，屈大成完成学习任务，组织上安排他返回兰州。在兰州八路军办事处，伍修权要求屈大成潜回河西，在肃南开展地下工作，要他与张掖的地下党负责人傅从俭接头，由上级单线领导，联系人是兰州“敬兴和”皮坊的刘福生，跟徐以新的联系则由“西安西北旅社”转。当时交给屈大成的任务是，以劳动、生产为掩护，秘密开展党的地下工作。但不久傅从俭身份暴露，被派往兰州。从此，屈大成与组织失去了联系。

新中国成立后，屈大成在祁连直属乡担任乡长和支部书记，后来又调到区上任区委书记。肃南裕固族自治县成立后，屈大成先在明花区委任组织员，后在县农牧局任副局长、县政协担任专职常委，直至 1974 年 1 月退休。

1958 年，屈大成出席了中共张掖地委、张掖专员公署召开的流落红军代表和救护红军有功人员大会，受到表彰奖励，获锦旗一面、奖金 100 元。1960 年，徐以新曾给屈大成汇款接济他的生活。

"文化大革命"中，屈大成因高台"聚仙宫"封建迷信活动复辟一案受到牵连，受到批判，被开除党籍，羁押了 8 个月。1978 年落实政策，屈大成申诉要求认可他解放前参加革命的经历。肃南县委即发函给外交部党委，索取徐以新对屈大成革命经历的证明。徐以新给肃南县委写了证明信："屈大成同志是在 1937 年春 4 月我红四方面军西路军在祁连山区失败后参加工作的，1937 年冬加入党，并在延安中央党校学习；1939 年由延安派回甘肃河西做地下工作，是经过兰州八路军办事处负责单线联系，当时负责同志谢觉哉、伍修权都知道此事。对屈大成同志上述这一段参加革命工作的经历，我可以证明。"

屈大成（左一）与王定国（左三）、徐以新（左二）及其夫人

1980 年 9 月 6 日，中共张掖地委组织部批复肃南县委组织部："同意屈大成同志参加革命工作的时间从 1937 年 4 月护送我红四方面军干部徐以新同志去延安时算起；由退休改为离休；工资级别由现行 21 级调为行政 17 级，从 1979 年元月起执行，补发 21 级至 17 级的

差额部分。”

1983 年 4 月 12 日，中共张掖地委组织部又通知中共肃南县委："屈大成同志享受县级政治、生活待遇，工资由行政 17 级调为 15 级。”

1985 年 4 月 9 日，中共肃南县委组织部又批示县政协办公室："补发屈大成在肃南地区工作 34 年 6 个月的离休补贴。”至此，屈大成的所有问题得到了彻底纠正。

1992 年 8 月，屈大成因病离世，享年 80 岁。

屈大成走了，但他救助红军、千里相送的故事却永远地留存在河西大地。

（杨万禧　李纲）

杨育俊

——淘金人冒死救红军

杨育俊夫妇

杨育俊，1907年生于甘肃省高台县新坝乡曙光村。其父杨春茂，年少时上过几年私塾，有点文化。年长时就挑起小担，做了个走村串乡的小货郎。杨春茂有3个儿子，杨育俊、杨育杰、杨育贤。由于家中儿女多，且都渐渐长大，为了生计，在大儿子杨育俊14岁时，杨春茂就让他跟随淘金人在祁连山下的金畅河、摆浪河一带淘金。由于杨育俊干活总是勤勤恳恳，一丝不苟，深得掌柜的器重。加之他脑子灵活又善于学习，几年时间，他就掌握了淘金的全套技术。1930年，23岁的杨育俊另立门户，当了小金洞的淘金掌柜。由于他眼光好，对水线（就是河里发大水后，河水改道，冲刷留下的痕迹）看得准，他的金洞淘出的沙金多。加上他十分注意安全，在他任掌柜的时间里，没有发生过意外事故。杨育俊还有用气功禁血、治伤的特长，因此，他在金畅河、摆浪河一带小有名气。

1937年3月23日傍晚,杨育俊的窝铺门口爬来一个衣衫褴褛、蓬头垢面、双脚包着破毡片的人,一看到他身上的灰制服,淘金工们就知道他是个落难的红军,因为此前也三三两两从这里走过流散的红军。于是,大家都把目光投到杨育俊掌柜那里。因为马家军的人和保长给各淘金洞打过招呼:不许收留红军,见到红军要立即报告,如有违者全家抄斩。

看着来人一副饥寒交迫的样子,胆大心细的杨育俊派人把他扶进了洞中,并盛来黄米干饭让他吃。来人说自己是红军队伍里的伙夫,叫"张明玉"(其实是西路军工作委员会委员熊国炳),是被马家军抓去后逃出来的,是一位"住毛帐房的老人"指点他到这儿来的。

这位老人叫安才,是裕固族草原上的牧民,熊国炳在老虎沟被俘后被敌人押到了安才老人的帐房。当敌人把熊国炳打得昏迷不醒时交给安才看管,在敌人离开帐房后,安才老人指点熊国炳去附近的淘金洞找杨育俊。

杨育俊看"张明玉"的脚还在流血,他就用气功给止了血。并对大家说:"我们把他留下来,就叫他'共产老张'吧!"并安排他到最里边的窑洞里和几个尕娃去休息,留下几个小伙子,商量如何隐藏这个红军,并给他治疗脚伤的事。

熊国炳

杨育俊给大家定了规矩,谁要是走漏了风声,轻者不要在这个金洞淘金,重者与自己同被马家军治罪。

"共产老张"的脚是遭受马家军的枪伤之后,又冻坏的。左脚枪伤,冻裂化脓,流血流脓不止。右脚冻得有碗口粗,脚板上、脚面上被冰块、石块、树枝划了很多血口子,别说行走,就连挪动都十分困难。杨育俊决定用羯羊包皮的土法给熊国炳治伤。

第二天早晨，杨育俊买来了一只羯羊，按照当地祛除杂病和治疗枪伤、冻伤、溃烂的方法，杀了羯羊给“共产老张”治伤补身子。杨育俊给“共产老张”的双脚包上了刚刚取出的羊肚子，身上包着刚剥下的热羊皮。

杨育杰夫妇

就在这时，一股马家军又来搜红军了。他们下了马就径直往杨育俊的窝铺内走，一见是他们昨天抓获的红军跑到这里来了，又在“包皮”，不由分说，拉出去就要带走。杨育俊走上前想求个情，还没开口就被那个当官的马匪抽了几鞭子。马匪命令士兵把“张明玉”拖出门外，扯去了包裹的羊皮和羊肚子，他们要把“张明玉”拖走。

正在大家无计之时，给淘金人做饭的大师傅心生一计，他走上前来大声问杨育俊：“杨掌柜，招待长官的羊肉煮好了，端不端？”杨育俊一边说：“端上来！”一边急忙把几个马匪“请”到了窝铺内的石板炕上，又取出一小坛青稞酒，招待几个马匪吃饱喝足。最后，在杨育俊的请求下，马匪答应把这个红军“伙夫”留在杨育俊的淘金洞治伤，并把这个红军“伙夫”“雇”给了杨育俊，要求杨育俊每月交给他们 1 两黄金。

为了尽快治好“张明玉”的伤，杨育俊亲自上山采来中草药，为其煎服和擦洗伤口，并一日五餐的羯羊肉汤泡馍让他补身子。十多天后，“张明玉”的伤势大有好转，可以拄上杨育俊做的树藤拐杖慢慢走路了。

1937 年清明节，趁着淘金工们回家祭祖的机会，杨育俊和“张明玉”睡在一个炕上，听他讲述投身革命和儿子、妻子被国民党杀害的遭遇。

熊国炳留给杨育俊的手迹

“张明玉”真名叫熊国炳，四川省万源县竹峪关熊家坪人，1900 年 3 月出生，1932 年参加红军，1933 年加入中国共产党，并被选举为川陕省苏维埃政府主席。他先后亲手制定签署发布了“川陕省苏维埃政府关于土地改革的布告”、“川陕省苏维埃政府肃反执行条例”、“川陕省苏维埃政府关于反革命自首的条例”、“川陕省苏维埃政府优待红军家属条例摘要”、“川陕省苏维埃政府优待专门人才暂行条例”等一系列法规，使川陕革命根据地不断扩大，共建有一省、两道、23 个县(市)，所辖区域纵 400 余里，横 500 余里，总面积达两万多平方公里，人口 600 余万，成为中华苏维埃共和国的第二个大区域。

1936 年 10 月，红军长征到达甘肃后，熊国炳被任命为中共甘肃工委北路工作委员会委员，西渡黄河成立西路军后，又被中央军委任命为西路军军政委员会委员。石窝会议后，熊国炳又被任命为西路军工作委员会委员。

杨育俊的父亲杨春茂

熊国炳在杨育俊这里身体得到完全恢复。一天，他在山中寻找被俘前埋下的重要物品时再次被马家军抓俘，杨育俊又用重金设法将他赎出，从此，他在杨育俊这里以做淘金工为掩护，设法寻机找部队。

为了使熊国炳更安全，杨育俊

带着熊国炳回了趟高台新坝老家，他让媳妇任月英给熊国炳准备了庄户人的衣服，并在父亲杨春茂的主持下，杨育俊与熊国炳结拜为弟兄，熊国炳年长，为兄，杨育俊为弟。没有结义的帖子，熊国炳只在一小块纸上写了自己的名字“熊国炳”，交与杨育俊保存。

新疆金子

一段时间后，熊国炳要向西寻找红军队伍，临走时，为了轻便，他把在西路军中的费用——3块“新疆金子”留给了杨育俊。熊国炳走后，马敌闻风到杨育俊家搜查红军。搜不到人就搜家，把熊国炳留下的“新疆金子”讹走了两块，还把杨育俊毒打了一顿。为了救助红军，杨育俊被马家军多次讹诈，虽为淘金人，但已负债累累。

熊国炳到肃州寻找红军未果，二次来到了杨育俊家，为了安全起见，杨育俊又把熊国炳带到山里去淘金。4个月后，熊国炳离开了杨育俊家，再次去了肃州。这次，他流落定居于肃州的泉湖乡泉湖村，1960年10月病饿离世，终年60岁。

杨育俊在山里淘金，弟弟杨育杰在家务农，几年间，兄弟俩偿清了债务，生活也渐渐富裕起来。家中修了一个整齐的四合院，打了个气派的大庄子。

高台解放后，杨育俊终止了淘金生意，回家务农。土地改革时，杨育俊家由于救过红军，划定为中农成分。1960年2月杨育俊因病去世，终年54岁。

（杨万禧）

黄大明

——马敌班长的人性光辉

1935年，红军进入川北，蒋介石电令盘踞青海、甘肃的马步芳出兵阻击红军，马步芳为了保全他的地盘，进行大规模征抓壮丁，36岁的黄大明也没能幸免。

黄大明，高台县罗城乡天城村人，生于1900年3月。他被马家军抓兵后去了青海，替马步芳卖命。1937年，他当了某部班长。他听到红军是在自己的家乡高台兵败，又看着马家军将被俘红军身强力壮的送去做苦力，将体弱病残的一群一群活埋，实在天理难容，遂心生怜悯。

一天，马家军又押着二三十个被俘红军出城活埋，西路军女战士张庭福走在最后，她不知道敌人押着他们去干什么，只是怕被敌人侮辱，便在脸上抹了黑灰，看不出是男还是女。正在值班的黄大明乘人不备，一把将她拉到自己身后躲避。等人走远后，他把这个孩子送到无人注意的地方藏起来。换岗后，将这个孩子悄悄送到了城外的熟人张大嫂家里躲藏，这时才发现张庭福是个女孩子。

黄大明

黄大明原打算救下个小红军给

张庭福

他当个弟弟，没想到救下的是个女孩子。看着黄大明和张大嫂都不是坏人，这个女孩便把自己叫张庭福，15岁就参加了红军的事，告诉了黄大明和张大嫂，并同意给黄大明当媳妇。

为了张庭福的安全，黄大明又把她秘密送到了他的战友贵德籍家里躲藏。不久，张庭福又由黄大明以他远房亲戚的名义，推荐给他的上司刘连长的太太当了使唤丫头。

不久，由于刘连长对张庭福产生了怀疑，就将黄大明和张庭福遣出军营。黄大明带着张庭福返回了高台天城老家。回到老家后，当地人以为张庭福是黄大明从青海领来的媳妇，谁也不怀疑她的身份。为了掩人耳目，黄大明就和张庭福成了亲，过起了日子。他们一起靠给人扛长工、打短工维持生活。

黄大明参会的代表证

张庭福，1917 年生于四川省通江县房山坪。1932 年 12 月参加红军，1933 年 1 月，在川陕省第一次党代表大会上，她被选为川陕省委第一任妇女部部长。1936 年 10 月随红四方面军渡河西征。1937 年 1 月下旬，张庭福在临泽突围时被冲散。她随部队在祁连山中打游击，冻坏了双脚，在寻找食物时被俘，后被押往青海西宁羊毛厂做苦力，在被送去活埋时被黄大明所救。

张庭福(二排中)在流落红军座谈会上

高台解放前夕，张庭福

黄大明的子女们将他的骨灰迁至四川巴中

帮助在高台搞地下工作的解放军侦察员邓金山察看敌情。高台解放后，她担任了妇联主任。1952年任天城乡党支部书记至1959年。

1958年10月，黄大明参加了中共张掖地委、张掖专员公署召开的流落红军代表和救护红军有功人员大会，受到表彰奖励，奖给床单等物资数件。

1959年2月1日，黄大明因病去世，时年59岁。黄大明去世后，葬于高台天城村。1994年，黄大明的子女们从四川专程来高台祭奠黄大明，他们在天城村旁给黄大明立了个简单的墓碑。

黄大明与张庭福合葬于四川巴中将帅碑林

黄大明去世的那年夏天，张庭福被精简回到天城大队参加农业生产。1960年，张庭福带着四个子女返回原籍四川省通江县。2009年9月3日张庭福去世，享年92岁。

2011年8月，张庭福的女儿黄新秀，长子黄新世，三子黄新荣前来高台，将其父亲黄大明的遗骨移出，火化后带回四川，与其母亲张庭福合葬于四川巴中川陕苏区将帅碑林。

（杨万禧）

柴维仁

——救助红军政委死里逃生

柴维仁

1937年1月20日高台战斗中，红五军四十五团政委张力雄被爆炸的弹片击中左腿而负伤，警卫员和卫生员将他扶到团部卫生所刚刚包扎好，由于战斗紧急，警卫员和卫生员匆匆离去。当他艰难地穿过一条小巷时，遇到一位中年老乡，老乡神色紧张地对张力雄说："红军同志，马匪进城了，你腿上有伤，快到我家里躲一躲再说！"说着，老乡架起张力雄连拖带跑地到了家里。他把张力雄藏在家中的夹墙内，再三嘱咐说马匪正搜捕红军，决不能出夹墙一步，张力雄只得听从他的安排。老乡每天给张力雄送三顿麦糊粥充饥，又抓来治伤的中草药让其服用和擦洗伤口。到了第四天，老乡见马匪的搜捕有所放松，大部分马匪已东撤，便准备将张力雄送出城。当天傍晚，他将马车底板扳下一块，留出一条缝，叫张力雄脸朝下全身扑在底板上，这样鼻子透过小缝可以呼吸。然后，在张力雄身上覆盖了厚厚一层杂草和马粪猪粪，伪装成送粪车。临行前，张力雄把身上穿的一件皮大衣脱下送给了这位老乡，这位老乡也给了张力雄一件破

张力雄

旧的短袖老羊皮袄。马车出西城门时，幸好来往的人多，城门口的匪兵也懒懒散散的。他们见那老乡衣衫褴褛，车上猪粪马粪又臭气冲天，草草地盘问了两句就放行了。当马车赶到一块大麦地时，老乡四顾无人，赶紧掀掉张力雄身上的杂草和马粪，扶他下车，说了句：“快走！向西奔！”后来，张力雄在倪家营子找到了西路军总部，回到了自己的部队里。

张力雄，男，福建上杭县人。1913 年生，1929 年加入中国共产主义青年团，1931 年转入中国共产党，1932 年参加中国工农红军。1935 年 9 月任红五军十五师四十五团政委。1936 年 10 月，参加了红西路军艰苦作战。解放战争时期，任

柴维仁全家

中原军区第一纵队三旅政治委员，第二野战军特种兵纵队政治部主任。参加了中原突围、淮海战役和解放大西南等战役。中华人民共和国成立后，任中国人民解放军西南军区炮兵部队政治部主任、副政治委员，昆明军区公安军第一副司令员，云南省军区政治委员，江西省军区政治委员，福州军区顾问。当选为第五届全国人民代表大会代表，中国人民政治协商会议第六届全国委员会委员。1961 年晋升为少将军衔，荣获二级八一、二级独立自由、二级解放勋章。1988 年 7 月被授予中国人民解放军一级红星功勋荣誉章。

难忘的征程
张力雄

2011 年 7 月张力雄为纪念西征而题的字

由于救助张力雄的老乡从未提及此事，1958 年，在清查流落红军和救护红军有功人员时，也有疏漏。加之张力雄也把营救他的人姓甚名谁忘记了。直到 1984 年，时任福州军区顾问的张力雄给高台县信访办来了一封信，述说他 1937 年元月高台城失陷后，被一位住在高台城西城河沿的人

张力雄幸福的一家

家营救，请信访办查一下这个人现在是否活着？他要联系感谢。信访办派人调查，才知道营救了他的这个人叫柴维仁。

柴维仁，男，1916 年农历 3 月 22 日生于高台县城关镇，解放前一直经商，经营土特产和日用百货。1954 年公私合营后，为高台县弹花社工人。

“文化大革命”中，有人说柴维仁参加过“一贯道”反动组织，被当做反革命分子批斗，他的家属也从城里迁到了乡下。柴维仁受不了这种无休无止的批斗，想用自杀来了此一生，他从房上倒栽下来，没结果性命却被摔伤。1979 年，柴维仁的问题得到纠正，县公安局派员在高台县东湾村召开群众大会，公开为他平反昭雪，恢复名誉，并让家属返回城市。

柴维仁虽然平反了，但他心理的创伤太重，余悸未消。从此，他便闭门谢客，拒绝接见任何人。

1985 年农历 2 月 18 日，柴维仁去世，享年 70 岁。

岁月难泯两代情。2011 年 7 月 20 日，张力雄的儿女张江江、张燕燕、张闽闽兄妹 5 人，来到中国工农红军西路军纪念馆凭吊革命先烈，向纪念碑敬献了花篮，观看和聆听了红西路军作战征程图片和简介，并向纪念馆赠送了张力雄将军题词、照片和回忆录《难忘的征程》一书。题写了“红军万岁”、“高台英烈气壮千秋，不朽精神激励后人”的题词留念。

（杨万禧）

张力雄的子女在高台纪念馆纪念先烈

陈陌畴　陈立畴

——路遇落难红军　兄弟联手相救

陈陌畴

1937 年 3 月的一天黄昏，高台县马营河上游的错口河东崖下，有 3 个负伤掉队的红西路军战士，由于疼痛、饥饿和寒冷而昏了过去。马营河上游的错口河在祁连山下，山脚下有个牧羊人居住的窑洞，又叫羊房子。刚刚放牧回来，准备拾柴做饭的牧人陈陌畴发现了几个昏迷的红军。

陈陌畴，1897 年 12 月生于高台县新坝乡红沙河村。年轻时由于家贫，在酒泉、高台一带给人放牧、打短工、扛长工。

陈陌畴看见几个红军先是吓了一跳，但他还是很快扔下手里的柴火往回跑，到羊房子去叫他的放牧同伴陈立畴。陈立畴是比陈陌畴年长 9 岁的本家兄弟，兄弟俩一直结伴在马营河上游的祁连山中放牧。

陈陌畴和陈立畴大着胆子走到 3 人跟前仔细看了看，知道他们还活着，但已经冻得像僵尸了。兄弟二人顾不得什么，就轮换着将 3

人背回窑洞，立即生火，一边为他们取暖，一边急切地熬了姜汤，小心灌入3个人的嘴里。过了半个时辰，3个人慢慢苏醒过来了。

3名红军伤员经过陈陌畴、陈立畴兄弟俩的精心照料，很快好转过来，当知道是这两个放牧人救了他们后，非常感激。见这两人心肠好，又都是受苦人，于是就把真实身份告诉了他们，并给他们讲了红五军血战高台，军长董振堂、政治部主任杨克明与大部分指战员遇难的情况和倪家营子红军战士与马匪浴血奋战的经过。还告诉他们，离这里不远处还有十多个同志，都是重伤员，生命危在旦夕。他们3人是唯一能行动的，准备找点吃的东西去救他们，好一起走出祁连山。

陈陌畴、陈立畴对红军战士的遭遇非常同情，就将仅有的一些干粮和炒面都给了红军，并让他们把那些负伤的红军都叫来，杀了一只羊招待了他们。红军按照纪律给陈陌畴付了钱，他们只好收下。之后，由于红军战士的伤势很重，需要在这里休养，陈陌畴、陈立畴兄弟又先后给红军杀了几只羊给他们吃，直到他们恢复了体力。

陈立畴夫妇

这期间，陈陌畴还让同伴放羊，自己冒着风雪连夜回家取口粮，他知道这些受伤的人要在雪山中行走，就让家里的人赶着烙干粮，推炒面，准备好后用牲口驮进山里，送给了红军伤员。离别时，红军战士千恩万谢，还留下了一张纸条说：“等革命胜利后，一定加倍偿还，救命之恩一定要报。”陈陌畴把这张条子给当保长的侄子陈大真看了，陈大真说："赶紧烧掉吧，要是让马家军知道了，头都长不住了。"陈陌畴没有烧，而是把这张条子藏在羊圈的石墙缝里。后来，这张纸条一直没找到。

陈陌畴是个心直口快的人，"文化大革命"中，因说了"林彪是个鹰鼻子鹞眼，害人不浅"的话而被判刑劳改。1972 年死在武威红光园艺场，终年 75 岁。1978 年，陈陌畴得到了平反昭雪，他的侄子陈大仓将其尸骨搬回红沙河安葬。陈立畴于 1972 年 10 月去世，享年 82 岁。

虽然陈陌畴、陈立畴救助的红军没有留下姓名，但他们救助红军的事迹却被载入《红沙河》村志中。

（杨万禧）

王立基
——小道士的大情怀

王立基

王立基，1909年农历9月22日生于高台县新坝乡六洋坝村。因父亲是道士，王立基从小跟随父亲学习念经，成年时，已经是远近闻名的“王道士”了。他擅长诵经，阴阳八卦、堪舆风水，婚丧礼仪都在行，乡邻们谁家打庄盖房举行庆典和办理丧葬仪式都能来一手。他为人正直有胆识，遇事敢作敢为，而且脑子灵活，见多识广。每逢地方事务，桑梓纷争，他也能主持公道。

1935年，祁连山区（含今肃南县大河乡、高台县新坝乡）成立了“白头军”，进行防匪防盗，保卫地方治安，王立基任副队长，具体负责对“白头军”的训练和防务安排。1936年高台大旱，“白头军”的活动经费筹措艰难，便自动解散，但王立基在山区群众中的威望尚存。

1937年4月，当屈大成和徐以新乘黑夜秘密转移到六洋坝村万生荣家时，万生荣把这个秘密告知了表兄王立基，想利用他的身份和威望，掩护徐以新，王立基慨然答应了。徐以新在万家住了几天后，便又转移到王尚敏家隐藏居住，王立基承担着掩护任务，还请来周占熊为徐以新治伤医病。后来为给徐以新治伤和恢复身体，又把他秘密转移到镇夷坝(今和平村)的周占熊家。

王之时

在他们的保护下，徐以新得以平安的住了几个月，养好了伤。

1937 年 10 月，徐以新离开高台去延安时，王立基给徐以新筹集了两块大洋，还赠送了一床被子、一套土布衣服。

新中国成立后，徐以新常给营救了他的乡亲们写信，感谢他们的救命之恩，王立基等人也不时复信，相互沟通。

1956 年，徐以新和夫人陆红从北京给王立基寄赠了一张全家照以志纪念。同年 10 月，王立基参加了中共张掖地委、张掖专员公署召开的流落红军代表、救护红军有功人员大会，受到表彰奖励，得到锦旗一面，床单等物质数件。

万生福

1966 年 2 月，王立基收到了徐以新从北京寄来的一封信，大意是：立基老先生，很高兴拜读来信。得悉你们家乡生产建设大发展，人的思想革命化，你们的子弟都在党和毛主席思想的教导下参加革命、参加工作，真是高兴。我长期在国外工作，也经常回忆过去革命战争年代的乡亲朋友们……希望乡亲们能继续努力，学好毛主席思想，搞好生产建设……我近日即离京到南方参加地方工作，锻炼自己，便于参加国内的工作。请代向尚敏先生和各位乡亲们致意问好。

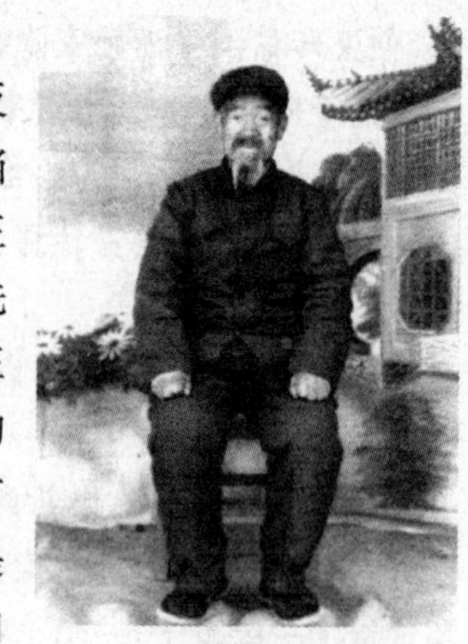

十年动乱中，外交部来了几个造反派，调查徐以新的所谓“历史问题”。当时，营救过徐以新的赵财宝、周占熊、王之时、王尚敏和万生荣、万生福兄弟都先后去世，活着的只有王立基了，他们向王立基主要调查两个问题：一是徐以新的手枪哪里去了？二是徐以新流落期间有无变节行为？王立基的回答是：徐以新是被马家军追捕时受了伤的，他受伤后怕被俘暴露身份，就把手枪掩埋了，当被屈大成营救后，他们曾去找过手枪，没找到；徐以新在流落期间没有变节行为。来外调的人说：徐以新现为外交部副部长，并且夸奖王立基做了件大好事，营救了一个革命的好干部。

万生荣

时隔不久，又来了几个造反派，声称他们是外交部专案组的，是来调查徐以新的问题的。找到王立基后，就大发议论，说：徐以新是王明的追随者，是“二十八个半”的半个，是反对毛泽东思想的。并当面指责王立基救了一个不该救的人，要拉上王立基到各生产队去游斗。王立基实在听不下去了，说“我救的是个红军，他是跟随毛主席长征过来的，如果他反对毛主席，他就不

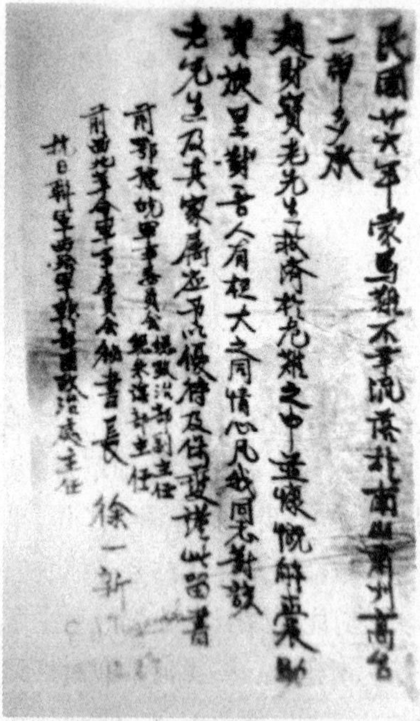

民國廿六年一家馬匪不幸流落於甘肅州高台
一帶多承
趙財寶老先生救濟於危難之中並慷慨解囊贈
資旅呈對吾人有極大之同情心凡我同志對該
老先生及其家屬應予以優待及保護此留書
前鄂豫皖軍事委員會總政治部副主任
前西北革命軍事委員會秘書長
卅日紅軍西路軍總指揮部政治處主任
徐一新

徐以新写给赵财宝的证明

再去延安了”。六洋坝大队的人质问造反派：前面来调查的人说徐以新是革命的好干部，你们又说他是反毛泽东思想的，我们该听谁的？造反派说：听我的，他们先来的是保皇派，我们才是真正的革命派。六洋坝大队的人说：那你们就回到北京去，拿上毛主席或周总理的证明来，我们就承认，那时你们再斗王立基不迟。这几个造反派无言以对，只好灰溜溜地回了北京。

1979 年 3 月 16 日，王立基因病去世，享年 70 岁。

（杨万禧）

周占熊　王尚敏

——翁婿同心携手救助落难红军

周占熊夫妇

周占熊，1887年生于高台县新坝乡和平村的一个中医世家。祖父周永济，父亲周万杰，皆为地方名医。周占熊自幼聪慧好学，三四岁时父亲就教他背诵药性歌诀。稍长，教其辨认药材，熟记汤头歌诀。因那时村里无学校，周占熊10岁时父亲送他到离家10里外的红崖堡就学。那时家中缺劳力，日子也不宽裕，读书之暇，他还要帮家中放牧、砍柴、拾粪。冬季农闲之时，父亲教他医药的基本知识，介绍各种疾病的症状特征、治疗措施、方剂配伍等，使他自小就接受了家传医学。

独自行医后，碰到疑难病症，他或向父亲请教，或从医学书籍中寻求解决答案，或是访求同行共商医疗的措施，务求取得最佳疗效。由于他刻苦钻研、勤于探索，加之全心全意为病人治疗，医疗技术得到病人的认可，医德也众口交赞，在地方上渐渐有了名气。

酒泉怀茂乡二墩村有一位医术高超、闻名遐迩的医生，周占熊慕名访求，一来二往，不仅医术相佩而且意气相投，两人遂成莫逆之交，结成了儿女亲家。在亲家翁协助下他治好了几例疑难病症，因而在酒泉城乡也出了名。当时肃州的道台患病，经多名医生诊治，疗效甚微。闻听周占熊医术高超，就请他去诊治并留在衙内专门医治。他守候在道台身边诊断、煎药，十多天后道台的病情好转，再经辅助治疗，不久病体完全康复。道台大人对周占熊十分感激，既敬重他的医德和人品，又佩服他的学识和医术，亲书“大医师”三字制匾褒奖。经这一宣扬，“大医师”之名就在肃、甘两州传开了。

距离镇夷坝村不远处的祁连山中，有一远近闻名的水关寺，寺内住持“顾喇嘛”患有类似风湿性关节炎的顽疾，发病时疼痛难忍，多年不能治愈。经周占熊治疗后，病体康复。这在只信神不信医的僧侣界震动很大。“顾喇嘛”给周占熊颁赏黄袈裟一件，既含感谢褒扬之情，又寓佛祖保佑之意。“大医师”匾和袈裟都是周占熊医术、医德臻于完善的见证实物，也就成了他的传家之宝。

1937 年春天，红西路军征战失利，马家军到处抓捕红军，闹得人心惶惶。谁家藏匿红军，全家都得遭殃。当时因救助红军被马家军杀害的事时有发生。4 月的一天，周占熊的药店里来了一位年轻人，他是高台六洋坝村的王立基，他专程来请周占熊为他的“亲戚”看病。周占熊跟着王立基到六洋坝村一个叫万生荣的人家。一进门，周占熊看见炕上破被子中半拥着一个病人，强撑着坐了起来。周占熊给这个人诊脉、询问病情时，病人似乎听不懂他的问话，都是一旁的王立基代为回答。检查病人伤痛处，却发现都是跌伤、碰伤、戳伤、剐伤，且多处脓肿发炎。周占熊为他清洗敷药然后对症开了处方，叮嘱了调养及注意事项后告别，病人只是欠身示送，始终没说一句话。周占熊凭着他识人的经验

王尚敏

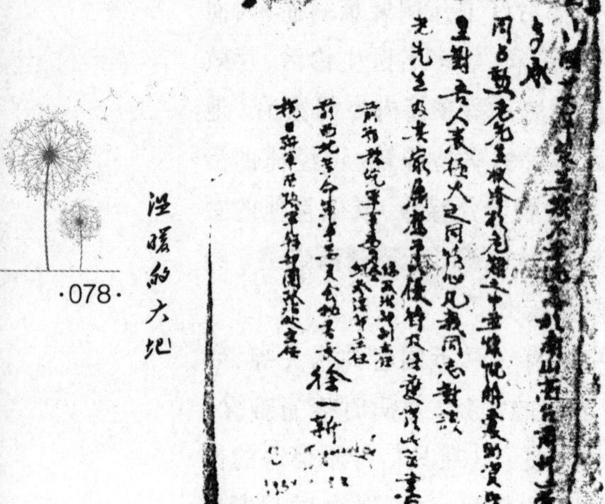
徐以新写给周占熊的证明

和阅历，加之近两个月来，马家军到处搜山，挨家检查，抓捕红军的暴行，他猜测这个病人一定是个红军。但是，周占熊遵循家传医训，只对症，不论人，什么也没问。几天后，王立基又来到药店，请他再去看看那位病人。在路上，周占熊向王立基仔细询问，王立基才告诉了他这个人的来历。

这个红军叫徐以新，受伤后被牧民屈大成所救，在他家和山洞里藏了一段时间。因马家军不时搜山，又时时闯入牧民家中搜查，为防被敌人发现，屈大成才乘夜把他转移到了六洋坝。

这次，周占熊是跟着王立基到了王尚敏家。王尚敏是周占熊的女婿，也是高台县新坝乡六洋坝村人，生于 1893 年 1 月，世代务农。他性格爽直，敢作敢当，很受人尊敬。曾任过村长，是地方上举足轻重的头面人物。当屈大成把救护的徐以新秘密转移到六洋坝时，王尚敏知道后主动承担了保护任务，他秘密召集乡邻说：“隐藏红军是一件非常危险的事，如果被敌人发现，不仅要掉脑袋，可能还会遭全家被杀、株连九族的横祸。既然屈大成把这个红军救下了，我们就好事做到底！从今天起，这个红军就住在我家里，如果暴露，你们就推给我，是我做的，与你们无关，有什么祸，都由我一人承担，就是全家被杀，我甘愿承受。”

周占熊来到王尚敏家，徐以新起身迎候并先开口说话，感谢他的治疗，感谢他为病人保守秘密的高尚医德。周占熊为徐以新检查了伤口，换洗敷药又对其身体做了一些检查，开了处方后便离开。

那天夜里，徐以新、万生荣、屈大成、王尚敏都来到王立基家，他们在那里介绍屈大成和周占熊认识。几个人围坐在炕上，听徐以新讲共产党的建党目的，讲国际方面的形势，苏联建立社会主义制度的重大意义等等。还向周占熊介绍国际上通行的西药治病的知识并结合中医医学理论，分析两者的特点。周占熊被徐以新的人品学识深深折服，真有相见恨晚之感。

由于王尚敏直言快语，得罪了当地专横的八爷，八爷知道他家藏了一个红军，就盘算着给马匪通风报信领赏钱。鉴于情况危险，周占熊建议徐以新去他家躲避，说他家紧靠山口，进山方便，万一有情况躲藏容易。徐以新听了很是赞同，其他几个人也觉得这样更安全。

周占熊返家后，立即对家人讲了这件事。他的夫人豁达大度，温恭贤惠。长子爱仁、次子鸿仁也都极力赞成，并立即动手收拾客人安身之处，又准备了几处秘密藏身之所。两天后的夜里，屈大成和王立基把徐以新送到周占熊家里调养、休息。医务之暇，周占熊就来陪伴徐以新，听他谈革命道理，谈国际知识，谈哲学原理，或同他研讨医学知识。还应他的要求向别人借书供他读，收集地方人士的作品供他浏览。时间长了，和周占熊关系密切的乡亲们也渐渐知道周占熊家中藏有一位红军，他们经常请这位红军到家中吃饭、聊天，徐以新也借此机会向乡亲们宣传革命道理，讲解党的政策，争取群众对红军的理解和支持。在这样险恶的环境下，周占熊不顾家人的安危，出于治病救人的目的和人道主义精神，以他的侠肝义胆和大无畏精神，把徐以新救助于家中，藏匿了几个月。

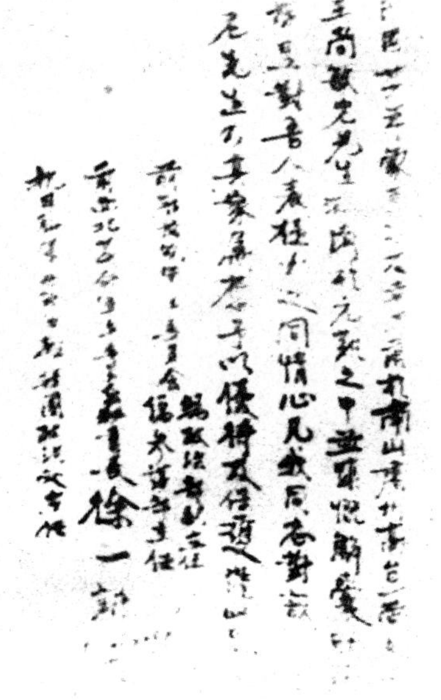

徐以新写给王尚敏的证明

就这样，徐以新在群众的掩护

下躲过了马家军的搜捕,隐藏了半年多时间。当徐以新离开高台时,周占熊为徐以新筹措10块银元做盘缠，王尚敏也卖了一头毛驴,为徐以新捐助了5块银元,徐以新给他们一一留下了字据。

王尚敏亲自骑着毛驴把徐以新送到了元山子的甘新公路上,由屈大成护送,辗转到了延安,回到了党的怀抱。

1944年,周占熊因病去世,终年61岁。1958年4月,王尚敏因病去世,终年65岁。

1958年10月,中共张掖地委、张掖专员公署派员搜集、整理救护红军有功人员资料时，周占熊和王尚敏救护徐以新的事迹均被认定，在流落红军代表和救护红军有功人员大会上，周占熊和王尚敏翁婿均受到了表彰奖励。

（杨万禧）

刘尚同

——穷人的大爱仁心

刘尚同

1937年3月的一天早晨，临泽县蓼泉乡沟湾村（现为墩子村）的刘尚同出门时遇见了一个手拄木棍，脚包破布，行走十分艰难的人。刘尚同看这个人身着破烂的灰制服，猜测一定是个红军，动了恻隐之心，便把这个人搀进家门。让他落座后，先烧了姜汤让他喝，暖了暖身子。然后，撕开破布，看到这个人的10个脚趾头都冻掉了。

刘尚同救的这个红军叫丁仲堂，男，四川省巴中县人，1914年生。1933年8月参加中国工农红军四方面军，转战川陕革命根据地，任某部班长。1937年3月在倪家营负伤离队，被严寒夺去了双脚脚趾。

刘尚同生于1914年，祖祖辈辈都是沟湾村的农民。父亲刘学举，膝下4个儿子，两个早逝，家中全靠刘尚同与弟弟刘尚恩支撑。刘尚同与妻子王氏已有3个孩子，家中本不宽裕。但哥哥刘尚栋去世后，嫂嫂改嫁，刘尚同又承担起了抚养哥哥的一个孩子的责任。家中孩子多，生活已经十分困难。可刘尚同夫妇是善良之人，加之他们很是心疼这个红军，就让他在家里住了下来。夫妻俩每天用花椒水、牙粉为丁仲堂擦敷伤口。晚上睡觉时，抱来麦草铺在炕上，让丁仲堂睡在麦草里，再盖上被子，这样，既不致伤口感染，又不怕冻。刘尚同夫妇还千方百计为这个红军煮鸡蛋、烧鸡汤让他补养身子。

过了几天，马家军开始清乡。当地保长刘占元知道了这件事，他也很同情红军，就秘密召集乡邻，向大家说："刘尚同做了件好事，救了个红军，我们要把这个好事做到底，请大家守口如瓶，不要把这事捅出去。但是，红军住在刘尚同家里，不是个办法，如果让马家军发现，会受到连累，吃罪不起，不如把他送到一个公所地方，掩护起来，即使暴露了，也好另想办法。"他们就把丁仲堂转移到沟湾庙里。刘尚同和妻子王氏每天轮流给丁仲堂送饭、擦洗伤口，周围的乡亲也

1958 年流落高台的红军合影

有常来送饭的，谁家做了好一点的饭菜，也主动送来。

三个月以后，丁仲堂能走路了。有一天，他跟着一个道人走了。他和这个道人出走后，流落到高台县新坝乡顺德堡一带给人打短工、扛长工。新中国成立后，在土改中分得了土地、房屋、农具，在新坝乡顺德堡定居。

丁仲堂走后不久，刘尚同的妻子王氏病逝。刘尚同与儿子耕种着几亩田地，一人承担着抚养孩子的责任。

1952 年，刘尚同的小儿子刘进耀参加土改复查工作，正式走上工作岗位，刘尚同与大儿子刘进聚在家耕田种地。

1958 年 10 月，丁仲堂和刘尚同分别以流落红军代表和救助红军有功人员代表的身份参加了中共张掖地委、张掖专员公署召开的会议。两人相见，分外高兴，畅叙了分别后流落的悲情和对救命恩人的思念。丁仲堂表示，以后适当的机会，他一定要到临泽县沟湾村面谢救护了他的乡亲们。遗憾的是，会后不久，丁仲堂病故。

为了让日子过得好一点，刘尚同家中经营着几池芦苇，每到秋收季节，刘尚同就割下芦苇手工编织几领席子拿到集市上卖点钱，以贴补家用。

进入晚年后，刘尚同在家闲居休养，直到 1997 年 1 月去世，享年 83 岁。

（杨万禧　张东）

王增邦

——押送途中义救红军女战士

赵兰英

1937年3月中旬，在红西路军石窝山战斗中，妇女独立团二连连长赵兰英受伤，与大部队失散，被搜山的马家军俘虏。赵兰英，女，生于1916年，四川省通江县人。赵兰英有5个哥哥和一个姐姐，全都参加了红军。1933年9月，赵兰英也加入中国工农红军四方面军妇女独立营。1936年10月随部西渡黄河作战，任妇女独立团某营二连连长。

赵兰英被俘后，与其他被俘红军一起，被押往张掖活埋。途中被一个叫王增邦的人搭救。王增邦，1908年生于高台县合黎乡六坝堡。王增邦弟兄四人，他为老四，十几岁时被国民党抓兵，在国民党高台县警察局当警察。王增邦受命押送这批被俘红军去张掖。一路上，他看中了个子高大又长得漂亮的赵兰英，就想方设法营救她。当他们行至梨园口时，王增邦以看管押解赵兰英等走不动的3名红军伤员为由，让其他人先走，自己逐渐与之拉开了距离。走了一段后，他让其他两名红军各自逃命，叮嘱他们不要走大路，只走小路，白天找个地方隐藏起来，到晚上再走。他搀扶着赵兰英，走到一户偏远的农户家中，请求将赵兰英藏在了这家的

赵兰英在长征中用过的雨伞

地窖里，他拿出身上仅有的两块银元给了这家人，请求他们把这个红军隐藏好，再给她治治伤，过几天他来领人，并来感谢他们。

王增邦是个有心计的人，叮嘱过后，他快步赶上了前面押送红军的队伍，见到押送的班长，就对他大发雷霆说："你们倒好，害得我走不了，只好抛下了，走动的跑了。我是赶来请示的，现在怎么办？是不是要把跑了的追回来，把抛了的再找回来？"这个班长思忖半天说："跑了的哪里去找？抛了的是个累赘，难道还要我们背她去不成？"由于王增邦脾气暴燥，其他人也知道他是个火性子，不敢招惹他，他们只好把现有的押送去。

过了几天，待风声平静后，王增邦乘夜去梨园口，又给了这个农户两块银元，再三道了谢。随后，他给赵兰英换了装，领着她连夜返

赵兰英等红军合影

赵兰英与孩子们

回高台六坝堡（今合黎乡六一村），把她隐藏在家中。由于赵兰英的哥哥姐姐都在长征、战斗中牺牲，他们离家后，母亲也相继去世，四川老家已没有亲人，赵兰英就与王增邦过起了夫妻生活。

由于王增邦家中弟兄多，家底薄。分家时王增邦只分得一棵树，夫妻俩就用这棵树的枝枝杈杈泥了间土房子栖身。1942 年起，他俩先后生了一子二女。新中国成立后，赵兰英积极参加农业生产，并向政府登记了她流落红军的经历。

1958 年 8 月，赵兰英参加了高台县流落红军座谈会；1978 年 8 月，她领到了“红军流落人员证”。

1983 年春节，张掖地区民政局派员前来慰问，赠送她“寰球”牌收音机一部。这年正月初九，赵兰英去世，终年 67 岁。

1989 年正月初四，王增邦去世，享年 81 岁。

（杨万禧）

杨廷贞　李培福

——大爱如山的夫妇

1937 年 1 月，红西路军在高台与马匪军激战失败，红五军战士夏德伟左腿和屁股被炮弹炸伤，伤势很重，因流血过多而昏迷不醒，和战死的红军战士尸体混在了一起。战斗结束的第二天，马匪军将城内红军战士的尸体用大车拉到城外荒郊，夏德伟也被当成死尸给抛到了野外的荒地里。

寒冬腊月，正是河西天气最冷的时候，夏德伟不知道昏迷了多长时间终于被冻醒了。他睁开眼睛，看到周围都是战友们的遗体，才明白过来，自己在那场激烈的战斗中虽然受了重伤，却侥幸没有失

杨廷贞救红军夏德伟的地方——红寺庙

去生命。庆幸之余，他发现自己根本无法走动。但求生的本能和坚定的意志支撑着夏德伟，他用双手和没有受伤的右腿往前爬，凭直觉顺着公路向西爬，希望能找到部队。夏德伟一边爬，一边在沿途找能吃的东西维持生命。就这样，夏德伟以惊人的毅力爬到了高台县罗城乡河西村红寺坡的沙窝里。因为沙窝里的道路被流沙埋没，又分辨不清方向，再加上没有水源，腹中饥饿，夏德伟只能在沙窝里躺着。

这年正月十六，高台县罗城乡河西村农民杨廷贞正好到高台县城缴纳公款。事情办完之后，他坐大轱辘牛车回家，车到河西红寺坡的沙窝附近的时候，已经是夜间了。因为夜晚安静，车子走过的声音在空旷的沙窝里就显得格外清晰，结果被躺在沙窝里的夏德伟听见了，使出浑身的力气大声地喊救命。杨廷贞听到喊叫声，连忙停下了车，顺着声音找到了夏德伟。杨廷贞从夏德伟残破的衣着上看出他是一名红军伤员，因为之前他就听说过马匪军残害红军的事情。杨廷贞对红军抱有极大的同情心，他毫不犹豫地把夏德伟抱到车上拉回了自己家里。

到了家里之后，杨廷贞告诉妻子李培福他救了个红军战士。李培福也是勤劳善良的农民，生于1910年，嫁入杨家后上侍公婆，下育儿女，是远近闻名的贤妻良母。此时家中虽已有了3个孩子，但她对红军十分同情。她看这个红军伤势很重，就二话没说，先烧来姜汤让夏德伟暖和了身子，又做来鸡蛋面汤让夏德伟喝。当夜，她和丈夫杨廷贞给夏德伟擦洗了伤口，换了干净衣服，让夏德伟睡在热炕上。

为了避免被人发现，他们夫妻白天把夏德伟藏在自家的草房里，晚上再把他扶到热炕上，天天悉心照料着。日子长了，难免走漏风声，为了安全起见，他们夫妻俩又在自家的磨房和草房之间的夹墙上掏了一个洞，将夏德伟藏在洞中，外面用麦草掩盖。每天夜里，杨廷贞和妻子李培福都用花椒煮水给夏德伟清洗伤口，又抓来治跌打损伤的中草药给他煎服，还杀鸡给他煮汤喝。每天按时送饭服药，夏德伟的身体渐渐好了起来。

当时,马匪军对红军搜捕得很紧,杨廷贞的家人感到害怕,再加上家里经济并不宽裕,夏德伟每天除了吃喝还要换药疗伤,对农民来说也是一笔不小的开支,杨廷贞的父母免不了有怨言。杨廷贞和李培福就耐心地给他们讲道理,最终说服了他们。就这样,经过3个多月的精心护理,夏德伟伤势痊愈。

就在救护夏德伟期间,杨廷贞和李培福还救护过3个红军战士。那是正月刚过,红军战士老邱、老安和老韩3人与大部队失散了,流落到河西村讨饭吃。他们3个人都带有轻伤,杨廷贞就把他们留在自己家里养伤,李培福给他们洗衣做饭,精心服侍。过了不久,他们3人的伤全都好了。

一天,由于当地的恶霸许高第向马匪军报告,说杨廷贞家里藏有红军,马匪军就准备派人前来抓捕。但这个消息事先被杨廷贞知道了,他就悄悄安排老邱、老安和老韩3人逃走了。临走时,杨廷贞和李培福还给他们送了一些熟米、两张羊皮、一个烧水用的炊子。

3人走后不久,马匪军9个人就来到了杨廷贞家里,追问红军的下落。杨廷贞事先已将夏德伟藏在草垛里,马匪军找不到红军,就把杨廷贞吊起来拷打,逼迫他交出红军。同时在他的屋里、院子里四处搜寻。杨廷贞被打得死去活来,但他咬紧牙关,不承认收留了红军。马匪军不甘心,又开始更加细致的搜寻,每一个角落都不放过,眼看就要找到夏德伟藏身的那个草垛了。在这危急

中共甘肅省張掖地方委員会
甘肅省張掖專員公署
奖状
奖給
保護紅軍将士及其子弟有功的
李培福 同志
一九五八年十月三日

1958年李培福得到的保护红军有功人员的奖状

的关头，杨廷贞的老母亲急中生智，绕到草垛背后，从磨坊过道的墙上取下两块土块，把夏德伟放了出去，还不忘记给夏德伟带了些熟米，还有一双鞋子。

就这样，夏德伟逃脱了马匪军的搜捕，但杨廷贞却被马匪军折磨了一天，差点失去性命。杨廷贞被打得奄奄一息，却始终没有承认自己救护了红军。没有找到红军，马匪军就把杨廷贞带到了保里毒打，最终罚了 30 块大洋，才将人放出。杨廷贞一家人就是这样以身家性命保护了 4 名红军战士，使他们免遭马匪的杀害。

杨廷贞因为被马匪军毒打，伤势严重，落下了病根，在救护了红军战士之后一年多就去世了，年仅 31 岁。

1958 年 10 月，李培福参加了张掖地区流落红军代表和救护红军有功人员大会，受到地委和专署的表彰奖励，当年的奖状，至今仍保存在她孙子杨虎家里。

1960 年李培福因病去世，时年 50 岁。

（缪丽霞　杨万禧）

王学文

——抚养红军后代　传递军民深情

1937 年 1 月初,红西路军第九军的部分队伍西征进驻临泽县沙河镇的何家庄花园村一带的村社。驻在花园村张家庄子的红军中有一位 20 多岁的年轻女军官,她就是西路军政治部敌军工作部的部长曾日三的爱人,西路军妇女抗日先锋团的吴仲廉同志。驻防临泽期间她生下一个男婴。孩子降生时正值寒冬腊月,生活异常困难,再加战斗频繁,携带婴儿行军作战极不方便,也经受不起风寒侵袭,这情况难住了吴仲廉。吴仲廉同花园村苏维埃委员张永禄商量,能否找个合适的人家将孩子托付。张永禄想来想去,想到了王学文。

王学文是花园村农民,29 岁,家庭经济较为宽裕,为人忠厚,心地善良,缺少儿女,稍有文化,处事通情达理,最重要的是他时任国民党民团大队长,在当地有点权威,孩子寄养在他家好庇护,不受危害。张永禄将这些情况告诉吴仲廉,吴仲廉同意将孩子寄养王学文家,王家也同意收养。一天深夜,吴仲廉和张永禄依依不舍地把满月不久的孩子送到了王学文家,就这样,吴仲廉和自己的骨肉分别了。后来,红九军随总部经张掖西洞堡、龙首堡、倪家营、三道柳沟、梨园口战斗,至祁连山石窝分兵。在祁连山开展游击战斗中,曾日三壮烈牺牲,吴仲廉不幸被俘。吴仲廉被关押在马步芳在甘州的一〇〇师三〇〇旅旅长韩起功的监狱里。不久,吴仲廉等人要被押解到青海,王学文以自己是民团大队长,老婆又是河州人的身份,通过各种关

系，带着孩子去张掖，在敌人的监视下使吴仲廉和孩子见了一面，从此母子天各一方。

这个红军娃被王家收养后备受关爱，为了纪念他的父亲曾日三，按王家“继”字辈的排行，王学文给他取名王继曾。由于王学文的孩子和他弟弟的孩子都在哺乳期，又有了王继曾，王家对这3个孩子一样的疼爱，喂奶时一边喂亲生子，一边喂红军娃，日常衣食一应照常。孩子渐大后，农忙时帮大人放牧牛羊，做点零活。就这样，孩子在王家的抚养下一年一年长大，外界也都知道他是红军的后代，有的叫他红军娃，有的叫他共产娃。王学文的亲生儿子在一岁多时不幸夭折，王学文就对外人说王继曾就是他的亲儿子。

1937年10月，经党组织多方营救，吴仲廉回到了延安。一年后，经毛泽东主席同意，曾多年在毛主席身边工作的红军将领江华和吴仲廉结为伉俪。因江华原名姓虞，他们生育的子女都为虞姓。

1939年，王学文老人因收养红军娃王继曾，被国民党马家军抓到了兰州，坐了8年的监狱，解放前夕才被地下党组织营救回临泽。

王继曾（后排中）与父母兄弟在一起

这期间，因王学文进监狱导致家庭异常困难，但他的家人却千方百计保护养育王继曾长大。

王继曾(前排右一)与母亲吴仲廉及弟兄们

1950年春，王继曾已经13岁。驻高台的部队受吴仲廉之托，派解放军战士来王家接孩子。当时王学文家里人都不理解，也舍不得。但王学文知书识礼，想到解放军舍生忘死，不怕牺牲，为解放全中国劳苦大众做出巨大贡献，自己为红军抚养后代是应该的。他便说服家人，让解放军接走了王继曾。驻高、临一线的解放军某部给王学文家赠送大红缎软匾一块，上写：学文同志，你为革命养育后代，人们永远记在心中。接孩子的解放军给了王学文人民币600元作为抚养费以示慰问和酬谢。王学文用这些钱买了一头骡子，钉了一辆铁轱辘大车。

由于为红军抚养后代有功，不久，王学文被政府提拔为国家干部，任临泽县第三区(今沙河镇)区长。几年后，由于他文化浅薄，加之他当年民团大队长的身份，遂退出区长岗位，回家务农。

吴仲廉把红军娃王继曾接回后，改名叫吴长征。1960年冬，当年和吴长征一起吃奶、共同生活十多年的堂兄王继槐去上海出差，特意到杭州和吴长征待了一个星期，共叙兄弟情谊。1960年，遭受3年自然灾害后的王学文家里生活十分困难，无法度日。经过联系后，王学文与妻子乘车赴浙江找到了时任浙江省委组织部部长的吴仲廉求助。吴仲廉先将王学文夫妇安排在浙江金华社会福利院生活，后来又安排王学文到金华殡仪馆当收发看大门。“文化大革命”开始后，吴仲廉被打成“叛徒”接受审查，加之清理阶级队伍，1968 年 6 月，王学文与妻子不得不返回老家临泽花园村，以挣工分、分口粮过日子。

1974 年，王学文因病去世，他的妻子也于 1978 年去世。老辈人相继去世了，他们的子女虽然相隔千里，但仍有书信往来。吴长征先后在上海无线电一厂、三厂工作，1976 年冬因车祸去世。

2009 年 10 月 14 日，临泽一中的何秀珍老师家迎来了两位特殊的客人，他们就是江华的儿子虞大江和夫人谭泾远。何老师就是王学文老人的侄儿媳妇，已经 72 岁。虞大江夫妇就是代表父母、哥哥来认亲、叙旧、感恩的。那天在何老师家，大家虽然都未曾见过面，但却格外亲热，攀谈许久后，虞大江夫妇拿出了由他们主编的叙述吴仲廉一生的《从红军战士到法院院长》纪念专集送给了何老师。

王继曾（后排右二）与邓颖超（前排中）、母亲吴仲廉（前排左）等人在一起

故事离我们越来越远，但我们坚信，革命战争年代产生的这份军民生死相依的鱼水深情会永远传承下去。

（濮生荣　李生广）

"鲁举老"

——文渊义举两风流

"鲁举老"——鲁秉礼

1937年3月，在红西路军兵败祁连山、部分红军战士按上级命令分散行动时，孟继传与干部教导团在祁连山中转移时旧伤复发昏了过去，醒来时他才发现掉队了。刚到高台红山河一带，就被搜捕红军伤病员的马匪兵抓捕，交给了驻守高台的国民党马禄部队。为了感谢红军在一条山释放其被俘部下之恩，马禄将这些被俘红军交给了国民党高台县政府后被释放了。被释放了的孟继传，因腿脚重伤无法行走，就在兵站的一座照壁下趴冰卧雪，靠善良的过路人给一块干馍、半碗糁子或炒面维持性命。

几天后，高台警察局雇了辆大车，将孟继传等红军伤病员送出城后抛弃在了荒野、路边。为了活命，孟继传拖着伤残的腿，忍着剧烈的疼痛边爬边讨饭，用了18天的时间终于爬到了临泽县城(今蓼泉)。

孟继传，湖北黄安(今红安)县紫云区盒家岔村人。1914年2月出生，1927年1月加入少年先锋儿童团，1929年3月参加红军，在第

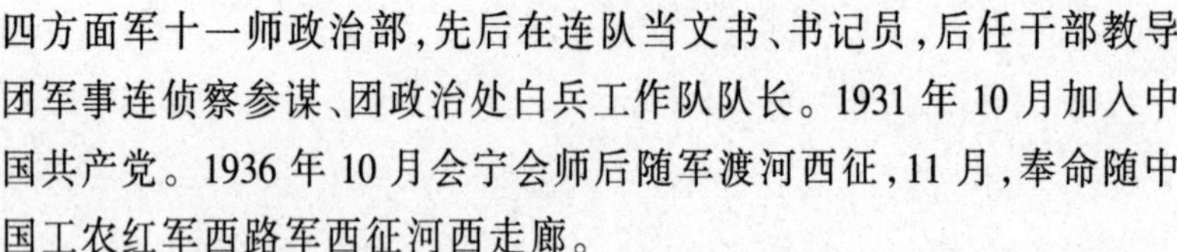

四方面军十一师政治部，先后在连队当文书、书记员，后任干部教导团军事连侦察参谋、团政治处白兵工作队队长。1931 年 10 月加入中国共产党。1936 年 10 月会宁会师后随军渡河西征，11 月，奉命随中国工农红军西路军西征河西走廊。

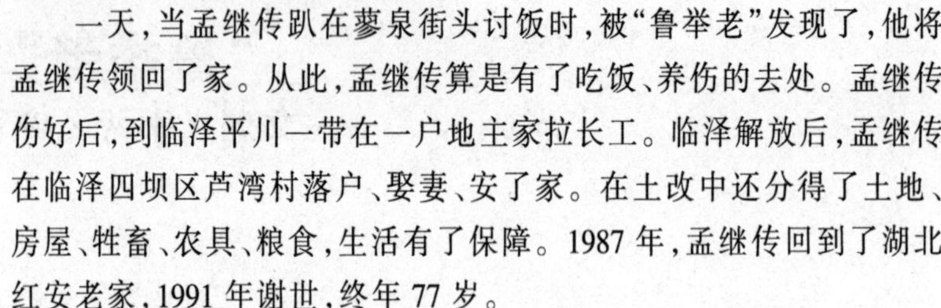

一天，当孟继传趴在蓼泉街头讨饭时，被“鲁举老”发现了，他将孟继传领回了家。从此，孟继传算是有了吃饭、养伤的去处。孟继传伤好后，到临泽平川一带在一户地主家拉长工。临泽解放后，孟继传在临泽四坝区芦湾村落户、娶妻、安了家。在土改中还分得了土地、房屋、牲畜、农具、粮食，生活有了保障。1987 年，孟继传回到了湖北红安老家，1991 年谢世，终年 77 岁。

“鲁举老”名叫鲁秉礼，字子和，生于清同治元年(1862 年)。幼时家贫辍学，渐长始读诗书，兼习武功，闻鸡起舞坚持不懈，至光绪十七年(1891 年)辛卯科武举人。原拟赴京会试，终因经济拮据未能成行，光绪辛卯(1891 年)授六品军功，点武举从戎。先被派某督司衙门把总，晋衔守备，后以亲老多病及家事牵挂未到职。嗣后，就近甘州提督衙门供职，旋以父殁丁忧而告退。新中国成立时家中尚悬清政府颁赐的“武魁”匾额一块。

其父鲁锦绣，曾为抚彝（现临泽）粮仓管理者。清同治十三年(1874 年)，适逢河西天灾，又遇土匪过境，民不聊生。鲁锦绣利用职务之便开仓放赈，拯救灾民。被出使新疆、路过抚彝的陕甘总督左宗棠知晓，为其请功赐“九品军功”，并赐“登仕佐郎”匾额一块。

孟继传

鲁秉礼自幼受父亲仁爱思想的影响，常存怜孤济贫之心，每逢青黄不接或寒冬腊月都会资助缺衣少食者渡过难关，在地方民众心目中有“鲁善人”、“鲁举老”之美称。1937 年红西路军占领临泽县城后，鲁秉礼积极捐款献粮。并以自身的社会影响，亲自前往高台、板桥、平川等地为红军筹款筹粮，在临泽成立苏维政府时被推举为副主席。

孟继传(后排右二)在张掖地区流落红军座谈会上合影

鲁秉礼对家庭教育十分重视，他认为："古往今来许多世家无非积德，天地间第一品人是读书。"由于他的影响，20 世纪 40 年代他的子孙中受高等教育者就有十余人，在当地实属罕见。

其长孙鲁璠，新中国成立前曾在临泽军需筹备处供职，并先后任沙河乡乡长，蓼泉镇镇长等职。解放时组织民众前往三里沙嘴子(临泽县城东南三里处)迎接解放军进城。土改时又主动将自家的房屋、田产、粮食、牲畜、车辆等一一登记造册，分配给穷人，他被定为开明地主。

鲁玙，国立甘肃学院医科毕业。1937 年实习于北京大学医学院。解放前曾任张掖、天水医院院长。

鲁珑，毕业于内政部警官高等学校，解放前曾供职平汉铁路警署，甘肃省警察局，1942 年任安西县县长。

鲁玲，毕业于金陵大学农学院，是张掖农校创始人、校长。1948 年当选国民党国大代表，任敦煌县县长。

1948 年 10 月，鲁秉礼去世，享年 86 岁。鲁秉礼去世后，他的子女照他的心愿，备棉衣百套，散发给贫苦的乡亲。

（杜建功）

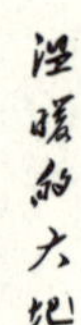

贾富仓

——红军“不沾亲不带故”的“老爹爹”

1937 年 1 月，高台危急之时，红西路军总部急派骑兵师增援，结果中途与敌遭遇，敌兵从四面包围了骑兵师，骑兵师覆没。骑兵岳仲连右腿受伤，被送到了红军总医院的驻地——贾家屯庄。

岳仲连，四川南江县神潭溪（现高桥乡）人，1918 年生于一个乡村医生家里，6 岁时被送进私塾，读了 6 年“四书、五经”。1933 年 2 月在南江参加了儿童团，后编入红军队伍。在红四方面军三十军八十八师二六三团三营九连当战士。1936 年红西路军在一条山组建骑兵师时，岳仲连调到了骑兵师。

岳仲连

贾家屯庄是沙河城外一贾姓人家的屯庄，红军进驻时做了临时医院。几间相通的大屋，都住满了红军的伤病员，岳仲连在北面的屋里，北屋里一个负有轻伤的娃娃来到岳仲连身边照顾他。地上都铺着草，由于天气寒冷，地中间架着柴火驱除寒气。

岳仲连来的第二天，敌人的骑兵就猛冲到贾家屯庄里，枪对着红军伤员一阵狂风暴雨般地扫射。“叭”一枪过来，那个红军娃娃扑到了岳仲连身上，子弹从那个娃娃的脑袋穿过,又从岳仲连的左肩穿过。敌人见岳仲连没死,又上来在他脖子上、头上连砍3刀,岳仲连昏了过去。马家军不但抢死人的东西,还把地上的麦草引着了,贾家屯庄被烧得一片废墟。幸运的是,第二天岳仲连又活过来了，他看见战士的遗体遍地都是，地上墙上全是凝固的血迹。在那次惨绝人寰的大屠杀中,岳仲连是唯一的幸存者。

第三天，老乡自发地赶着牛车前来清埋红军的尸体，人们发现岳仲连还活着,就把他抬到了附近的土地庙里。当天夜里,一个老爹提来了一罐洋芋米汤喂给了岳仲连，岳仲连几天没进水米的身子开始复苏了,意识也渐渐地清楚起来。他问:“老爹爹你姓啥? ”老爹只说了“我姓贾”。就是这个和岳仲连一不沾亲二不带故的老爹爹,用一罐米汤救了岳仲连的命。

岳仲连苏醒过来后，伤口剧烈地疼痛，他不停地呻吟着。几天后,一个放羊的老爹,手里拿着棍子探头向庙里看,以为这个共产娃

岳仲连(前排右二)接受中央电视台记者采访

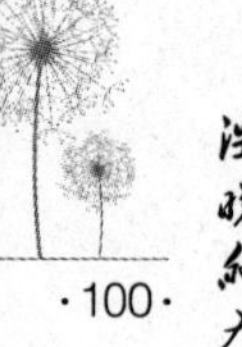

子早已经死了，结果发现岳仲连还活着。老爹把身上的一小袋黄豆给了岳仲连，又给他背了几块冰，岳仲连吃几粒黄豆，啃几口冰。就那样十几天，黄豆没了，冰也没了，岳仲连的手脚全部冻伤。可是岳仲连能爬了，他就爬出去要饭，从一家爬到另一家，手脚腿都磨破了，贾老爹看着可怜，就给他了一张破羊皮裹在身上继续爬。东家一碗黄米汤，西家一个煮洋芋，岳仲连就这样活了下来。一个多月后，岳仲连可以慢慢站起来了，他继续在乡村、街巷讨饭度日。

看见铁匠打铁，岳仲连就凑上去烤火，吃饭了，跟着人家去吃饭，晚上睡在人家的热炕上，遇到马匪来搜查，主人把他藏在后院的草中。瓜房子、烂庄子、破庙都是他的藏身之所。从临泽到张掖，头坝、二坝、大湾、小湾、靖安铺、乌江铺，岳仲连就这样漂泊着，顽强地活了下来。

转眼到了1937年7月，岳仲连来到了大湾、小湾一带，这里盛产杏子，老百姓要是没有粮食给他，就把成熟的杏子摘给岳仲连充饥。那里有个四十来岁的哑巴女人，她知道岳仲连是红军，就把岳仲连叫进屋里，弄了些炒面和晒干的胡萝卜给他装上，比划着告诉他马家队伍在南边，叫他朝北走。岳仲连来回在黑河沿岸的村庄里讨着饭，跟着岁月旋转着。

1938年春，岳仲连来到了平原堡，在一家讨饭时，被来这家串亲的马匪兵抓住，岳仲连被用马车送到了张掖城里，编进由被俘红军组成的“补充团”做苦役。1938年8月，马步芳将补充团的1500名被俘红军分批解送兰州国民党第八战区，顶替青海省应征的壮丁。这1500人被改编到国民党的一九一师，岳仲连在机枪第三营三连当二等兵，一直当到了副官。

1943年秋，为加强河西防务，稳定大后方的安全，一九一师调玉门驻防。1946年冬天，岳仲连脱离军队，在玉门做了老百姓。1952年，岳仲连用三石麦子买了30亩地，在玉门东区当了农民。

1966年秋，在“文化大革命”的风暴里，岳仲连成了“张国焘逃跑主义的残渣余孽”和“从狗洞子里爬出来的叛徒”，他被推到了无产阶级的对立面，关进牛棚，受到批判。要他交代“怎么当叛徒离开红军队伍的”，“怎么又跑到国民党军队的”？“红军叛徒”、“国民党的副官”无疑引起人们极大的好奇。岳仲连一遍一遍地讲述他随红军爬雪山、过草地、渡黄河、进河西的经历和劫后余生的历史，一次又一次地脱去衣服，让人们看身上的刀痕、弹疤。但任凭他把唾沫说干，也没能唤起造反派的良知和同情。

“别人都死了，为什么偏偏就你活着？”

“谁能证明你不是叛徒？”

岳仲连想起了临泽贾家屯庄的那个贾老爹爹。

1970年，专政岳仲连的“文革”小组派人外调，带来了一个惊人的消息，临泽贾家屯庄的贾富仓老人回忆：“1937年春，在掩埋被马匪军杀害的红军时，救出了一个十几岁的孩子，抬到小庙里，后在张掖、临泽一带要饭，四川口音。”岳仲连才知道那个当年用洋芋米汤

岳仲连全家

救过他性命的老爹爹叫贾富仓。贾老爹爹做了证明，流落在张掖的 4 位红军听说那个绰号叫“芝麻壳”的战友岳仲连在玉门还活着，都写了证明材料。事实基本清楚后，岳仲连被就近安排在玉门镇政府农场劳动，以待进一步澄清一些细节。

1978 年，岳仲连的“叛徒”、“国民党残渣余孽”的帽子统统被摘除，政府发给了他“流落红军证”，1984 年又换发了“西路军红军老战士光荣证”。

20 世纪 80 年代，岳仲连连任两届玉门市政协委员。

張掖是我的第二故
鄉救助過我的人們
是我的再生父母
九十六岁翁岳仲连
壬辰年清明

被贾富仓救助的红军岳仲连于 2012 年 4 月手书

岳仲连总结自己的一生：“一身正气随我去，两袖清风留人间。”如今，岳仲连的儿子儿媳都下岗了，在几平方米大的房间里做点小买卖，但老人从未向组织提过如何要求，他认为他是红军身份，有困难只能自己克服。

70 多年过去了，一切成了往事，变成了回忆，而往事与回忆编织出的也许是一段传奇的历史。

（王国华）

吴作善　徐菊香

——夫妇同心救红军

1937 年 3 月，进驻临泽的红西路军遭受失败后，许多红军伤病失散人员流落乡间，三三两两，沿门乞讨。

临泽黑河岸边的鸭翅渠有个吴家庄子，庄子的主人叫吴作善，44 岁，他的妻子叫徐菊香，34 岁。吴家庄子是个四面沙滩的独立庄子，偏僻寂静，离其他农户远，与外人来往少。吴作善、徐菊香夫妇都是世代农民，为人忠厚，心地善良。尤其是徐菊香对出门落难的人非常同情，是村子里出了名的好心人。徐菊香家里有 7 口人，她和丈夫还有 5 个孩子，靠着几亩薄田维持生计，日子过得很清苦。

在红西路军三十军的一个团部进驻鸭翅渠，下属部队分别驻扎在谢家屯庄、张家屯庄、王家屯庄等 5 个屯庄。期间，驻地红军深入广泛的宣传教育，启发了广大群众的政治觉悟。农妇徐菊香目睹红军纪律严明，济苦爱民、秋毫无犯，同马家军肆虐残暴，横行霸道，蹂躏百姓的行径形成了鲜明的对比，她从思想深处消除了敌人对红军反宣传造成的恐惧心理，深感红军是为国为民的好军队，是仁义之师，真正是人民的子弟兵，对红军的敬仰之心油然而生。因此，作战失利后流落在鸭翅渠的红军战士经常在她家里来往住宿，不管红军战士什么时候来，徐菊香都会放下手头的活儿，赶紧做饭或者烧水给他们吃喝。并将伤病者留宿医治，煎汤熬药，缝缝补补，给以救助。就这样，只要东来西往到鸭翅渠一带讨饭的红军都要找到徐菊香家

歇脚休息，徐菊香的家也就成了失散讨饭红军的避难所、接待站。时间长了，红军战士就和徐菊香聊天，把她当成自己的老妈妈，说说自己家乡的情况，也给她讲一些革命道理。徐菊香听了红军战士的话，对红军有了进一步的了解。每当看到那些只有十几岁的年轻战士，为了革命离开自己的家乡和亲人，她心里很同情他们，同时又被他们的精神感动，徐菊香都称他们为红军娃娃，她说："人人都是娘养的，这些红军娃娃都是为了革命才背井离乡，被马匪军残害得这么可怜。"徐菊香把那些红军战士当成自己的儿子一样照顾。她说："世上还是好人多，我救了这些红军娃娃，假如我的儿子要是被马匪军抓了，别人遇到了也一样会救的。"

1937年农历2月14日，先后有9个红军聚集到徐家，徐菊香到房后面抱柴火准备给他们烧水做饭，看见东面有3个带枪的人向自己家里走来，正是甲长吴发科领着马匪军到徐菊香家里来搜捕红军。她就赶紧跑回屋里告诉几个红军战士，把3个年纪小的藏在自家的土栈子（粮仓）里，并用柴草掩盖，又领4个隐身于庄子后面果园的一个树坑里，再将两个领到土地庙躲避，这样分散进行了掩护。敌人到徐家追问红军伤员，徐菊香说："向北走了！"敌兵用马棒毒打审讯徐菊香，但她始终未吐露真情，使9个红军战士免遭不堪设想的后果。马匪走了之后，徐菊香继续给9个红军战士做饭，让他们吃饱后才送上路。

就这样，来到徐菊香家里的红军战士，总是能得到徐妈妈温暖如春的关怀和无微不至的照顾。一次，一个姓陈的红军战士冻伤了脚，来到徐家，徐菊香每天煎熬甘草水为其冲洗伤口，数日后伤愈可以行动了，徐菊香的丈夫吴作善还给做了两个木拐，让其拄着木拐外出逃生去了。这名姓陈的战士一直心存感激，解放以后，还专门到徐菊香家里来看望这位曾经帮助过他的老妈妈。

就这样，在1937年至1938年两年间，徐菊香家里收留救助了许多红军战士，究竟有多少人，她自己也记不清了。在这两年间，徐菊香收留流落的红军战士在她家住宿，给他们烧水喝，做饭吃，还给他们缝补衣服。徐菊香曾用流落伤员的布大衣改做了6件便衣，为战士缝补衣服几十件，用手工缝制新军服12件。

尽管吴家庄子地处偏僻、独门独户，但往来徐家的红军伤员越来越频繁，徐菊香收养救助红军的名声越来越大，终于走漏消息，被地方保甲、县衙军警及马匪兵发觉。徐菊香的丈夫吴作善被县府衙役捆绑吊打，受尽皮肉之苦，并罚了两块大洋，但吴作善与徐菊香始终无怨无悔。

历史和人民没有忘记徐菊香救助流落红军的功德。1958年9月徐菊香出席张掖专署举行的流落红军和保护红军有功人员大会，并受到了表彰奖励，和杨成武将军、专区党政军首长及与会人员合影留念。

吴作善1964年去世，享年71岁。1970年，徐菊香去世，享年67岁。

（濮生荣　李纲）

刘芳
——一个爱国爱民的商人

刘芳

红西路军失败后，河西地区的各界、各族人民出于对红军的同情和人性的善良,纷纷伸出了救援之手,对西路军指战员展开了生死大营救。可以说,没有河西人民群众的营救和掩护,就没有包括陈昌浩、徐向前等数千指战员的东返，也没有流落在河西各地800多名西路军战士的幸存。

救助西路军的有汉、回、蒙、藏、土族、裕固族等各族群众,有贫、富、僧、道、商贾、军政等各界人士。刘芳,就是其中的一位。让我们拂去历史的蒙尘,追忆这位爱国老人的生平,以表缅怀之情。

刘芳,字子馨,甘肃张掖人,生于1882年11月18日,是张掖当代著名的爱国开明人士。刘氏先祖世居张掖，其祖父于清同治年间(1862—1874年)随左宗棠出征新疆,光绪初年(1875—1877年)殁于征剿阿古柏之役。其父终身肩挑叫卖维系生计,于1896年即42岁时染上瘟疫过早离世。其母为人善良,克勤克俭地维持全家生活。

刘芳幼年家境贫寒,14岁时丧父失学,迫于生计,便南奔民乐县

“积德和”商号当学徒学习经商,他为人谦和、勤奋好学,对经商之道潜心揣摸,深得先生、伙计的喜爱。当时西北边患平息,秦、晋等地各路商贾云集甘州,昔日丝绸之路的古镇又逐渐恢复了车来人往、商贸发达的繁盛景象。刘芳在民乐学习3年后返回张掖,经营小本生意,积累资本,开始了他的经商生涯。

当时张掖的商贸虽然发达,但是,度量衡器由商人自行定制,这就给那些奸商提供了欺行霸市的可乘之机。刘芳为人忠厚,学商时深受中国传统文化的影响,恪守“诚信、不欺”的经营之道,诚信为本,生意中坚持使用当时政府核准并打有火印的印斗、印称,进出如一、不缺斤少两,不掺假乱真、不搞债利盘剥,不欺诈百姓、不坑害货主。同行借贷不加重息,受到客户的信任。由于他勤奋操持、经营有方,生意日渐兴隆,3年功夫在当地小有名气,资金快速积累。至1919年已拥有房屋80间、骆驼60峰,先后开设了“长兴泰”、“馥兴泰”两个商号。

刘芳善于观察、勤于思考,以过人的胆量抓住商机,组织驼运,往返包头、绥远进行长途贩运。他把民乐、肃南等地出产的羊毛、牛皮、鹿茸、麝香等名贵特产收购后,运往北京、天津、张家口等地出售,再把那里的布匹、绸缎、茶叶等日用百货换回当地销售或以物兑换。长年的经商活动,使他对儒商文化有了新的体悟,内地的商业文明更使刘芳的眼界大开,为他后来的善行善举奠定了思想基础。刘芳用人先解其疾苦为难之事,经常资助店员、驼场工人修房、买地、购置耕牛,为店员工人婚娶、家中老人丧葬等家务事样样操心,使得店员工人诚心出力。在其将近50年的经商过程中,东家、店员、驼队工人60余人常年千里往返,穿越沙漠戈壁,克服重重困难,生意越做越大,远到包头、新疆等地。至新中国成立前夕,他已拥有白银万两、房屋580间,“长兴泰”、“馥兴泰”两大商号生意兴隆,刘芳本人亦远近闻名。

刘芳饱尝了幼年家贫之苦,在他立业富足后,从不奢侈浪费,生活依然十分简朴。但对当地的公益事业和赈灾济民活动则慷慨大方，不遗余力。解放前每逢过年除夕，他都要在张掖鼓楼周围和沿街向乞讨者施舍粮米衣物，平日里经常向贫困乡亲周济丧葬费用。为造福桑梓，实现他“做大事”的志向，他在张掖东、南乡一带新修、翻建桥梁。其中，最著名的是重修了大满渠大桥，还有小满渠、齐家渠、花儿渠黑城大桥等共计36座，这些桥梁的及时翻修，不仅方便了当地群众，同时促进了城乡之间的商贸交流。1945年，他捐款资助兴建了古佛寺法幢寺小学（现甘州区西关小学前身），为家乡兴办教育尽心尽力。

刘芳生性耿直，不投机钻营、阿谀奉承，不与军阀官僚、土豪劣绅交往，对军阀横征暴敛以不同的方式予以抵制。1926年5月，盘踞在张掖的军阀马麒为给其部队换装，命令国民党张掖县县长刘广熊强行征集全城商号的白布。刘芳闻讯后，立即将其刚从包头运来的40担白扣布（每担24匹）暗藏于张掖北山，以示反抗。不慎被当时的商会会长闻讯告密，刘广熊当即派人将刘芳拘捕入狱，以抗拒军需、藏匿不交治罪，将刘芳项带铁枷、身背白布，军警监押游街示众。后经同行友人营救，才以罚款200块大洋保释出狱。自此以后，刘芳对反动官僚更是深恶痛绝，暗自发誓：有与蒋马匪帮作对者，当全力相助。

1936年冬，西路军在高台、临泽与马敌在恶战中失利，大批流散红军被马家军韩起功部搜捕囚禁甘州。时值隆冬，滴水成冰。被俘红军衣衫单薄破烂，有的伤病严重，生命垂危。刘芳闻讯后，置全家性命于不顾，从自己皮坊提出准备发往外地销售的300多件羊毛皮衣，用200块大洋想方设法买通了看押被俘红军的韩起功旅副官王武等人，在一个严寒的午夜，与店员姚鑑，友人王兆瑞，工人宋钟林等人，趁着夜色摸到张掖东大街三官楼旁的车马店里，亲自将皮衣、皮背心等物品送给被俘的红军战士，使饥寒交迫饱受囹圄之苦的红军感受到了河西人民的温暖。事后，中共甘州地下党组织派人向刘芳致谢，并开具了收据。

刘芳经商不忘爱国，无论在民族危亡的抗战时期，还是在两种前途、两种命运决战的解放战争时期，他都始终追随时代潮流，以自己的实际行动支持民族解放事业，表现出了一个爱国工商业者可贵的高风亮节。

1949 年张掖解放第二天，为了支援解放军西进部队迅速挺进，刘芳主动捐献小麦 24 万斤、煤炭 120 余吨，支援大军西进。这笔物资是由刘芳本人亲手交给中国人民解放军西进部队“泰山”部队的。

1950 年，朝鲜战争爆发，为了支援中国人民解放军入朝作战，刘芳慷慨捐献白银 2300 两，并给张掖参加志愿军的新战士缝制衣、裤 220 套，成为全省首屈一指的捐献大户。

1952 年，刘芳随张掖县工商界参观团下乡了解了党领导的农村土地改革，受到了深刻的教育，当即将 18 亩祖坟地中的 16 亩交给了人民政府，捐出小麦 25 石，骡马 3 匹，大车 1 辆，支持土地改革。

1956 年，刘芳积极支持党的“三大改造”政策，将其“馥兴泰”商

1953 年刘芳(二排左三)参加各界人民代表会时合影

号全部资金 4.2 万元投入兴建“国营张掖电影院”；将其“长兴泰”商号的 1.2 万元资金投入公私合营企业；将其家存的黄金 100 两及鹿茸、麝香等折合人民币 1.5 万元投入“张掖七一剧场”的建设；1958 年投入 3 万元集资兴办地方“五小工业”，历年带头认购各类公债达 2.5 万元，刘芳身体力行地投身于当时那场史无前例的运动之中。

刘芳少年启蒙，深受中国传统文化的熏陶，尤其对墨宝文物等爱护有加。解放前收集保护了散失河西的珍贵文物，在天津经商期间还购买了数件故宫流失之宝。解放初期，他将《敦煌经》9 卷，六朝铜佛 1 尊，玉罗汉 4 尊(故宫藏品)，故宫藏画 2 件，汉陶 4 件无偿捐赠给甘肃省博物馆。1958 年张掖市筹建博物馆，他又捐赠了珍藏的全部文物。其中有周铜尊、周铜鼎及明、清瓷器 18 件，宋、元、明、清书画珍品 42 件（现存于甘州区博物馆），以实际行动表达了他的热爱国家和热爱家乡的拳拳之心。

刘芳的爱国义举，得到了党和政府的充分肯定和褒奖。刘芳被张掖民众誉为“开明绅士”，曾先后担任张掖县、市各界人民代表会常务委员会常委、副主席，第一至第四届人民代表大会代表，第一届政协委员，民建张掖县支委；张掖工商联副主任、甘肃省工商联执行委员，县服务公司副经理等职。

“文化大革命”中，本地造反派煽动不明真相的北京房山技校“红卫兵”对其抄家批斗，连续 3 天不准吃、喝，凌辱拷打，于 1966 年 9 月 4 日被摧残致死，时年 86 岁。党的十一届三中全会拨乱反正，彻底否定了为祸十年的“文化大革命”。1978 年春，由张掖市、县统战部门主持，为刘芳老人召开了平反昭雪大会，再次肯定了这位开明绅士一生艰苦创业、热爱家乡的义举，褒扬了他在民主革命和社会主义建设时期的爱国功绩。在甘肃人民出版社即将出版的《中国工农红军西路军·歌曲诗词卷》中收录了一首颂扬“义绅刘芳”冒死救助红西路军的七绝，赞曰：

计利还须天下利，牢笼冒死济寒衣。

甘州大贾真肝胆,名付凌烟老干枝。

历史不会忘记英勇悲壮的西路军，同样也不会忘记这位救助西路军的爱国老人。

（南永慧）

秦福堂　秦学义

——被定格的历史记忆

1982 年 7 月，年逾古稀的红西路军老战士、时任中国农业科学院副院长的左叶，再次来到张掖，在黑河岸边寻访他的救命恩人。当他得知当年冒死搭救过他的老人父子早已辞世的消息时，禁不住连声叹息："我来迟了！"

左叶，江西永新人，1912 年生。自幼上过私塾，当过工人。1926 年在吉安参加工会，1927 年回永新任暴动队长，秋收起义后在永新县黄土坂加入了工农革命军，随军上了井冈山。1928 年 4 月加入共青团，1931 年调到瑞金红军学校任政治协理员、营教导员，并转入中国共产党；1933 年秋任红军工人师副官长，参加了历次反"围剿"作战。1934 年 9 月红八军团成立，调任军团后勤部长兼供给部长、政委。长征中改任红五军团勤务参谋、后勤部长。红一、四方面军川北会师后，随红五军团（改番号为红五军）编入左路军北上。后因张国焘违背中共中央的既定方针，中途变卦，坚持南下，左叶随红五军和红四方面军南下。1936 年 10 月会宁

左叶

会师后，左叶任红四方面军军教导团教育参谋。同年10月底左叶随部队西渡黄河，11月11日，过河部队奉中革军委命令改称西路军，左叶随之成为西路军教导团教育参谋。

秦学义用牛车将左叶从鸽堂子前的这条路送过了黑河

1937年3月红西路军西征失败后，左叶带着与大部队失散的10个干部战士寻找东返之路。一天夜里，当他们来到张掖一个叫崖子的地方时，一条大河拦住了他们的去路。夜色中看见河边有座磨坊，他们想进去歇息一下，没想到磨坊里竟有白面和锅灶，他们立刻生火做饭，想补充一下体力再过河。谁知炊烟引来了老乡，老乡们以为是马家军，举着铁锹、叉子呼叫着包围了磨坊。左叶他们赶紧在磨坊里向外喊："乡党，我们是红军，不是马家队伍！"老乡们不敢贸然走进磨坊，疑疑惑惑地站住了。左叶叫两位女红军到磨坊外面向老乡们招手，老乡们看到女红军立刻消除了疑虑，他们放下铁锹和叉子，在磨坊里为红军做饭烙干粮。

为了尽快过河，"有一位老汉还带着他的儿子赶过来一辆牛车，载我们过河。这辆牛车很大，两头牛拉，十多位红军全挤进车里去，两个轱辘又高又大，辚辚地滚动着，是过河的好工具"。"老乡拉我们过了河，又交代说：'走二里路有个堡子，没人住，你们只管进去睡一天，天黑了再走，只要不出来就没事……'"这是左叶在其回忆录《人民的恩情重如山》中的片断，这里所说的"河"，正是维系着张掖人民生计与希望的黑河，那个"磨坊"，也正是地处乌江堡管寨子的那座人们依河而建的水上磨坊。就是在这里，在那位好心的老伯和他儿子的帮助下，左叶他们摆脱了敌人的追捕，辗转回到了延安。

时隔近半个世纪，左叶专程来到乌江堡，寻访当年那位赶着牛车送他们过河的老伯和他的儿子。从乌江堡到管寨子，左叶沿着黑河整整奔波了一天。近半个世纪的沧桑变化，当年烙饼做饭的磨坊已在黑河上消失，恩人已经难觅踪迹。面对日夜奔流的黑河，当年他和战友被救的情景依然历历在目。他努力追忆着当年赶着牛车送他们过河的老伯的特征："个子矮矮的，手很大，指头很粗短，脸上有麻子，典型的老农民。"当地老人迅速将这个特征锁定在已故多年的秦福堂身上，"他的儿子"正是时任代保长的秦学义。

秦福堂，生于1883年12月，张掖乌江堡管寨村人，世代务农。由于其父为人本分厚道，秦福堂小时，当地一管姓人家将女儿给他做了童养媳。秦福堂也长期给管家干农活，管家人看秦福堂老实本分可依靠，还随女儿送给他三间栖身的房子。成年后，他与胞弟秦作堂共同维系着安身立命的大家庭。

由于秦福堂内戚的支持和个人的勤劳，到了民国时期，秦家家业逐渐兴旺起来，秦福堂与秦管氏的5个儿子也渐渐长大成人，除长子秦学仁和三子秦学礼务农外，二子秦学义当上了代保长，四子秦学智在傅作义部队当兵，五子秦学温也在地方上谋得了"乡丁"的差事。

当年乡亲们挖窑洞藏红军的红土崖

1937年红西路军失败后，陆续有落难的红军经过他家。一天，两个衣着破旧、面色枯黄的男子上门乞食，其中一个腿脚受伤难行，秦福堂一看便知是红

秦学义与妻子杨淑珍及女儿

军，就把他们留在了家里。在那样的年月，私藏红军是有杀头之险的，弄不好还会灭族，秦福堂却冒死把他们留了下来。由于家中人多眼杂，秦福堂就将他们藏在自家与邻家的两堵墙之间的夹道里。可每天送水送饭人进人出的，时日不多就被邻居发现了。秦福堂又把他们送到了自家庄子北面已经废弃的羊庙子里，羊庙子周围都是草湖滩，夏天人们常在这里放牛放羊，自然有许多牲畜的粪便，秦福堂就装作拾粪天天给他们送点吃喝。为了使红军更安全，乘着夜黑人稀，秦福堂在黑河岸边一个四五米高的红土崖下挖了个窑洞，将两名红军转移到那里躲藏。红土崖是黑河南岸的一个土崖头，崖下灌木茂密，崖上芨芨草覆盖，周边没有人家，只有一座管姓人家的鸽堂子。这里杂草丛生狼虫出没，很少有人光顾。秦福堂的妻子每天偷偷做饭烙饼，秦福堂每天将盛饭的瓦罐和馍馍用布包了放在筐里，上面盖上一层牛马粪，背筐装作拾粪偷偷往窑洞里送。这样维系了半个月，还是被人发现了，实在没地方转移了，秦福堂就与儿子秦学义商量后将两个红军转移到了邻近的平原堡。秦福堂救助红军，红军也把他视为亲人。1937 年 8 月秦福堂因病去世，一个身着灰色旧衣的陌生人突然出现在秦福堂的葬礼上，磕头烧纸时嘴里还连连喊着“恩人”，秦家人一眼就认出他正是被秦福堂搭救后送往平原堡的那个红军。

当左叶等十几个红军被围在磨坊时，作为代保长的秦学义迅速疏散群众后，走进磨坊帮助红军烙饼做饭。由于红军归队心切，就请求秦学义送他们过河。为了缩小目标，秦学义与父亲秦福堂把左叶等人用大轱辘牛车送过了黑河。

红军送走了，可秦学义被人揭发了，为了保全自己和一家人的性命，秦学义编谎说："红军被倒到黑河里淹死了。"谁知这个谎言暂时蒙混过了马家军的追查，却给他埋下了深深的祸根，以致丢了性命。

1958年，张掖地区开展肃反运动，有人检举秦学义20年前杀害红军的罪行，秦学义有口难辩。父亲秦福堂已故去多年，被救的红军没有留下姓名，无人证明红军究竟是被救还是被害。秦学义最终以"历史反革命"罪被判无期徒刑，在武威监狱劳动改造。1961年在狱中病饿而死，终年54岁。

由于是历史问题而入狱，秦学义死后无人去收尸，秦家的祖坟里只空着他的位置，他的妻子杨淑珍去世后也只能另葬他处。也是因为他的历史问题，秦学义的子女上学、招工、当兵、入党处处受限制。他的儿子秦定国1961年从兰州中医学院毕业后，因受此事牵连没有分配工作，只能回乡；小女儿秦淑香两次考上大学都因秦家的历史问题，上学被拒。

秦学义的妻子杨淑珍

时间就像一把带有刻度的尺子，丈量着有缘却又无缘、相识却不相知的救与被救的两代人之间长达近半个世纪的情感历程。

历史的机缘擦肩而过。当得知救命恩人已不在人世，左叶带着深深的遗憾走了。第二天，秦学义的妻子杨淑珍听说此事，急忙带着女儿秦文香到张掖找左叶，而左叶已经去了永昌，娘俩落空而回。

时光飞逝，一晃又是30年，2012年1月31日，笔者专程到这里寻访。黑河边当年撂荒的野地已辟为耕地；红土崖也被河水冲淘坍塌成悬崖；磨坊早已不复存在，遗址上长满了芦苇；羊庙子痕迹全无，旧址已经是一块空地；破败的鸽堂子也已没有鸽子翻飞，只有鸽堂子前面那条秦福堂和秦学义赶着牛车送红军的路依然车辙可见。

不论是秦福堂还是秦学义，他们离世都已逾半个世纪，但他们当年不惧残暴，冒死营救红西路军将士的义举并没有因岁月的流淌而湮没。被救的红军将士没有忘记他们，红色的历史没有忘记他们。他们就是凭着对红军"一不奸污妇女，二不抓夫"的最朴素也最实际

左叶(左三)重访张掖时与部分流落西路军战士合影

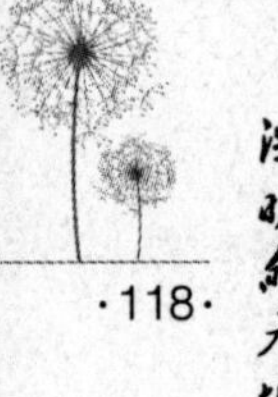

的认识，以人性的善良，一次次地救助流落红军。他们知道“一人通共，全家抄斩”的危险，可是，他们还是冒着这样的风险，掩护和保存了中国革命的力量。

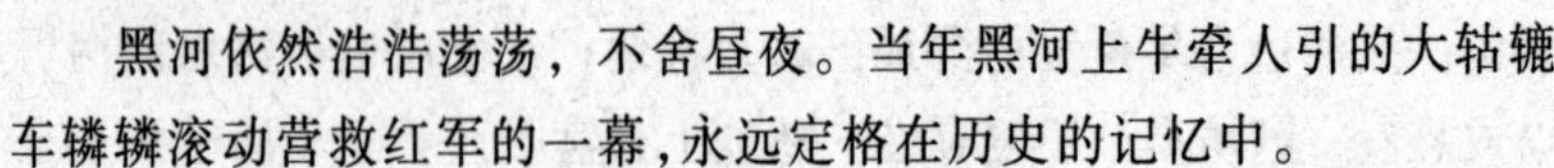

黑河依然浩浩荡荡，不舍昼夜。当年黑河上牛牵人引的大轱辘车辚辚滚动营救红军的一幕，永远定格在历史的记忆中。

（王国华）

魏铎臣

——与红军丁世方的故事

这是一个尘封了半个多世纪的故事，这个故事里沉淀着张掖人民与红军的鱼水之情，也演绎着超越血缘亲情的两代人之间救与被救的人性传奇。

1937 年，红西路军西征失败后，部分或伤或病，与大部队失散的红军指战员，在张掖人民的掩护救助下辗转回到延安。红西路军总医院院长丁世方就是在张掖明麦渠百姓魏铎臣的救助下转赴延安的。

魏铎臣

由于魏铎臣后期自毁于邪教“一贯道”，他救助红军之事在相关的史料中也是片言只语，唯独在张掖地委党史资料征集研究委员会编的《红西路军史料》第四辑中见到这样的记载：“西路军总部医院院长丁世芳（应为方）同志失散后，被张掖县地主魏铎臣营救送往高金城的福音堂医院，在地下党支部和高金城先生的掩护下，安全回到兰州八路军办事处，后转赴延安。”

70 多年来，由于魏铎臣的特殊

身世和那段特殊的历史，援救红军丁世方救命恩人是魏铎臣的故事也就鲜为人知。

丁世方

2011年3月，笔者在北京见到了丁世方的女儿丁萧萧。萧萧说她手中留有新中国成立初期魏铎臣写给父亲丁世方的信，从信中看到魏铎臣不仅救了她父亲，还救过另外两个红军。2011年4月2日，笔者专程前往明麦渠进行了调查，又仔细品读了丁萧萧寄来的一叠半个多世纪前的信件，原来，故事背后还有故事。

丁世方，原名丁诗煌，1913年10月出生。安徽金寨县槐树湾乡丁畈村人。丁世方读过5年私塾，后又入旧制高小读书两年。14岁时，在麻埠协昌医训班学医3年。1929年，丁世方弃医归家，参加了当地的农民赤卫军，同年加入中国共产主义青年团。1931年3月，丁世方由共青团员转为中共党员。1932年夏，丁世方被调至红四方面军第三医院工作。1933年初，红四方面军在通江县的泥溪场建立了总医院，丁世方任中医部主任。同年，总医院将中医部改为中医院，丁世方担任院长。1936年11月，丁世方奉命率部分医护人员随红四方面军总部渡过黄河，进入河西走廊。

丁世方与妻子

1937年3月石窝分兵后，丁世方随卫生部、医院工勤人员、伤病员和随军家属1000余人，在冰雪覆盖的祁连山与敌人打游击。后在一次遭遇战中丁世方腿部受伤，与部队失去了联系。他与几位战友一起进入祁连山中躲避了40余天。4月下旬，丁世方化装出山，在明麦渠一带被魏铎臣救助养伤。

魏铎臣，生于1895年，张掖明麦渠农民。由于祖上累年勤耕，到民国时期已有土地几百亩，家道殷实，是魏家寨唯一的一户地主。魏铎臣读过私塾，不仅能断文识字，还被当地传为奇人。一奇是他将《奇门遁甲》看得烂透，善于玩弄玄虚。二奇是他两只脚都长有6个脚趾，的确与众不同。看熟了玄学，魏铎臣信奉了"一贯道"，很快就做了"点传师"。魏铎臣又是农官，在当地有一定的势力，一般人也不敢惹他，有收留红军的条件。

魏铎臣家大业大房子多，院中的大榆树枝繁叶茂。魏铎臣先在堂屋里泥了个夹道，将丁世方藏在夹道里。可是，人多眼杂，消息很快走漏，说他家藏了红军。马匪兵来搜，他就将红军娃推到院子里遮天蔽日的大榆树上躲藏。马匪兵搜不到人就把魏铎臣抓去拷问，他没承认，最后罚了25石糜子才被放了。

这就是丁世方当年藏身的窑洞，现在已坍塌

把红军藏在家里太危险，魏铎臣就在自家庄子西北 500 米处人迹罕至的土崖下挖了个窑洞，将丁世方转移到那里养伤。那里地形特殊，两边是两米多高的土崖，中间有宽 200 米的深槽，崖坡上都是无人耕种的野地。崖上崖下常常狼狐出没，无人行至。加之窑洞洞口小，洞外有棵老榆树根系很发达，周围又蒿草丛生，遮蔽了洞口，很难被人发现。每天夜里，魏铎臣给丁世方送水送饭。很快，丁世方的伤好了。伤好后，丁世方化名“王先生”，以游方郎中身份在当地行医。他一面为老百姓治病，一面寻找红军队伍，当地人称他“大头王先生”。

丁世方行医 4 个月，与当地百姓结下了深厚的情谊。当时，马匪兵经常来搜捕红军流散人员，当地群众千方百计掩护，使他一次次化险为夷。

当时魏铎臣已有 3 个儿子 1 个女儿。天长日久，“王先生”与魏铎臣家感情甚笃，就与魏铎臣的大儿子魏天玉结成了结拜兄弟。魏铎臣之所以冒死救丁世方，也是想留他做自己的女婿。

可丁世方矢志寻找部队，就将行医的范围扩大到民乐一带。1937 年 8 月，在民乐县孙家寨，前来寻找红军失散人员的王定国找到了丁世方，并将他带回到张掖。

丁世方去魏家辞行，魏铎臣将家里的一头骡子变卖给他做盘缠，还把丁世方亲自送到了张掖城里。结果丁世方的战友在倪家营被抓捕，供出了丁世方，保甲所来搜查时，丁世方已离开了魏家。

魏铎臣救助红军又送走红军，马敌自然不依不饶，就将魏铎臣捉拿坐了 40 余天的班房，魏铎臣被吊起来打得皮开肉绽。但红军已经走了，马匪军就让魏铎臣赔钱，魏家卖了两头牛赔了 1000 白洋才将人赎出。“王先生”走后，魏铎臣才在一本《三国演义》中发现了“丁世方”这个名字。

魏铎臣冒死送走了丁世方。几经周折，丁世方于 1937 年 8 月辗转到达兰州，找到了八路军驻甘办事处，经谢觉哉安排，丁世方返回延安。

新中国成立后，丁世方调任海军卫生部副部长、部长。1955年，丁世方被授予中国人民解放军少将军衔。1965年，任军委总后勤部卫生部部长的丁世方去世。

丁世方在有生之年始终没有忘记他的救命恩人。1950年，丁世方来信寻找魏铎臣。自此，双方开始书信往来。1951年土地改革，魏铎臣被划为地主，土地、房屋分给了穷人，魏铎臣家道败落，丁世方时常寄钱接济，还曾想把魏铎臣接到北京去赡养，魏铎臣故土难离，坚辞未就。

魏铎臣救过丁世方一命，丁世方却救过魏铎臣两次命。

魏铎臣搞“一贯道”很顽固，被政府抓了3次放了两次。1951年取缔“一贯道”时，已经是“点传师”的魏铎臣被抓了起来，在临泽县政府受训（明麦渠时属临泽县），他托人给丁世方写信，丁世方给临泽县政府发公函，给驻张掖的第三军写信，证明魏铎臣救过红军，要将功抵过。经核实，魏铎臣在西路军失败后，除救了丁世方还救过另

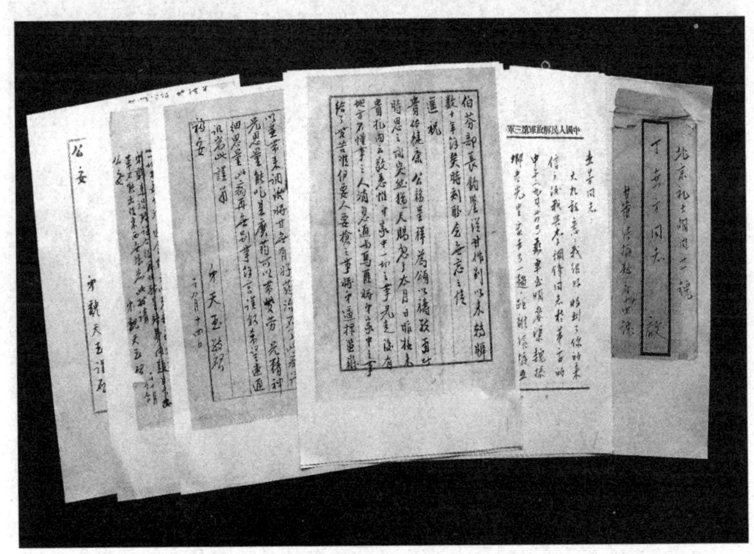

魏铎臣的儿子魏天玉给丁世方的信

外两个红军，政府根据过去的贡献，减轻了他的处分，放回家劳动改造。

魏铎臣被放了，丁世方托第三军卫生部的杨清秀部长给魏铎臣治疗心脏病，并负责供应全部必需药品。

1958 年，河西地区进行大规模的肃反运动，镇压了一批杀害红军的刽子手，表彰奖励了一批当年保护红军的有功人员，魏铎臣因保护红军有功，在张掖县召开的表彰大会上受到了奖励。

1960 年，国家出现暂时困难，反动会道门又乘机开始复辟活动。这期间，魏铎臣的大儿子魏天玉死于饥饿，二儿子魏天元也因饥饿而上吊自尽。魏铎臣就公开谈道务、播谣言，说“天下要大乱”。或在家烧香磕头，或画符念咒给人“治病”。他因造谣惑众再次被抓，丁世方再次发来公函，魏铎臣又被释放。

1970 年，全国开展“一打三反”运动，清查多年来隐瞒反革命身份的“一贯道”头子，75 岁的魏铎臣自知躲不过这一劫，就上吊自杀，

魏铎臣(前排右一)在保护红军有功人员表彰大会上的纪念照

可他往梁上拴绳时板凳踩翻惊动了人。上吊未成，他又拿刀抹脖子，自杀未遂，还是被抓了起来。这次没有人再能救他，在张掖化肥厂后的河滩上被枪毙。

时间已过去70多年，魏铎臣的一生虽然毁誉参半，但他救助红军的故事，至今仍在明麦渠一带广为流传。

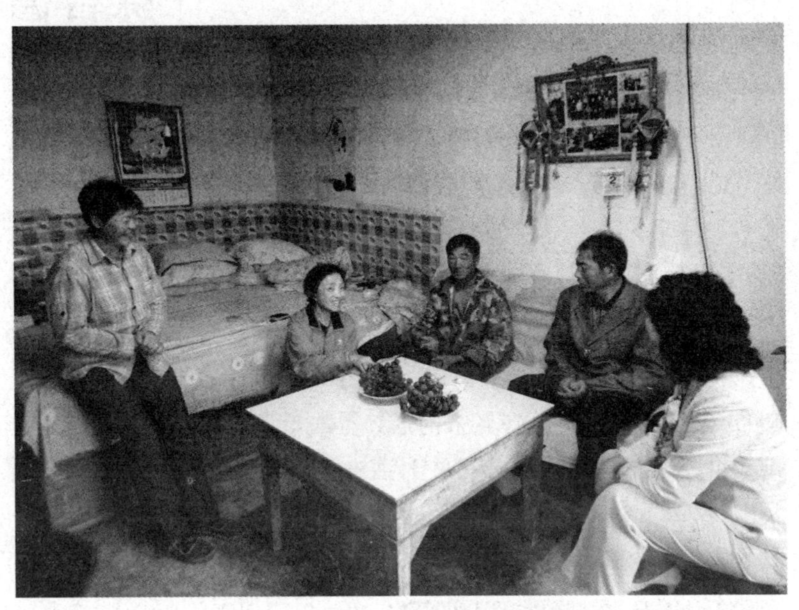

丁世方的女儿丁萧萧(左二)看望魏铎臣的后人

2011年9月，丁世方的女儿丁萧萧来到张掖，冒着蒙蒙细雨前往魏家探望父亲的救命恩人魏铎臣的后代。当他们两家的后代紧紧拥抱在一起的时候，整整75年的时空链接的不仅仅是历史与未来，更是超越血缘的骨肉亲情。

（王国华）

徐合德
——一个道士的悲悯情怀

“敬爱的战友：……张掖城里公共汽车是否能通陇水铺（龙首堡）？我希望您叫王少东每年(年)底上龙王庙给许师(烧)少点纸，好(吗)？因为我有(又)这么远。战友，这就看您的安排……”

在一封发黄的信中，笔者读到了这些话。这封寄自四川省广元市东山街北段33号村7号的信，是一个叫贯斌然的红西路军战士于1995年12月写给流落在张掖的老红军战士王怀文战友的。只是他不知道，战友王怀文已经在6个月前去世了。那么，贯斌然不远千里托书，叮嘱王怀文安排儿子王韶东去给烧纸的这个“许师”究竟是什么人呢？他为什么会让两个曾经出生入死的红军战士如此牵挂？

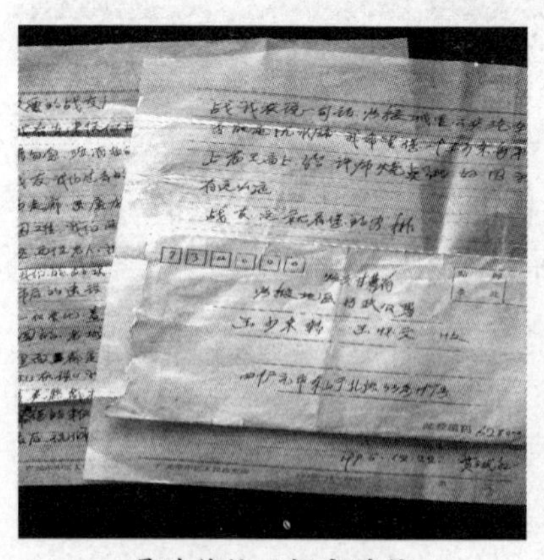

贯斌然给王怀文的信

信中所提的“许师”名叫徐合德，是祁连山莺落峡出口、黑河上游河畔上龙王庙的一名道士。徐合德是张掖小满乡甘城子人，父母都是贫苦农民，为人老实本分。徐合德打小体弱多病，父母为了保全他的性命，在他8岁时将其送到了上龙王庙，由庙里的师父教他识字诵经。长大后，徐合德就在上龙王庙出家当了道士。

1937年，徐合德58岁。当年收留他并给他传道授业的师父已经过世，他独自一人住持上龙王庙。平日里，除照管好上龙王庙的香火事宜，他还承担着周遭乡邻们的法事活动，因为乐善好施，待人亲和，当地人都亲切地称他徐老道。

3月的一天，掌灯时分，龙王庙里来了4名浑身血迹的红军伤病员，其中一个脖颈骨被刀砍断了，一个右小臂炸没了，一名右胸被子弹打穿了，还有一名大腿上受了重伤根本无法行走，由另外两个架着背了过来。当时，徐老道有些惊慌。这些人告诉他，自己是红军并请求徐老道行个方便。徐老道见他们言谈举止与马家军飞扬跋扈的行为不大一样，才渐渐平静下来。徐老道是个心地善良的人，他看到4个红军战士疲惫不堪的样子，又全都受了伤，就十分同情他们遭受的苦难，倾其所有熬了一锅土豆糁子汤让他们充饥。天快亮时，徐老道又备了些干粮，亲自带路送这几个红军战士离开，把他们送了很远的一段路程才回来。王怀文因腿伤特别严重，徐老道就把他留在庙里养伤。徐老道发现王怀文身上带有两颗手榴弹，就让他赶快扔掉。但王怀文不肯，说红军战士不能丢掉自己的武器，这个比自己的

徐合德(右)与王怀文

性命还重要。徐老道就替王怀文妥善保存，直到张掖解放才由王怀文上交给了解放军。

徐老道留王怀文在庙里住了一段日子，但外面风声一天比一天紧，马家军和地方民团在到处搜捕流落的红军伤病员，大肆屠杀被捕红军战士和收留救助过红军的人员。徐老道怕朝庙的马匪发现王怀文，就将他背到了红沙河畔的观音洞里藏了起来。红沙河是一条干枯的烂河滩，只有雨季的时候，才有山洪从这里汇入黑河。观音洞就挖在河边的沙石崖头上，已废弃多年。这里离上龙王庙不远，平常很少有人来，非常僻静。徐老道在洞里铺了几捆麦草让王怀文当铺盖，每天晚上他再准时送来一些馍馍和水，王怀文的生命延续了下来。

随着天气渐渐转暖，王怀文的伤口开始化脓生蛆，一时洞中恶臭熏人，苍蝇乱飞。王怀文高烧不止，经常昏厥，非常危险。徐老道很着急，但城里各处医治刀枪伤的药物都被马家军严密监控着，根本不能去买，因为那样只会引来马家军，断送了王怀文的性命。无奈之下，徐老道只能试着用一些土办法给王怀文疗伤。徐老道用芫荽熬制了一些汤，把它灌进王怀文的伤口，里面的蛆虫就被熏了出来。徐老道就用筷子一个个夹掉再踩死，然后再用盐水擦洗干净伤口，覆盖一些自己采制的草药。就这样，过了一个多月，王怀文的腿伤渐渐好了，但整个身子却僵硬得不能动弹。

在给王怀文疗伤期间，通过交谈，徐老道对红军和共产党有了一些了解。特别是看到王怀文身上的 9 处伤疤，听了他讲述的那些战斗经历以及共产党为穷人翻身求解放的革命道理，徐老道被深深地打动了，心中满是同情和敬佩。有一天，又有一个叫贯斌然的红军战士路过上龙王庙，因为伤势比较轻，徐老道就把他藏在庙里，千方百计弄吃的给他养伤。过了一段时间，贯斌然的伤好后，徐老道又备了干粮送他东去。徐老道把收留救助贯斌然的情况都告诉了王怀文，但没有让他们两人见面。

这年冬天，王怀文在观音洞被民团团长的弟弟何自清发现了。何自清用树枝堵住洞口，再垒上土块、石头，泼上水，将洞口封死，企图把王怀文活活地饿死在里面。徐老道发现后，冒着生命危险，抡着镐头刨开洞口把王怀文救出来。为了王怀文的安全，徐老道思来想去，觉得还是把他留在身边最放心。于是，徐老道向王怀文提出，不如装成一个道士留在庙里。王怀文考虑到自己的情况，根本无法出走，就答应了。这天夜里，徐老道偷偷把王怀文背到了庙里，把王怀文藏在庙门口戏台下，早晚无人时给王怀文送些吃喝。王怀文藏在里面，白天能从墙缝看到外面的活动，外面的人却看不见他。后来，河西局势进一步缓和，徐老道就在施主和乡亲们中间传话，说自己新近收了个残废人做了徒弟，还亲自给王怀文改名叫王教苏。然后，徐老道择日公开将王怀文接进龙王庙。为了遮人耳目，徐老道又让王怀文穿上道袍、戴上道帽，把他装扮成一个实实在在的出家道士。

徐合德救助的红军贯斌然

但此时的王怀文一条腿瘸了，腰腿无法弯曲，整个身躯僵硬，根本不能行动。徐老道就在院子里撒下小豆子，要王怀文一颗一颗去捡拾。开始，王怀文很不理解，认为徐老道是嫌弃自己、折磨自己，便赌气不肯捡拾。但徐老道不为所动，也不解释，用不给饭吃的办法逼迫王怀文继续捡拾豆子，而且还一天天加大豆子的捡拾量。渐渐地，王怀文能拄着棍子、扶着墙走了。又过了一些日子，王怀文扔掉棍子也能一拐一拐地走了，腰腿也渐渐地弯曲自如了。这时，徐老道才拍着手掌哈哈大笑，告诉王怀文为什么要强逼他拾豆子，明白了真相的王怀文禁不住泪流满面。徐老道又给他亲手制作了一副拐杖，王怀文终于可以走路了。

第二年正月初四这天,天下着大雪,徐老道进城办事回来,发现王怀文浑身湿透地躺在庙里。原来那个何自清乘徐老道不在,用一根草绳套在了王怀文的脖子上,把他倒拖到了黑河洞子渠的一个冰窟窿里,企图加害他的性命。幸亏有两个山上挖煤的父子俩路过这里,吓跑了何自清,这才救下了王怀文并把他送回到了庙里。徐老道赶紧把王怀文救了过来。从此,徐老道小心提防,更加细心地照料着王怀文。

过了不久,又有坏人向张掖城内的马匪旅长韩起功告了密,说徐老道窝藏了红军。于是,韩起功派军队来搜捕,幸亏徐老道事先得到了消息,及时把王怀文转移了。马匪官兵找不到红军,就把徐老道抓进城里,吊起来严刑拷打,逼他交出红军。徐老道被打得皮开肉绽,遍体鳞伤,但他咬紧牙关,至死不招,差点送了命。后来,还是几个施主和乡亲们凑了点钱,才把徐老道赎了出来。徐老道调养了一年多,才慢慢恢复了健康。

1948 年,离开家乡已经 15 年的王怀文想回四川江油老家。徐老道去张掖城里卖掉了 3 斗糜子,与王怀文照了一张合影以作纪念。但王怀文顾虑重重,最终还是留了下来。

1949 年 9 月张掖解放时,徐老道拿出珍藏了 13 年的两颗手榴弹交还给王怀文,帮他穿戴整齐,送他进城寻找解放军。

从此,徐老道营救红军战士的感人事迹在整个河西大地传颂开来。当年,在政府和军队专门召开的保护红军有功人员表彰大会上,徐老道胸佩大红花,和许多营救过红军的有功群众一起被请上大会主席台,受到了隆重的表彰奖励,这位深明大义的出家人得到了党和人民应当给予的崇高礼遇。后来,龙王庙被取缔,徐老道和其他道士一同集中在龙渠公社香火庙道教兴民农场改造、学习,开始了新的生活。

1951 年农历二月初二,正是龙抬头的日子。这天上午,徐老道前往黑河上游将军庙为开水压坝的群众吹唢呐、做法事。下午，他孤身一人骑驴返回了上龙王庙，晚上躺在厢房的板炕上病逝。据王怀文讲，徐老道死时，有一个鼻孔出了血。徐老道的丧事由王怀文亲自操办，他被葬在了离上龙王庙不远的一个平坡上。坟旁，有王怀文亲手栽植的一棵榆树。如今，徐老道的坟头已经无法辨认，但那棵老榆树却已然根深叶茂，像在回忆着那个久远的故事。

（李纲）

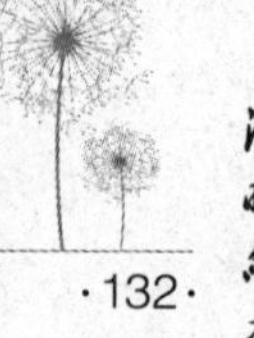

王应魁

——漂泊小民　无疆大爱

王应魁

1937年2月，马匪将在张掖的被俘红军一个个清理出来，准备送往青海，其中有个女红军叫王玉春。王玉春是四川巴中县鼎山区大罗乡人，1912年出生，1933年参加红军，在红四方面军九军二十七师经理部(后勤部)女工厂当军工，后调总供给部被服厂。1936年11月随军西进河西，1937年1月随部在临泽突围中被俘，被关押在甘州城里皮坊街的骆驼店里，不久，王玉春与其他被俘红军一起被送到大衙门马匪的修械厂做工。

一天，一个姓袁的挑货郎担卖布的河南人暗示王玉春逃跑，去找四川老乡救助。当天夜里，王玉春按这个河南人的指点，从修械厂的后门跑了出来，过了一座石板桥，找到了一间草房，投身于已经做了马匪团副太太和营副太太的两个四川姐妹。

尽管找到了老乡，可王玉春还是很害怕，在这里躲了一天，王玉春乘着夜色又跑了出来。在路上碰上了一个高个子男人，男人怕她被抓，就把她领到一个叫祁家园子的地方，里面有一个女红军，王玉春认得，在红军里大家都叫她“牦牛腿”，王玉春的心这才稍稍放松了一些。

领她来的这个男人叫王应魁。王应魁，1908年出生，陕西省临潼县人，家中世代贫民。因家中父母、姐弟人口多，生活十分困窘。后来父母亲相继过世，姐姐到了女大当嫁的年龄。为了能够使他和弟弟继续生存下去，姐姐做主把他俩送了人。由于王应魁年龄大了，对方只收留了他弟弟。王应魁只好四处打工，给别人放羊、干零活，靠做百家活、吃百家饭维持生计。几年后，王应魁来到了甘肃，在兰州制造局学了一些修理的手艺，在兰州修械厂当了一名工人。1935年王应魁来到张掖，在马家军的枪械修理厂做了修枪工人。

在“牦牛腿”这里安顿了王玉春，王应魁就不见了，王玉春正疑心他会不会去报告马家军时，他又领了一个男人回来了，那男人叫谭襄诚，与王应魁年龄差不多，也是马家军修械厂的工人，和王应魁很要好。那天，王玉春被谭襄诚领到了自己家里。刚过了3天，不知咋的走漏了风声被保长知道了，保长带人来搜查，进门就骂：“驴×的，把共产交出来！”谭襄诚的女人眼疾手快，拉上王玉春就从后门跑，一直跑到水池子旁藏了下来。保长走后，谭襄诚把王玉春转移到了王秀才的院子里住下。

王秀才的院子里住了3个女人，王玉春和两个老奶奶。谭襄诚三天两头来看看她，熟悉了以后，谭襄诚提出把王玉春介绍给王应魁的想法，王应魁、谭襄诚都是王玉春的救命恩人，为了保护自己，王玉春与王应魁生活在了一起。就这样，一个陕西汉子，一个川北女子，两个无依无靠的人从此成了夫妻。

王玉春

结婚后，王玉春劝说丈夫王应魁离开了伪政府的枪械修理厂，在王府街租

了一间铺面，以修理自行车和给别人点汽灯为生。王应魁白天修理自行车，晚上与王玉春分头出门四处打听，寻找革命队伍，但王玉春终究没能走出张掖。

王应魁与王玉春全家

新中国成立后，王应魁因长年维修自行车，置办了不少家什，家中生活比较宽裕。在社会主义改造中，实行公私合营，张掖成立了东风机械厂（后更名为甘肃省轻工机械厂），因为王应魁工具较多、有技术，他被大家公选为轻工机械厂主任。王玉春也在政府做妇女工作，1958 年起又当了街道的妇女主任。“文化大革命”中，王玉

王玉春（二排中）在流落红军座谈会上

春被说成了“叛徒”,王应魁也成了叛徒家属,要调查他们的历史问题。造反派把王玉春叫去问她逃出来为啥偏偏就碰上了王应魁,又把王应魁叫去问别人都不敢要“共产”,他为啥敢要?问得两人都哭笑不得,在场的人也都哭笑不得,调查来调查去也没查出他们的什么历史问题。后经民政部门调查确认,为王玉春办理了“红军流落人员证”。

20 世纪 70 年代,随着社会经济的发展和形势的变化,没有文化的王应魁主动辞去主任职务,回到车间做了普通工人。1988 年王应魁去世,享年 80 岁。2002 年 12 月王玉春去世,享年 90 岁。

(王婷玲)

张克义

——“拾”了个“哑巴”做义子

张克义，生于1892年，张掖平原堡人。其父张黉与母亲罗氏共生有4个儿子。张克义排行老二，大哥张克猷，三弟张克举，四弟张克昌。张家是个大户，也是地地道道的农民。父亲张黉在当地是一位德高望重的老者。

1937年，张克义与康氏已经是有3个儿子一个女儿的6口之家了。由于家境贫寒，张克义给当地大财主赵万年家当包油匠（榨油工），每月所得的报酬只是几斤清油，他把清油变卖或兑换成粮食来维持一家人的生活。

离平原堡子两公里外有个大湖滩，那里人烟稀少，蒿草遍地。张克义在大湖滩用垡子（草皮）垒建了几间简陋的土房，常住在那里。他在大湖滩附近开垦了五六亩荒地，每年种些小杂粮和蔬菜，一年四季就这样靠种几亩薄田、给人打长工来养家糊口、维持生计，日子过得十分艰辛。

1937年8月的一天深夜，住在大湖滩的张克义听到有人喊门，他便走出屋子去看个究竟。当他走出屋子时，看到一个蓬头垢面、衣衫褴褛的孩子站在门外，经过询问，才知这是被马家军打散的红军，就急忙让他进了屋子。

这个红军名叫王安显，是四川达县石桥河人，生于1915年，1933年11月在达县石桥河参加游击队，1934年编入红四方面军三十军八十八师二六五团三营当传令兵。1937年2月，他被调到三十军军部当传令兵，康隆寺战败失散后他被马敌所俘，在押往张掖途经甘浚时乘机逃脱，后到肃南红山湾被一户好心人家掩护收留。白天他躲藏在地窖里，晚上出来给人家干活，就这样整整躲藏了3个月。后来，他以讨饭为生，来到了平原堡大湖滩。王安显向张克义说明了自己的身世与经历，请求他救助。张克义是个好心人，一听王安显是失散红军，就悄悄把他收留下来以放牛干活做掩护。

王安显（后排右一）1958年在流落红军座谈会上

张克义的大哥张克猷是当地的保长，张克义收留红军的事张克猷早有耳闻。平时，张克猷与张克义哥俩有些隔阂，但在收藏红军这件事情上，大哥张克猷却给张克义提了许多醒，操了不少心。就在张克义收留红军王安显没过几天，张克猷就听到县民团来人“清乡”，搜捕流落的西路红军。他急忙给弟弟张克义带去了口信，让他把收留下的王安显藏好！搜完了平原堡，民团“清乡”人员并没有放弃对大湖滩的搜查，他们折腾了半日，也一无所获。原来，张克义得到消息后，把王安显藏在了离堡皮房子不远的一个叫柳墩湾的地方。柳墩湾是张克义家放干草柴火的地方，他家在大湖滩割下的青草晾干打捆后都放在这里。每次来人搜查，他都让王安贤在草垛里躲避，夜间再把王安显领回自家后院的草房里御寒。在张克义的掩护下，王安显一次又一次地躲过了马家军及民团的“清乡”劫难，幸存了下来。

不久，张克义就把王安显收成了义子。为了维持一家人的生计，

张克义把村子里各家的牛羊寄养在自己家里，让王安显和自己的儿子张敬忠、张敬孝在大湖滩上放牧，以挣点零花钱贴补家用。为了安全，张克义让王安显装作哑巴，每次放牧碰到村子里的人，王安显都是一阵“呜呜呀呀”、比比划划，村子里的人也就以为真是个哑巴。当有人问及王安显的来历时，张克义一家人都说是拾下的一个哑巴孩子，给家里干干活儿，渐渐地，村里人也消除了猜疑。

王安显（后排左一）1973年在张掖县流落红军座谈会上

就这样过了几年，“清乡”搜捕红军的风头也过去了，王安显也已长大。为了维持一家7口人的生活，张克义又把王安显引荐到当地地主张积德家拉长工。自己也在别人的油坊没日没夜地干活，挣粮食糊口。到1942年，在张克义的说合下，王安显与平原村沙墙湾张富贵的姑娘张桂芳结婚。结婚后，王安显仍与张克义生活在一起。日子虽然苦，但张克义享受到了天伦之乐。

张掖解放后，中央寻找失散的红军，王安显不愿意给组织上添负担，对组织的安排婉言谢绝了。1952年土改时，王安显分到了3间房屋，一家人过着清贫安定的日子。张克义的儿子也先后成家，张克义由于年老，包油匠的活儿也不再干了。1957年，张克义去世，时年65岁。

（宋进林）

高兴俭　高尚恒

——父子联手救红军

1937年红西路军在张掖失败后，红军王进财被马家军拉到张掖东教场，与其他被俘战士一起被活埋。没死的王进财从“万人坑”挣扎着爬出，几天后，被张掖城东门外高家河湾（现甘州区上秦镇高升庵村四社）的高尚恒搭救才幸免于难。

王进财，男，1911年出生于四川省巴中县一个农民家庭，1932年在家乡参加红军，后编入红三十军二六八团一营一连当战士，1933年加入共青团，曾当过排长。1936年随军征战河西。

高尚恒是张掖上秦高家河湾人，父亲高兴俭是当地有名的大地主，系清代总兵高孟的同宗。高兴俭家大业大，骡马成群。雇用长工和短工耕种着村子里一半的耕地，面积达150多亩。

王进财

高兴俭主持公道，还在高家河湾行使着收缴苛捐杂税和水费的职责，这笔按土地分摊的费用，在分摊过程中他不偏不倚，据实收缴，深受百姓好评。他对人对事正直公道，恶的不怕，善的不欺，在高家河湾可谓是说话响当当的人。村里人遇上纠纷总是请他出面调处，在地方上德高望重，人们都称他“俭爷”。

俭爷生性耿直，但他有个儿子高尚元却生性奸诈，无恶不作，由于专横霸道而当上了民团大队长。1937年，高尚元为虎作伥，帮马家军镇压红军。俭爷对这个当民团大队长的儿子深恶痛绝。当得知他帮马家军杀害红军之事后，多次劝说儿子少做伤天害理之事，而高尚元总是当面一套背后一套。慑于父亲的威严，高尚元也很少回家。背着高兴俭，高尚元更是为所欲为，无恶不好，还染上了大烟瘾。一次，俭爷肩扛一把大铡刀，要杀了这个伤天害理的儿子，撵得高尚元满村子乱窜，吓得躲起来好几天不敢露面。

俭爷的另一个儿子高尚恒，憨厚老实，为人正派，很受“俭爷”赏识。一天，高尚恒驾着皮车进城拉粪，途经张掖东教场时看到埋了几天后又从“万人坑”里爬出的牛娃子(王进财的小名)、毛娃子和眯娃

王进财(二排左二)在张掖县流落红军座谈会上

子(也是小名,姓名不详)等4个红军走投无路,他起初还有点犹豫,但他想到自己是人见人怕的民团大队长高尚元的哥哥，又是人见人敬的俭爷的儿子，救了红军谁也不能把他怎么着，就顶着杀头的风险搭救了4个红军。于是,王进财等4个从“万人坑”里爬出的红军战士坐着高尚恒拉粪的皮车来到了高家河湾。

王进财等4人吃住都在俭爷家，农忙时帮俭爷家干干农活,农闲时就住在村里的一个叫高升庵的破庙里，几个人共同搭伙做饭维持生计，平时也到附近的地主高多寿家打短工。由于高多寿为富不仁,其他几人受不了磨难,都相继离开高家河湾另谋生计,只有王进财无处可去，就落户到了高家河湾，还在俭爷的帮助下娶了一个从民乐流浪来的寡妇为妻,直至1976年去世,终年72岁。

张掖解放后，高尚元因作恶多端被枪决，而高兴俭因救助红军有功被定为开明人士，并参加了张掖县第一次人民代表大会。1962年,高兴俭去世,享年81岁。

高尚恒于1960年去了新疆谋生,后在新疆去世。

（付聪林）

邢桐年
——生命因他而延续

邢桐年，张掖碱滩乡碱滩村人，生于1907年1月28日。祖上世代为农，父亲邢子禄与母亲王氏共生养6个孩子，五子一女，长子邢春年，邢桐年排行老二，三子壬戌子，四子四六子，五子积善子，女儿邢秀兰。

邢桐年从小父亲早逝，只有母亲抚养6个孩子，家中只有3间土坯房，夏季漏雨，冬天透风，生活穷困潦倒。由于家贫，母亲将唯一的一个女儿送人当了童养媳。家庭生活困难又受人欺压，邢桐年自小就跟着当地村民在平山湖东大山一带给地主郭全兆放羊，远离亲人和家庭，过着寂寞单调与世隔绝的生活。

马玉莲

1937年3月红西路军征战失利后，被马家军砍伤了肩膀和手臂的女红军马玉莲和50多名女战士被数千名敌人重重围困在一座山头上，冲上来的马敌狂呼："冲上去，一人赏一个小老婆！"面对凶残的敌人，马玉莲与弹尽粮绝的红西路军战士一起将枪支折断，跳下了几十米高的悬崖。幸运的是马玉莲没有死，她从昏迷中醒来，发现头部已严重撞伤，周围也没有一个人影。她挣扎着爬到附近一个煤窑躲藏,结果被马匪搜出,押往张掖东教场推下了“万人坑”被活埋。不知过了多久,马玉莲清醒了,她挣扎着与和她一样幸运的战友年明秀、郑兰英相互搀扶着爬出了“万人坑”,结伴向北行走。由于马匪的宣传、搜查,当地老乡不敢收留她们。她们经常变换隐藏地点,天渐渐热了,马玉莲的伤口开始化脓。为了躲避马匪的搜查和追击,她们逃到了张掖以北的山里。

在山里,她们碰到一个叫张喇成的放羊人,便去打听向东走的路线。张喇成看到3个蓬头垢面、衣服破烂不堪的女子,十分吃惊。询问时听出口音是外地人,又发现她们行动迟缓、每人都有伤在身,心地善良的张喇成就把她们3人领到自家附近的石洞里躲避起来。几天后,张喇成向她们仔细询问,知道了真相后,怕马匪来搜查就让她们多次变换地点躲藏。为减轻张喇成的负担,马玉莲和她的姐妹忍着伤痛到山坡上去捡发菜、刨大黄,交张喇成换点粮食,供她们活命和养伤。

由于人多目标大,无法长时间躲藏,而且生活困难很大,张喇成就劝慰着给3个女红军找个依靠,他先介绍马玉莲与放羊人邢桐年结合在了一起,其他两个姐妹也与马玉莲他们一起生活。一段时间后,年明秀和郑兰英离开东大山去找红军队伍,而马玉莲因身怀有孕就永远留了下来。

邢桐年收留女红军的事很快从山里传到了村里,地方民团知道邢桐年收留了女红军,而且是3个,所以对他们和家人的搜查更紧。

长期在山区的石洞里生存十分困苦,孩子出生后,更加增添了邢桐年和马玉莲生活的艰辛,还要躲避马匪的搜捕。一次,他们带着孩子在山中黑崖沟的石洞里躲藏时,被搜山的民团堵在里面。匪徒发现马玉莲头上有伤,就对她产生了怀疑。因搜山的人不认识邢桐年,他们把马玉莲和孩子扣在洞里,押着邢桐年,让他去找一个姓“邢”的放羊人,准备抓齐后把他们一起带下山。他们拷问邢桐年“那个姓‘邢’的到哪里去了?”邢桐年说:“他到小水(地名)去了!”两人

背着枪押着邢桐年带路去寻找那个姓“邢”的。在路上,邢桐年老远就看到原来在一起放羊的老钟，在离老钟不远的地方他灵机一动大声喊:“老钟,你看到邢桐年到哪里去了?”老钟看到邢桐年身边有两个背着枪的民团匪徒,立刻明白了一切,就大声说:“邢桐年来过又走了,大概到磊山子(地名)找羊去了。”民团匪徒不甘心,继续押着邢桐年又爬过一个山头。两个匪徒实在累得走不动了，就命令邢桐年说:“你到磊山子把邢桐年叫来,我们在黑崖沟等着!”邢桐年感觉事情不妙，转过山头连夜下山赶到家，把他母亲维持生存的几亩薄地卖给当地的郭姓人家，凑了些银两请郭头人出面担保，才将马玉莲和孩子赎了出来。

那些民团匪徒下山后，四处传言有个女红军在山里躲藏，是邢桐年的“共产媳妇”,对邢桐年和马玉莲的搜捕更加丧心病狂。邢桐年出去放羊时，就把马玉莲和孩子转移到别处隐藏。匪徒们找不到马玉莲,就对邢桐年下毒手,邢桐年相继被抓去 3 次并遭到毒打,全口牙齿被打得只剩下 3 颗。疯狂的匪徒抓不到马玉莲，就下山把邢桐年的两个弟弟壬戌子和四六子抓去当了壮丁，从此杳无音信,客死他乡。

邢桐年为救助他的“共产媳妇”被匪徒严刑拷打,从死神面前爬过好几回,他的大腿、脊背、头、手均落下残疾。

家里有了“共产媳妇”,人人都不安宁,邢桐年的哥哥邢春年长期躲避在外给人家扛长工、打短工,到张家姓张,到王家姓王,到李家姓李,从不敢暴露是邢家的长子,怕被匪徒抓去。就连他媳妇生孩子时因难产无人照料而母子双亡也没敢回家。从小送人当童养媳的妹妹,也因娘家有红军怕受到牵连而搬离本乡。

通过放羊人的口传，邢桐年的母亲知道了孙子的出世，就给邢桐年捎口信,想见孙子一面。一天夜里,邢桐年和马玉莲抱着孩子,悄悄回到了碱滩的家中。刚住了不到 3 天,民团得到了消息,趁着黑夜骑着大马来抓人。听到村子里的狗叫声和匪徒的砸门声，邢桐年的母亲感觉情况不妙，就和他的小弟弟积善子用身体和木杆死死顶住院门，让邢桐年和马玉莲带着孩子从后墙流水的洞口爬出去逃回山中。民团匪徒闯进家后，四处搜查没有找到邢桐年和马玉莲，便恼羞成怒，抡起棍棒、皮鞭将他母亲王氏活活打死，临走时还把他的小弟弟积善子也抓走了，7 口之家就这样家破人亡。母亲死后尸体无人掩埋，在家放置了整整 28 天，尸体腐烂满村都有异味了，本村的吴、王、郭姓人家实在看不下去了，才帮忙给予掩埋。

重新逃回大山的邢桐年和马玉莲带着孩子越过大阪山口子，到达蒙古人放牧、居住的地方，找到了放羊时结识的蒙古族兄弟更丁，在他家躲避。马玉莲带着孩子，替蒙族兄弟拾柴、挖大黄、捻毛线来维持生计。夏末秋初，收集当地一种叫沙米草的植物草籽，晒干后用石窝捣碎剔除皮壳，当过冬口粮。邢桐年又利用放羊时间带上蒙古人的土盐，换取山里放羊人的小米或者面粉，一家人就这样艰难地生存着。

由于山中生存艰难，放羊人传言家门口不抓人了，邢桐年才领着马玉莲和孩子返回碱滩老家。可是，家贫如洗，无法生活，邢桐年

马玉莲与王泉媛(中)在一起

就给当地的郭姓人家打工。在第二个孩子快要临产时，匪徒又来抓人，马玉莲在郭姓人家的帮助下，躲到他家储藏粮食的土粮仓内才生下了孩子。第三个孩子出生后，生活更加艰难，马玉莲就将这个孩子送给了流落到张掖的四川籍红军姐妹李秀珍抚养。

1949年张掖解放后，马玉莲积极参加革命工作，家庭的重担全由邢桐年担当。他不仅参加生产劳动，而且磨面、碾米的家务事和儿女的生活琐事全落在了他的肩上。虽然孩子多，家底薄，生活艰难，但作为父亲的他，很少抱怨命运，他只是勤勤恳恳，辛苦劳作，养育他们的6个子女。

马玉莲（前排右二）在流落红军座谈会上合影

1974年农历7月13日，邢桐年病故，时年67岁。

邢桐年，一位朴实的农民，他就像山坡上的骆驼草，夏天顶着烈日的烘烤，冬天忍受着严寒的煎熬，不怕铺天盖地的风沙，不怕马匪兵的伤害，忍着伤痛，那种坚忍不拔，逆境奋进的精神和毅力值得我们深深地敬仰和永远怀念。

（邢满堂）

唐文其

——收了个红军干女儿

1937 年 2 月，红西路军部队从临泽的威敌堡退回倪家营的途中，红军女战士霍守云与部队失散。

霍守云，女，1925 年出生在四川省巴中县一个贫苦农民家中。1934 年，刚刚 9 岁的霍守云参加了红军，她先被编入三十军儿童团，后调卫生队当卫生员。1936 年 10 月，霍守云跟随部队西渡黄河作战。

由于年纪太小，与部队失散的霍守云在山脚下转悠着，不知去向何方？一天，她听到了一声羊叫，顺着羊的叫声她找到了一位牧羊老人，老人看她还是个孩子，十分可怜，从怀里掏出了自己留着吃的洋芋给她。老人告诉她，马家军搜山的风声很紧，白天不要再出来。离这 30 多里的地方，有个药草洼，那里煤窑很多，可以藏身。到了夜晚，她就顺着沟壑往前走，在路上碰上了一个叫陈加清的四川籍战友，他们按牧羊老人指的方向走到了一处遍地荒草、地势宽缓的山洼地，这就是药草洼。在药草洼，霍守云和战友陈加清遇到了唐文其。

唐文其是张掖龙渠乡白城村人，生于 1883 年。父亲唐存银是当地有名的地主，时年已经 70 岁，家大业大，名望也大。唐文其弟兄 4 人，他排行老三。弟弟唐文来是民团团长，哥哥唐文雄也经兰州集训后当了保长。唐文其是韩起功任命的稽查大队长，南山的梨园口、坂

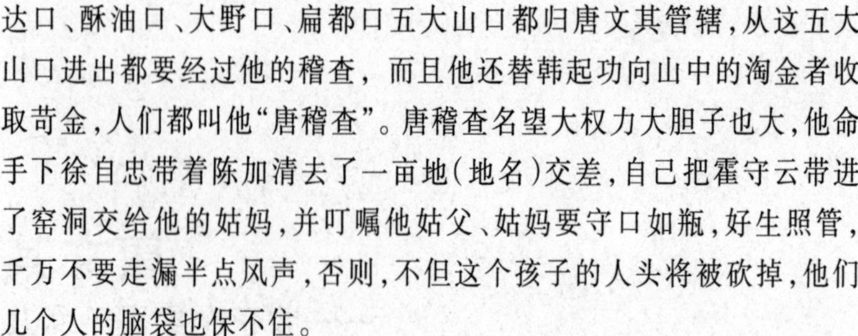

达口、酥油口、大野口、扁都口五大山口都归唐文其管辖，从这五大山口进出都要经过他的稽查，而且他还替韩起功向山中的淘金者收取苛金，人们都叫他“唐稽查”。唐稽查名望大权力大胆子也大，他命手下徐自忠带着陈加清去了一亩地（地名）交差，自己把霍守云带进了窑洞交给他的姑妈，并叮嘱他姑父、姑妈要守口如瓶，好生照管，千万不要走漏半点风声，否则，不但这个孩子的人头将被砍掉，他们几个人的脑袋也保不住。

当时唐文其的母亲已经过世，父亲唐存银的起居需要人照顾，他们几个儿子早想给父亲找个使唤丫头，只因兵荒马乱没个合适的。如今的这个红军丫头不就是现成的吗？于是，他趁夜深人静，和姑父秘密把霍守云藏在了一煤窑的通风口处。

霍守云在煤窑里住了一段时间，又转移了几处窑洞。一天，唐家的马车来拉煤，唐文其的姑父把霍守云藏在马车里，乘夜黑送到了白城子的家里。

霍守云的丈夫王玉其（前排中）与子女们

唐文其救霍守云，一是看她年龄小，怪可怜的；二是遵从父愿，给父亲找个使唤丫头。其实，他和妻子未有生育，已经抱养了一个男孩，再有个女孩多好啊，子多福多嘛！再说唐家家业大，多个人也多个照管。于是唐家弟兄们商量,就把霍守云给了唐文其。唐文其让妻子把霍守云收为干女儿,嘱其耐心调教,并改名“唐桂香”。唐桂香每天按时给干爷爷唐存银端茶倒水,跟干妈学习针线,处处小心,也处处留意,时日不多就学会说张掖话了。

两年后,唐存银辞世了。1941年,唐文其把唐桂香许配于他在龙渠乡高庙村的外甥王玉其结婚。1943年,唐桂香和王玉其有了第一个孩子,起名王爱国。

1950年,唐桂香担任了八区的妇女干部,丈夫王玉其又将她的名字改回,仍叫“霍守云”。

土地改革时,由于唐文其的弟弟唐文来当过民团团长而被枪毙,唐家家道败落。唐文其由于救助红军的原因,被定为贫农,在家务农,1951年去世,时年68岁。

因土改时王玉其家被定为地主,加之霍守云没有文化,地主成分的人再不能工作,只得回家务农。丈夫王玉其先后在龙渠的药草洼、西武当、白城和小满的黎明、石桥、张寨等教学点任教。1957年反右期间,因有极右派言论,被打成极右分子,先后遣送到永昌土佛寺农场、玉门黄花农场、新疆伊宁霍城县开耕沟农场改造。

1960年春,霍守云病故,年仅35岁。

（余生元　周尚文）

杨仲贵

——义薄云天兮情无价

杨仲贵

1937年春天，由于红西路军与马家军在临泽、高台、张掖等地血战数月，张掖城里到处是伤兵、流民。有一天，乔氏制衣厂师傅杨仲贵外出，正碰上民团头子和马匪军士兵押着几个衣衫褴褛、浑身是伤的红军战俘，其中一位用四川话与马匪兵对骂，杨仲贵一听口音便知是自己的四川同乡。再看此人满脸英气，毫不畏惧，就赶忙回厂里向自己的掌柜乔发有恳求，想把这个四川老乡救出来。

杨仲贵，四川省内江地区安岳县人，生于1899年。早年因生活所迫，流落在张掖县，学了个裁缝手艺。他虽然勤奋好学，做得一手好活，但因无钱买缝纫机等生产工具，就在城内的乔家制衣厂当师傅，与临泽姑娘杨玉英结婚后，夫妻俩一起靠出卖劳动力维生。由于杨仲贵制衣技术精湛，深得人们赞誉，厂方掌柜乔发有也非常器重他。加之乔发有是甘肃河州人，与马家军关系密切，制衣厂又常为马家军制作军服，杨仲贵也在马家军中认识了一些人。

在杨仲贵的恳求下，由乔发有出面协商，杨仲贵用5块大洋从民团头子手中将这位红军带了出来，而被俘的其他红军战士被残害在城里东教厂一带的“万人坑”内。

胡嘉宾

带回这名红军伤员后，杨仲贵先将他安置在自家的屋内，抓了草药给他疗伤。为了给他补身体，杨玉英还特意买了两只鸡炖汤给他喝。在杨仲贵和杨玉英夫妻俩的精心照料下，十几天后，这名红军的伤开始痊愈。

由于街上到处是马家军的搜捕队，见到外地口音的人就抓。若让这个红军到外面会很容易暴露。可留红军要冒很大的风险，一旦被查出私藏红军，全家都要被砍头的。因此，杨仲贵就主动和掌柜乔发有拉关系，还不时给乔掌柜送礼，由其出面与马家军应酬、通融。为了避免危险，在征得乔掌柜的同意后，杨仲贵把这名红军留在了制衣厂当学徒，他们以师徒相称，才免去了一场灾难。

杨仲贵和杨玉英只知道此人姓傅，就称他“老傅”。“老傅”见杨仲贵人品好，又机警，便给他讲述了很多革命道理，杨仲贵很受启发。不久，杨仲贵又收留了陈金向、董阳贵两名红军小战士，先把他们安顿在自己家中，后又通过关系把他们留在制衣厂干零活。

由于掌柜乔发有与马家军关系密切，一旦发现异常情况，随时都有危险。杨仲贵自收留红军“老傅”和两名小红军后，干活格外勤快，也格外小心。他手把手地教他们怎么拿针、穿线，锁衣服扣眼、踏机子等，把他们当做自己的亲生儿子一样对待。还一再叮嘱他们：每天上班后，要多干活，少说话，以防万一。他们干什么活，怎么个干法，都由杨仲贵亲手安排。由于厂里不发工钱，杨玉英就让他们3人在自己家里吃饭，就这样，4人以师徒相称相处了近一年时间。

在这期间，杨仲贵发现“老傅”与张掖福音堂医院里做党的地下工作的王定国同志有联系，有时还要去参加秘密会议，他就在工作中尽量给予方便，使“老傅”有更多的机会与党组织接触。

1937年深秋的一个夜晚，“老傅”告诉杨仲贵他要离开张掖回延安了。师徒情谊难舍难分，他们倾心交谈直至深夜。本来“老傅”想带杨仲贵去延安，但鉴于他拖家带口不方便，故未能成行，这也成为杨仲贵的一大憾事。“老傅”要走了，杨仲贵和杨玉英将一家的全部积蓄——10块大洋交给“老傅”，杨玉英又连夜赶做了一大包锅盔送“老傅”远行。临行时，“老傅”才告诉了杨仲贵夫妇他的真实身份。

“老傅”叫胡嘉宾，1908年生于江西省兴国县，1927年参加红军，1928年加入中国共产党。他曾组织和领导过农民暴动，担任过兴国县苏维埃主席，中央红军独立第五师政委，瑞金县委书记，红一军团政治部民运部部长等职。1937年春任西路军总部直属残废营政委（据《四方面军人物志》第556页），在梨园口战斗中受伤，部队也被冲散，胡嘉宾流落失散在临泽、张掖南山一带。他由于负伤被搜山的民团抓获，押往张掖后遇到了杨仲贵。当时，他决定隐姓埋名，先找一个安身地，日后再设法与党组织联系。

为了不引起敌人的注意，胡嘉宾没让杨仲贵夫妇相送，他和其他两位红军战士当夜就离开了张掖，后历尽艰险回到了党的怀抱。

杨玉英

杨仲贵慷慨解囊、援助红军和掩护营救红军脱险的思想和行为，对他年仅22岁的妻子杨玉英启发很大，从此，他们夫妇配合张掖地下党为营救红军做了许多工作。杨玉英曾多次接受福音堂医院高金城和王定国的委托，用马拉木制铁轮小车，装扮成福音堂修女，坐在车子前边，把在福音堂养好伤的红军战士装在车子里边，以送死尸和瘟疫病人的名义护送他们出城到张掖县城东八里铺较安全地带。就这样，一批批红军战士被她们避开城门上站岗的马家军哨兵的眼睛而送出城，化险为夷，陆续回到了延安。

1937年秋王定国回兰州后，杨仲贵夫妇便和张掖党组织失去了联系。张掖解放时，杨仲贵还在西行的大军中寻找胡嘉宾，在此后很多年的岁月里，杨玉英一看到电视上出现戴八角帽红五星的红军，脸上就露出激动的神情，自言自语地说："也不知道我们救下的那些红娃们现在咋样了？"

张掖解放初期，杨仲贵一家由张掖迁居酒泉干私人裁缝活。1956年公私合营时，他积极参加被服合作社，定为被服5级工人。1958年他响应党的号召，报名下乡支援社办工业。1963年因病去世，时年64岁。

中华人民共和国成立后，曾担任中央民委副主任、党组成员、全国政协委员的胡嘉宾，始终没有忘记危难之中营救他脱离险境的杨仲贵师傅。他曾多方托人在张掖打听，后得知杨仲贵一家早已离开张掖迁居酒泉，1965年又委托北京出差来甘肃的同志亲临酒泉红旗被服厂询问杨仲贵，当来人得知杨仲贵一家已于1958年下了乡，杨师傅本人在两年前病故的消息后便走了。

1981年4月，胡嘉宾主动找到王定国，一道给省地市领导写信，证明杨仲贵对革命事业是有贡献的，要求当地党和政府要对杨仲贵的遗属及其子女给予照顾。酒泉市委和市政府按照中央领导的要求和关怀意见，对杨仲贵的遗属及其子女给予了妥善安排照顾。除已婚子女外，其妻杨玉英和她的小儿子杨元明，由农村迁入城市落户。同时安置了住房，并给杨元明安排了工作。

1997年清明节，杨玉英无疾而终，享年83岁。

（杨元新）

师宗德

——战争年代冒险救红军 极“左”年代沦为狱中人

师宗德

1937年8月，驻张掖的韩起功部一位主管后勤的上士班长到张掖柏树桥赵财东的磨坊去取面。在这里，他认识了一位个子小、声音大的女红军。这个女红军叫刘宗秀。刘宗秀，原名刘棉香，1915年12月出生，四川省南江县大河区新马公社刘家沟人。1933年参加红军，在红五军妇女独立营当护士。1936年9月，当红军到达长征中的最后一个关口——腊子口时，由于刘宗秀伤病交加，无法行走，她就骑在首长的马上行军。不料，马受了炮火的惊吓，把她摔了下来，刘宗秀脊椎骨折了。当时由于环境恶劣，医疗条件极差，无法实施较彻底的治疗，她硬是凭着革命必胜的信念强忍疼痛坚持了下来，但也留下了永久的纪念——“罗锅”。直到后来，乡亲们还叫她“红军刘罗锅”。

1937年3月在康隆寺战斗中，刘宗秀掉队与部队失散。她流落到山中，拖着病体以野菜、野草为生，受尽了疾苦。1937年6月，她出山到张掖大满堡一带乞讨，不料让四十店子的民团发现，被抓到张掖大衙门，被逼与敌参谋杨进才结婚。两个月后他们脱离了夫妻关系，她被卖给了张掖柏树桥的董财东，给人家磨面。

刘宗秀

刘宗秀这次认识的这个马家军韩起功部上士班长叫师宗德，生于1913年，张掖县甘浚乡三关村人。他家是世代耕种的贫苦农民，父亲师侠林，长期给姓王的地主拉长工。这家人看师侠林为人老实忠厚，就把自己的女儿许配给了他。经过夫妻多年的辛勤劳作，家境也逐渐宽裕起来。师侠林和王氏也有了两个儿子3个女儿。师宗德的父亲师侠林因病早逝，32岁的母亲王氏独自支撑这个家。师宗德是大儿子，也成了家里的顶梁柱。二儿子师崇德和3个妹妹尚年幼。后来由于他堂弟师怀德被国民党抓了壮丁，在青海马步芳部当兵，因患了风寒，病情很重，马敌还不让回家，师宗德念血脉情深，无奈替回了堂弟，自己在马部当了兵。后来随部到了张掖，当上了主管后勤的上士班长。

自从认识了刘宗秀后，师宗德就在赵财东这里来往很勤，找机会主动与刘宗秀搭讪，还帮刘宗秀干活。时间久了，刘宗秀觉得师宗德为人忠厚，通情达理，对他的身世也有所了解。师宗德虽是马敌班长，但他同情刘宗秀，时时处处为刘宗秀着想，想设法营救这个声音大、个子小的四川妹子，但就是没有机会。谁知，他们的来往被已经与刘宗秀脱离了关系的马敌参谋杨进才嫉恨，杨进才向马匪状告师宗德私通红军，师宗德与刘宗秀一起被马匪抓去。师宗德设法给家里带了口信，师家家族挨户捐钱将师宗德和刘宗秀一起赎出。师宗德又得了“痛风症”，就借口回了老家，将刘宗秀带回自己的家——张掖甘浚乡三关村，随后就结合成了夫妻。1942年，他们有了第一个

刘宗秀(前排右二)在流落红军座谈会上

孩子。

由于师宗德弟兄姊妹5个,家庭生活十分困难。他们结婚后，师宗德和刘宗秀只分得了一人高的两间场房子，但刘宗秀在饱受各种磨难后，总算有了属于自己的家，她依然勤劳积极,乐观向上,夫妻俩耕种着仅有的几亩薄田。两年后,他们自己用榆树枝搭了两间柴草棚栖身,日子虽苦,但心里甜。婚后,他们相继生了3个儿子。

1958年,在肃反运动中,刘宗秀揭发丈夫师宗德在马敌当兵的历史,师宗德被定为"历史反革命分子",判刑5年,在张掖哈寨子农场劳改。由于他在狱中表现好,1962年5月被释放回家。

1964年,在"社会主义教育运动"中,刘宗秀被民政部门认定为流落红军,要享受政府补助,而因为师宗德是"历史反革命分子",师宗德的历史问题又被重新审查。在审查中发现他没有释放证，去哈寨子劳改农场找释放证,而曾经管他的人已调离,被认定他为越狱。这样一来，刘宗秀与师宗德，一个是红军，一个是"历史反革命分子",在当时的情况下必须划清界限。1967年,经政府批准,刘宗秀与师宗德正式脱离了夫妻关系。乡上做了处理，由于大儿子师玉明已成家,师宗德随大儿子一起生活,在家务农。两个小儿子师玉兰和师玉玺随刘宗秀一起生活,几间房子也做了划分。

1978年,刘宗秀开始享受流落红军待遇,师宗德的历史问题也得到了平反。师宗德为生产队看果园看西瓜,直到1982年去世,时年70岁。1987年5月,"红军刘罗锅"刘宗秀病故家中,时年72岁。

（汉继斌）

宋天绪

——以丈夫的名义救红军

宋天绪

肖桂芳，原名肖元秀，1906年出生，四川巴中人。8岁时与张明金结了娃娃亲，18岁结了婚。1933年夫妻两人都在巴中参加了红军，肖桂芳在三十军某部任连长。1936年12月随红西路军在临泽倪家营征战。

倪家营战斗失败后，肖桂芳和丈夫张明金与部分失散红军在西洞滩的一个屯庄里休整时，被土匪围在屯庄里。他们连夜挖洞逃出来，原本两人商量好一起走，可是张明金膝盖受了伤，无法走路，钻到冰洞里躲避敌人，自此再无下落。

肖桂芳和其他几位战友靠吃草根维持生命。不久，他们碰上了姓白和姓张的两位老人。两位老人的儿子被马匪抓去，他们是到马家军找儿子的。红军战友们把肖桂芳、乔士贞等3个女红军交给白、张两位老人保护。两位老人家里很穷，不敢把红军领回家，就把她们安顿在平顺区（现小满乡）的庙里。张家有个三奶奶，每天背个背篓借口拾粪偷偷给肖桂芳她们送吃的。由于马匪到处抓红军，肖桂芳她们在庙里的泥神爷后面躲藏，不敢出来。庙旁有个窑洞，怕敌人到

肖桂芳

庙里搜查，肖桂芳她们就在庙和窑洞两处来回转移藏身。后来，乔士贞和另一个女战友都走了，肖桂芳留了下来。马匪的搜查一天比一天紧，肖桂芳就在一棵大榆树上躲命。一天，张家老人把肖桂芳交给了宋国玉、宋天绪父子保护。

宋国玉是当地的地主，有土地近百亩，家里雇用了几个长工种地。一个大庄子，厚实的大庄墙上又加了小墙，内有十几间房屋，都是宽廊雨檐，家里很富足。宋国玉娶了两房妻子都已先后去世，没有留下子嗣。第三房妻子马氏带了一个孩子过嫁，他又觉得是外姓，于是就过继了外甥宋天绪来顶门立户。宋天绪生于1902年，1930年娶于兰英为妻。夫妻已有两男一女三个孩子。

宋国玉家里有夹墙，房后有地窖，为了肖桂芳和他们一家人的安全，他告诫家人不能让外人知道家里藏了红军。他将肖桂芳藏在地窖里，宋国玉的妻子每天用缸子给把饭递进去，天寒地冻的时候，趁夜深人静时偷偷出来睡在宋家的热炕上。就这样藏了一年。一年后，宋国玉家里藏红军的事还是被民团团长唐文来发现，他们将肖桂芳抓走，宋国玉、宋天绪父子用40块大洋和一头黄犍牛，从民团那里买回了肖桂芳。

由于宋天绪是单传，又是过继来的，宋国玉想为宋家多留个后代，就让儿子宋天绪收肖桂芳做了小老婆。

宋天绪收留了红军，就被保甲长盯上了，国民党的狗腿子何二爷隔三差五来巡查，说他家收留了红军，何二爷来一回讹一回，宋家有钱给钱，没钱就将宋天绪抓去吊打。就这样，白、张、宋三家为救肖桂芳，家产都被马匪敲诈光了。

解放前，肖桂芳听到四川解放了，张掖解放也已临近，她不愿当地主婆，就与宋天绪脱离关系，领着与宋天绪所生的4个孩子另过，将孩子改姓了原在部队上的丈夫的张姓。宋天绪与于兰英一起生活。到种田时，宋天绪先种了自己的，再帮肖桂芳犁地种田。农闲时，他赶着毛驴到山里驮了煤炭、柴火到城里去卖，以赚几个小钱。

1951年，宋天绪响应国家抗美援朝的号召，将大儿子宋兴德送到了朝鲜战场。土地改革时，宋天绪家的房产都分给了穷人，留了3间供宋天绪一家住用。1952年父亲宋国玉去世后，宋天绪将母亲马氏赡养直到去世。

1959年，肖桂芳一家的生活非常艰辛，女儿张桂香19岁时因病饿而死。宋天绪帮肖桂芳盖了一间房，房里半间锅台半间炕。无材料做门，就用野地里铲来的刺扎门防狼虫。1974年元月，肖桂芳领到了红军流落人员证。1975年2月，肖桂芳去世，享年69岁。

肖桂芳(前排右)与红军姐妹蔡桂英(前排左)及子女们

“文化大革命”时，宋天绪被定为“四类分子”，游斗、挨打，还要到几里外的公社去打土坯、泥墙，进行义务劳动。

宋天绪是个有名的醋匠，他有一手做醋的好手艺，在有生之年，他一直给生产队酿醋，直到1984年去世，享年82岁。

（张东　王雷）

李逢溢
——一帧兰谱承载的情谊和历史

在我国的历史文化长河中，忠义演绎出的故事不绝于书。管鲍之交，管仲与鲍叔牙不以物移、坚贞真挚的情谊，让人油然而生“知己不易得”之叹；羊左之交，羊角哀与左伯桃为了对方舍命之交的行为，让人由衷崇尚“士为知己者死”的道义之交；桃园结义，三兄弟间誓死以共、不可背之的忠诚之举，让人顿生“两贤结情爱，骨肉何足云”的忠义之情。

李逢溢

“骨肉缘枝叶，结交亦相因。四海皆兄弟，谁为行路人？”文学作品中的故事诚然脍炙人口，但70多年前红军战士与张掖百姓缔结金兰，也许是旷世难逢的经典。在张掖市档案馆关于1958年保护红军有功人员的档案材料中，珍藏着一帧发黄的兰谱。它就是1937年红军战士杨春材与山丹农民李逢溢“两贤结情爱”的见证。兰谱内容为：

兰谱　1937年2月21日

兰谱为序

谚云谨古及今拔山盖世之雄□心秀口之士扬名古今流芳百纪莫不由孔孟之门弟交贯于俊杰救济于水火无炭之中结义在患难相逢古人成名继续以都皆由于处在乱世东闯西奔然后才能有社稷江山昔日桃园结义弟兄三人不求同生只求同死以后创成了古今芳名不朽

目前处于乱世纷纷国难当头弟兄二人有心千里相逢愿意效法古人结义于平坡自此结义以后患难相顾疾病相持一责皆赏一世难忘二伯之恩德得荣之日后再言报

弟兄之情不在今日以在归来但愿结义以后上天□□赐福月始□终决不食言特此为序

二人庚禄

杨春材四川人苍溪县住家保宁府永宁铺施添驿东街人全家七口人吃饭父母俱在一个妹一个哥一个伯父名杨洪林哥名杨春江弟名杨春发母姓张妹未出嫁父母年有四十八九了兄二十八岁弟十二岁杨春材二十二岁生于丙辰年六月二十一日巳时

李逢溢三十六岁生于壬寅年四月初二辰时

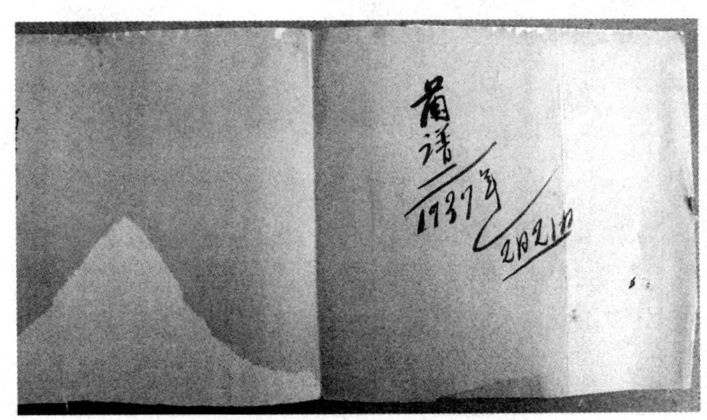

李逢溢与杨春材缔结金兰的兰谱

杨春材与李逢溢，他们不是侠肝义胆的英雄，而是两个素昧平生的陌路人，患难之中，他们意气相投，言行相依，就在那个早春季节，举酒结义，对天盟誓，彼此手足相顾，患难相扶。

杨春材，四川省苍溪县永宁铺施添驿（今四川省苍溪县永宁镇兰池村）人。1933 年参加红军，后随红四方面军西渡黄河，参加红西路军西征。李逢溢，生于 1902 年，山丹县农民。念过 4 年私塾，能识文断字，曾在民乐县四坝村跟本家曾祖父学习中医，几年后回到家乡山丹县汪庄村任家寨，为当地百姓治病。任家寨靠山，李逢溢就在山里开了个煤矿，叫平坡老窑，他一边为乡亲看病，一边管理煤窑，在当地算是小有名气和威望的人物。

1937 年 2 月的一天，李逢溢出外，身负重伤的杨春材在马家军的追捕下来到了平坡。李逢溢的父亲李兴业“为了使这个红军免遭马家军的残杀”，就将杨春材藏在自己家中，想让儿子李逢溢帮助他离开。李逢溢回家后，父亲对他说：“我虽给你留下了个红军，但现在马家人（马家军）势力很大，如果发生事情不但踢了家产，就连自己

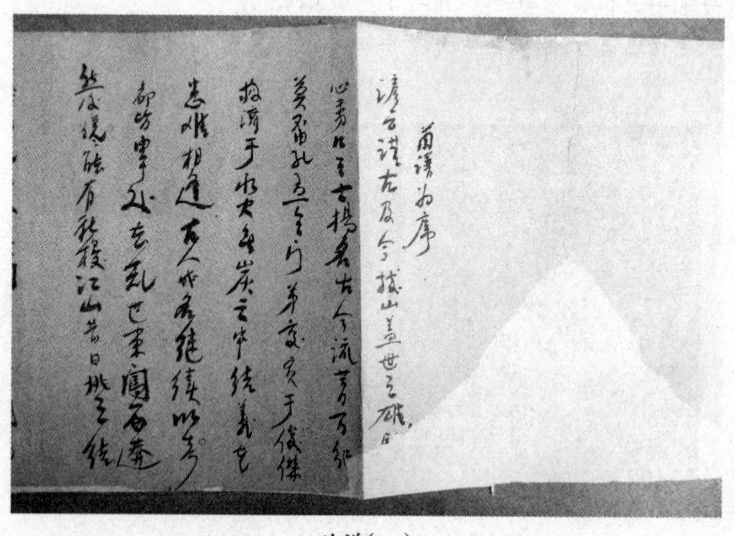

兰谱(一)

的性命也保不住,你若有胆量就把他留下！”出于对英雄的向往和对红军的仰慕，李逢溢冒险留下了杨春材，二人三言两语，便十分投机。

为了不让敌人发现杨春材，李逢溢先把杨春材藏在自家的后窑里,每天给他换药、清洗伤口。这期间,与大部队失散的红军战士三三两两路过平坡煤窑,李逢溢都拿出钱物接济。风声很快走漏,当地的敌保人员怀疑他家后窑里藏着“共产”,便来搜查。李逢溢机智地一面与敌保人员周旋，说红军早已走了，一面不顾敌保人员的威胁和恐吓，连夜把杨春材转移到另一个破窑洞里隐藏。安顿好杨春材后,李逢溢在家里摆上酒菜,请敌保人员前来吃喝,并有意把他们领到藏过杨春材的地方取酒,从而打消了敌人的怀疑。就这样,在李逢溢的救护下,杨春材脱离了危险,伤口也开始痊愈。

杨春材知道红军在张掖南乡建立了党的组织，就托李逢溢带着他的书信去寻找，由于红西路军的失败，建立在张掖南乡灰条沟的党组织也停止了活动,寻找未果。

在渴望施展抱负又独力难成的情况下，杨春材鼓动李逢溢“要

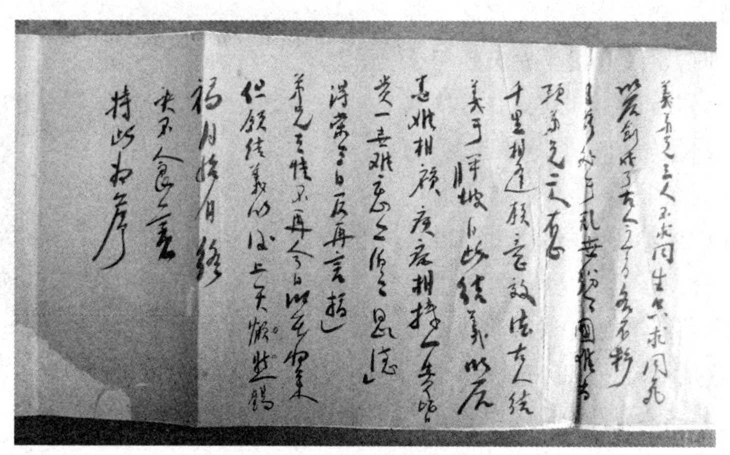

兰谱(二)

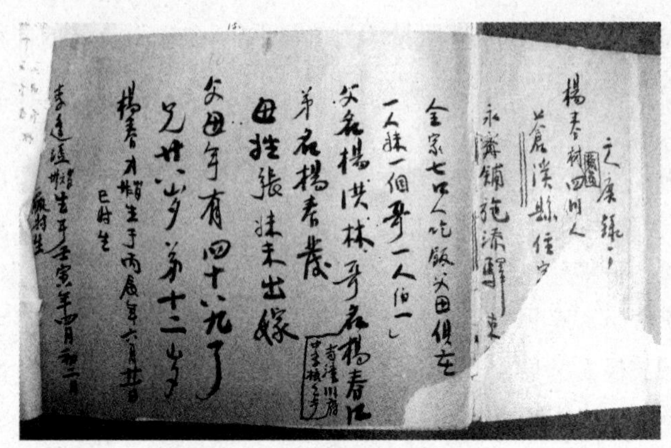

全家七口人吃飯，父母俱在

一人妹一個哥一人伯一

父名楊洪林，哥名楊春江

弟名楊春茂

母姓張 妹未出嫁

父母年有四十八九了

兄卅八岁 弟十二岁了

兰谱(三)

革命,革命成功后有希望”! 李逢溢感佩杨春材的救国救民之举,大有相见恨晚之意。患难之中,杨春材提笔挥毫写下“兰谱”与李逢溢缔结金兰,两人做了异姓兄弟。在他们相处的日子里,杨春材教李逢溢练书法,李逢溢教杨春材尝百草,寝则同床,情同兄弟。

1937 年 4 月,杨春材伤已痊愈,要去寻找红军部队。临走时,李逢溢给杨春材缝制了一套甘州老布棉衣,并送给他一顶毡帽和一个褐褡裢,把杨春材装扮成了一个地道的商人;还给杨春材备足了口粮,又资助了盘缠,李逢溢牵着毛驴,将杨春材送到新河驿长城口,看着他一路向东。几个月后,杨春材辗转回到了家乡,在苍溪县永宁铺学校任校长,

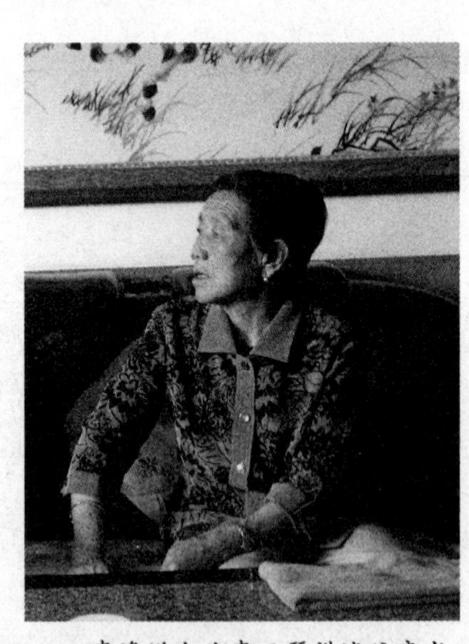

李逢溢女儿李玉琴讲述父亲当年救助红军的故事

至1952年病逝。

山丹解放后，李逢溢被人民政府委任为芦堡乡第一任乡长。1957年，芦堡乡撤销，李逢溢又重理旧业，在新开办的村卫生所当医生。1958年，在中共张掖地委召开的保护红军有功人员座谈会上，李逢溢受到了表彰。1966年，李逢溢去世，享年65岁。

拂去历史的尘埃，杨春材、李逢溢义兄弟在天下大乱的危急局势下，那种誓同生死、祸福同当的精神，教人每每追思仍热血沸腾！

一帧兰谱是轻薄的，但它承载的情谊和历史却是厚重的。

（王国华）

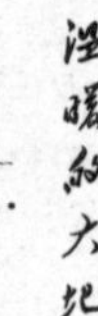

袁登福　陈治国

——两亲家义救红军

陈治国

1937年寒冬的一天，西风扬雪将山丹县袁登福家的破门刮开，抢门进来一个四川口音衣衫破烂的人！一看破烂不堪的穿戴和憔悴不堪的神情，袁登福断定这人是红军。袁登福，山丹县寺沟村人，生于1889年，世代为农。由于地少而瘠，生活十分贫困，家中夏天吃野菜，冬天也吃干野菜。夫妻共有6个孩子，大儿子和二儿子为躲避官府抓兵，常常翻山越岭，渡河涉水去给人当“沙娃”。一次官府来抓兵，三个儿子从墙根的狗洞里爬出逃到了山里，可袁登福和小儿子被捆绑至乡公所，横遭保甲长的毒打。为了维持家里的穷苦生活，妻子何新芳常年给人家做鞋纳底，洗锅抹灶。这次家里突然闯进一个红军，着实把袁登福吓了一跳。

闯进家门的红军叫马世良，1914年出生于四川省巴中县金山场（现玉山镇）一个贫苦农民家庭。1933年2月参加红军，被编入红三十军八十九师二六七团医务室当战士。1937年3月，在祁连山康隆寺的战斗中左脚中弹，因失血过多昏了过去，在死人堆里趴了3天，醒来后，因不能行走，无法寻找部队，就在山中躲了起来。后来，他千方百计避开马家军的搜捕，一路要饭向东而去。

马世良也是由于伤势折磨、辗转辛苦、饥饿煎熬得实在难以忍受，才推门进入这户人家讨口吃喝的。袁氏一家人十分善良实在，为他熬了一沙锅青稞面糊糊，他三口两咽便吃完了。由于家贫，袁登福怕留下个红军不仅会给自己惹来麻烦，而且自己也无力保住这个红军的性命。因为前几天他曾给3位骑着红鬃马、挎着盒子枪的红军带过路，随后，保长和狗腿子们就挨门逐户地警告过："谁看见红军要立即向保公所报告，要知情不报或窝藏红军，小心自己的狗头！"于是，袁登福想到了地主陈治国。

陈治国，1868年生于山丹县范家营村，由于祖上积淀丰厚，民国时期陈治国已经是范家营的首富。他心地善良，乐善好施。红军进驻河西之前，他已休养身心，不问农事和家事。但遇到左邻右舍、亲戚朋友来求接济，他常问问家计情况，借给斗粮升米。若有人在饭口来求，必予舍食。

陈治国是袁登福堂侄女的公公，两家也算是亲家。袁登福当时心里盘算，就凭着亲家这层关系，陈家或许会收留马世良，而且陈家是财大气粗的地主，有能力保护这个红军。于是就乘着大雪封门路上无人的空子，迎着风雪送马世良去找个"安稳地方"。袁登福把马世良送到了陈治国家。果然，曾经也是穷人的陈治国收留了马世良，并像亲孙子一样呵护他，与他同吃同住。马世良顺利养好了伤，就给陈家人放羊。

马世良

1939年，马世良在外放羊时被马家军抓获，押送到了张掖的大庙里，几天后乘机逃出，又到了山丹花寨子一家干活为生。不久，又被马家军从这家地窖中搜

马世良(二排左二)在流落红军座谈会上

出,关押到了张掖大衙门。当天晚上马世良逃脱出来,不敢再进人家,只好在四乡乞讨度日。

陈治国本想给马世良盖房置地,托人做媒寻媳妇,可是,1940年,72岁的陈治国突然去世,这个愿望落空。这年秋天,马世良隐姓埋名到南山药草洼背炭。直到1945年,才经人介绍娶了张掖县小满乡的女子顾秀英为妻,有了稳定的家。

张掖解放后,马世良被部队领导安排在张掖大衙门某部队机关担任保管员。1951年他加入了中国共产党。1952年,马世良退役到张掖长安乡参加农业生产,直到1971年去世,终年57岁。

曾经救过马世良的袁登福,由于解放前被韩起功和保甲长多次毒打,身体已经伤痕累累,加之一个儿子被山洪冲走,精神遭受了重大打击。1950年山丹刚解放,袁登福就去世了,终年61岁。

(袁学儒)

周丕国

——慈悲救难大仁大爱

周丕国

古今中外，那些载入史册的民族英雄的精神激荡着人们的心弦。而河西走廊焉支山下的中医周丕国虽是一个名不见经传的小人物，但他舍生忘死救助红军的故事，同样令人震撼感慨不已。

周丕国，1893 年生于山丹县霍城周庄村。父亲是一个朴实的农民，也是当地闻名的木匠。周丕国弟兄 3 人，哥哥周兴国爱好道学，是远近闻名的道人；弟弟周富国继承父业，学习木匠维持生计；而周丕国天资聪颖又酷爱读书，父亲让他读过几年私塾。成年娶妻黄氏后，便跟着行医的老岳父学中医。由于他勤奋好学，几年后便在家中设药铺悬壶济民。他不仅医术高明，还慷慨济困，在当地和邻近的民乐一带都颇有声望，看病的人络绎不绝，家境也逐渐殷实，到民国时期就已经是当地的富户。他还建起了一座占地 6 亩的大庄院，叔伯父母兄弟姐妹七八十口人都住在这个大庄院里。因周丕国在周家叔伯兄弟中排行第六，被晚辈们亲切地称为“周六爷”。

1936 年 11 月红西路军路过山丹霍城时，正值天寒地冻。一天夜里，20 名穿着单衣薄衫、疲倦至极的红军来到周丕国家，周丕国冒着被马匪军搜捕的危险，将这 20 名红军留宿自己家中，第二天早晨饭后才将他们送走。

几天后，又有一批红军路过，其中有一个小红军因手脚冻肿行走困难掉了队，被追杀红军路过的马匪发现，当时就要杀害。霍城杨家庄老人杨秀清看到还是个孩子的小红军，不顾危险扑了过去，再三向马敌磕头求饶，才救下了这个小红军的性命。而这个小红军身上穿的衣服和随身带的一把剃头刀却被马匪搜身时抢去。

这个小红军名叫唐金云，男，生于 1921 年，四川人，随红四方面军渡河西征，在部队中担任理发员，掉队流落时仅有 15 岁。

周丕国看唐金云手脚冻肿不能继续行走，加之马匪军当时大肆搜查，全村人谁都不敢收留。周丕国冒着牺牲一家人性命的危险主动把唐金云领回自己家里，并让他吃完饭后和他一起睡在热炕上。

一冷一热，唐金云冻肿的手脚全都溃烂了，痛得不能起身。周丕国就用自己掌握的治疗冻伤的土办法，用冬青草和热牛粪给他治疗。期间马匪军不间断地路过或搜查，为了防止发生意外，白天周丕国把唐金云背到旮旯拐角里，晚上又背来睡在他家。

在周庄村周丕国家属于当地的大户人家，大庄院分前院和后院，前院住人，后院饲养牲畜、贮存杂物，院中挖有一个冬天储藏蔬菜的大地窖。晚上只要稍有动静，周丕国就赶紧把唐金云送到地窖里躲起来，同时尽自己最大的努力给唐金云最好的照顾。就这样，经过周丕国一段时期的精心治疗，唐金云手脚痊愈。能够行走时，唐金云便向周丕国提出自己出去挣饭吃的想法，周丕国考虑再三后，同意让唐金云出去闯闯。他送给唐金云一件御寒的皮袄，并再三嘱咐唐金云："只要遇到难事就来找我！"

唐金云就走乡串户为村上群众剃头换取一点食物，很受群众欢迎。马匪军一次次清乡，唐金云在群众的掩护下一次次脱险。就这样，唐金云在当地度过了一个夏天。那年秋天，国民党山丹县县长王正刚到霍城视察，发现唐金云聪明能干，就领去当了自己的勤务兵。后来唐金云到兰州当了兵，还给周丕国来信表示感谢。

山丹解放后，周丕国被推荐任当了山丹县供销社主任，创办了供销合作社，活跃了当地的商业。1956年公私合营时，山丹县城以广泰堂为主的几家药店联合成立了医药公司，周丕国任公司经理。他在几年内使公司业务大有起色，为全县的药材收购和全县的药品提供了充足的供应。

1958年，在张掖专署召开的保护红军有功人员座谈会上，周丕国因保护红军受到表彰。1960年，年过花甲的周丕国告老还乡。1961年在村委会的支持下，周丕国又利用自家的中药柜等设备，在霍城周庄村办了一所保健站，并请已退休医生常吉为主治医生。因为周丕国熟悉各种药的药性，并懂得炮制，看病的群众络绎不绝，群众说："同样的药单，抓周六爷炮制的药就是好。"每到夏秋，他都亲自采集地方中药材20多种，以低廉的价格为村民治病，在当地群众中留下很好的口碑。1969年，周丕国去世，享年76岁。

2011年10月，当笔者走入周丕国的孙子周成元家时，当年的大庄院已经找不到过去的一丝痕迹，而周家营救红西路军的事迹，无论是老人还是青年，都会坐下来讲述那么一段。而说得最多的，便是周丕国因为营救红军而戴了大红花，也许这就是对无私奉献的大爱的最好诠释吧！

（周　葵）

孙振铎

——乡绅的善举

孙振铎

1937年3月，祁连山脚下的民乐县韩家营子依然寒风料峭。孙家门外来了几个穿着单薄、面黄肌瘦的外地口音的要饭人。主人让雇工送吃的给这些人，这些人见孙家没有恶意，便连续几天来这里要饭吃，而且要饭的人越来越多。这些人就是红西路军失散人员，这家主人就是时任民乐县沐化区区长孙振铎。

孙振铎，1891年生于民乐韩家营子。其父是清朝的贡生，人称“孙贡爷”。由于祖上家底厚实，到了他父亲时已经是远近闻名的富户。孙贡爷知书达理，让孙振铎弟兄3人都读过私塾进过学堂，哥哥孙振声毕业于北京政法大学，民国时期做了山丹县法院院长；孙振铎当上了民乐县沐化区区长，弟弟孙振和毕业于黄埔军校，抗日时期他负责中转从苏联经新疆转运的援助物资，在地方上影响很大。孙家弟兄勤勉敬业，家道兴盛。在民乐、山丹、甘州都有孙家的房产和商铺、字号。孙家弟兄都富有正气，不怕邪恶。而且结交广泛，来往结交的有许多上层人士，孙振铎与民乐县县长江树春就是莫逆之交。

红西路军在高台、临泽血战之后，河西家家户户都知道了红军。看见这些枯瘦如柴的可怜人，孙振铎就让人拿来吃的喝的给他们。若有人请求留下来干活糊口度日，孙振铎也毫不犹豫，冒着全家被杀头的危险留下他们。有几名负伤难行的红西路军战士，就留下来先在孙家干活、吃饭，跟长工住在一起，待日后再想办法。

当时马家军和地方武装民团、保甲人员正在对流落失散的红西路军伤病员、指战员进行疯狂的搜捕和残杀，孙振铎知道，在这样的危难时刻，如果没有人救助，这些人要活下去是很难的。

孙振铎救助红军不仅是因为他人品好，常行善积德，更是因为马家军让他蒙受了奇耻大辱。他与小太太成婚不久，几个马匪兵来到他家，见到小太太长得漂亮就兽性大发，当着孙振铎的面扒光他小太太的衣服，强行奸污。这给孙振铎心里留下无法愈合的伤痛，也让孙振铎羞恨终生。

在他眼里，共产党和国民党虽然都是中国人，却是人与兽的区别。马匪敲诈掠夺、无恶不作，就连他这个区长也不放过。可是红军却秋毫无犯。所以，他愿意尽全力帮助红军战士。

孙振铎（右）与孙振和（左）、孙振声（中）

张萍

一天，本村农民葛连春来央求孙振铎，说有一名叫张保政的红西路军战士在他家隐藏已经好几天了，因他家生活困难，没办法再隐藏下去。他说孙振铎是区长，又是地方上的绅士，收留红军一般人不敢向马家军告密，请孙振铎收留救助。孙振铎就以“我家要一个雇工”的理由收留了张保政。

孙振铎家收留了张保政、陈玉莲、王根才等几名红西路军战士，把他们都化装成本地的老百姓，掩护下来。时间久了，他觉得张保政不像是一名普通的战士。1937 年 6 月，民乐县县长江树春到马蹄寺悬匾还愿时住宿孙振铎家，经过一番推心置腹的谈话，孙振铎将张保政介绍给这位江县长当了警卫员，江县长也心照不宣。同年 7 月，江树春离开民乐到靖远任职，把张保政带到了兰州。

张保政本名张萍，安徽霍山人，生于 1914 年，1932 年参加红军，后任红西路军三十军侦察参谋。1937 年 3 月从三道柳沟向梨园口撤退时因头部和腿部受伤被俘。先被关押在张掖北门外的一个骆驼圈里，后与 12 名被俘红军战士抬着马匪一名重病的旅长去青海西宁。途经民乐张满村时，借天黑解手之机乘敌不注意时顺沟逃脱。后经葛连春、孙振铎、江树春等人的搭救，找到了兰州八路军办事处，在那里当联络员。1938 年赴延安，解放后任兰州民航管理局副局长，1998 年去世，享年 83 岁。

王更才

张萍是幸运的，死里逃生后，到兰

州的当天下午就碰见了在三十军当过文书的况步才，况步才将张萍带到八路军办事处，在那里张萍向党代表谢觉哉、处长彭加伦汇报了他被俘、逃跑又被救的情况，他们认为孙振铎同情革命是可以信任的。就电告高金城与孙振铎联系，继续寻找救助失散的红西路军战士。

陈玉莲

1937 年 8 月，张掖福音堂医院的高金城与孙振铎取得了联系。不久，孙振铎家来了两个骑马的人，他们正是张掖福音堂医院的王定国和陈广志，是来这里以采药治病为名与孙振铎联系的。

孙振铎见多识广，学养丰富，尤其精通医学。因此，他家来几个采药治病的人是很自然的事。在孙家，王定国秘密拿出高金城写给孙振铎先生的信和彭加伦处长的电报，要他协助高金城做营救、收容红军的工作。

孙振铎让王定国、陈广志跟自己家里的人吃住在一起，孙振铎全力协助王定国、陈广志，每天以采药看病为名在南山一带寻找收容失散的红西路军战士。孙振铎家的地窖、夹墙都成了红军的藏身之处。他们在祁连山一带的花寨子、南古城、马蹄寺、李家沟等地散发上面印有“八路军兰州办事处的地址：南滩街 54 号”的传单。很多失散流落的红军听到这个消息后从祁连山上下来找他们，有的找到福音堂，有的去了“八路军驻兰州办事处”。

孙振铎先生不畏马匪军和地方兵团的淫威强暴，掩护和营救红西路军伤病、失散人员。从开始的个人同情到与共产党组织联系，他的思想发生了根本的变化。为了救助红军，孙振铎卖了自己在甘州南城巷的车马店，为红军治病疗伤、提供粮食和资助，为党和人民保

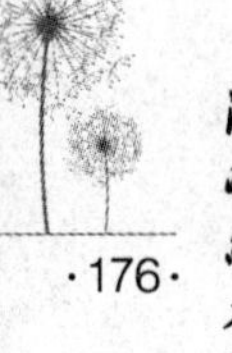

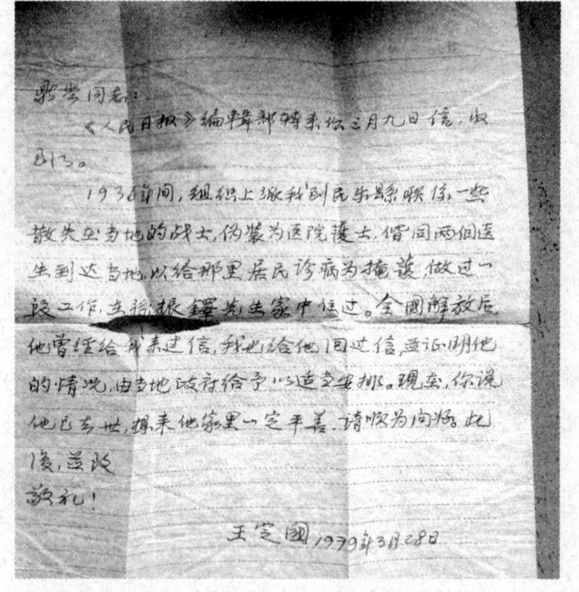

鼎岳同志：

《人民日报》编辑部转来你三月九日信，收到了。

1936年间，组织上派我到民乐县联系一些散失在当地的战士，伪装为医院护士，偕同两个医生到达当地，以给那里居民诊病为掩护，做过一段工作，在孙振铎先生家中住过。全国解放后他曾经给我来过信，我也给他回过信，并证明他的情况，由当地政府给予以适当安排。现在，你说他已去世，想来他家里一定平善，请你为问候。此复，并致

敬礼！

王定国 1979年3月28日

王定国给孙振铎的儿子孙鼎岳的信

护了一批革命财富，在当地拥有很高的威望。在他的掩护救助下，女红军陈玉莲做了孙振铎本家侄子媳妇，在民乐韩家营子定居，红军王根才在民乐新天王庄落户。

解放后，党和人民没有忘记孙振铎的贡献。解放初期，王定国同志写信给孙振铎先生，追述这段历史情况时说：“一九三七年，我与陈先生由张掖福音堂高金城处到你那里，确实得到你不少帮助，直到今天我还记得，想起来很感激你。”1955年6月15日，王定国同志的来信中又说：“过去你帮助过革命，这是无疑的，你是光荣的。”

孙振铎先生因保护红军有功，1951年土改时被定为开明绅士。1952年当选为县各界人民代表大会代表。1964年10月，孙振铎在民乐韩家营子去世，享年73岁。

孙振铎救助红军的善举受到了民乐人民的爱戴。

（姚天涛）

李宗先　李孝先　李吉先　李荣先

——四兄弟联手救红军

1937 年 5 月，民乐县洣化乡山寨村 25 岁的农民李宗先到小堵麻山里背木头,在八台山遇到了一个衣着破烂、面黄肌瘦,不像本地人的小青年在地里挖着吃草根,他便主动上前搭话。经了解,这是一名流散红军,名叫有娃子,大名叫丏有安,12 岁,梨园口作战失利后与部队失散，已在山中躲藏了多日。李宗先回家后向父母详细说了他所看到的情况，并打算将这个红军娃领回家里。

李荣先与妻子杨月珍

李宗先生于 1912 年，父亲李成和与母亲何氏都是穷苦出身的农民,家中本不富裕,李宗先与妻子康美林已经有了一个孩子。上有老下有小的一家 5 口人，全靠家中的 3 亩水地和李宗先走村串户给人制箩的手艺维持生活，日子过得平平淡淡。但他们对落难之人非常同情,父母答应了儿子的想法。几天后，李宗先就将丏有安领到了自己家中。为了掩人耳目,母

李孝先

亲何氏用当地的土布给丏有安缝了布衫子和裤子，并做了一双新鞋，将丏有安的破烂衣服彻底换掉，在李宗先的家中掩藏了下来。

不几天，又有两个红军战士来到了李宗先家，丏有安看自己有了落脚之地，这两个弟兄还漂泊不定，就向李宗先请求："哥哥，这两个小兄弟和我是一块儿的，求你把他们留下，也给找个人家吧！"李宗先的一个小家庭，一时无法收留掩藏3个红军，加之马家军搜查正严。为了保全这几个红军的性命，李宗先就将一个名叫傅永选的红军交给李孝先，将一个叫王文清的红军交给李吉先，他们3人分开收养。

李孝先和李吉先都是李宗先同族的哥哥，都是靠几亩山地和到山里给别人背木头维生的贫苦农民。虽不是一奶同胞的亲兄弟，但他们身上却都闪烁着人性的光辉。当李宗先把落难的红军交给他们时，他们都尽了自己最大的力量掩护、照料流落红军。由于几个小红军的脚都已冻伤，为使他们早日恢复健康，李家兄弟四方奔波，寻医采药，在他们的精心治疗下，红军战士的脚伤很快好了，身体也渐渐恢复了。为了不引起别人的怀疑，李宗先给丏有安教制箩的手艺，别人问起，李宗先就说这是新收的徒弟。王文清和傅永选则到山里放牲口。

王文清

1937年9月，马匪和保甲长搜捕流散红军，李宗先就将3个红军藏在山里的窑洞内，他们弟兄几人天天轮流送饭。小红军王文清怕事情败露连累李家兄弟，就执意外行。李宗先的堂兄李荣先知道后，又主动将王文清收留。

李吉先和妻子张玉清

李荣先也是李宗先同族的哥哥，时年已57岁。李荣先上过私塾，有文化，是当地的医生，在地方上威望很高。其妻杨月珍是当地的"接生婆"，给谁家接生了孩子，总有几个面桃、二尺红布的答谢，因此，李荣先家中的条件要比其他几个弟兄好一些。李荣先让王文清住在了自己家里，农忙时帮他家干点农活，农闲时，王文清就利用从邵家河湾学来的织褐手艺，帮人织点毛褐。有马敌搜查时，李荣先的妻子杨月珍就把王文清藏在自己的陪嫁柜里。

不久，李家兄弟掩藏红军的事被在马匪军里当过兵的刘炳清知道了，刘炳清为请功领赏，敲诈李家兄弟，便向马匪告了密。马匪把李宗先、李孝先、李荣先弟兄3人抓走，要他们交出收留的共产党，把李宗先吊起来毒打，但他始终未吐露真情。为救他们弟兄3人，李家只得请绅士说情，说情无用，只得每人花去白洋50元。李宗先家中困难，便将3亩水地出卖，才将50元白洋还清。

1938年6月，刘炳清知道红军还在李家，就再次领马匪前来勒索，并且向他们要枪，李宗先把3个红军送到小堵麻山里躲避，而李家弟兄3人，每人又被敲诈去白洋4块，土布两匹。这一年，李宗先的父亲李成和与母亲何氏，因受儿子被毒打和家中被敲诈的打击而相继去世，李宗先的家已经彻底破落。

1939年3月，又由李家沟藏民张仁和地痞李葡萄（绰号）带领马匪前来李宗先家搜捕红军，李宗先听到消息后，即刻给3个红军装

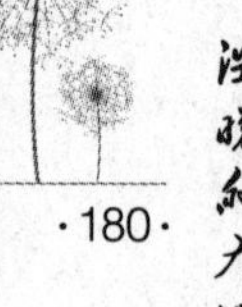

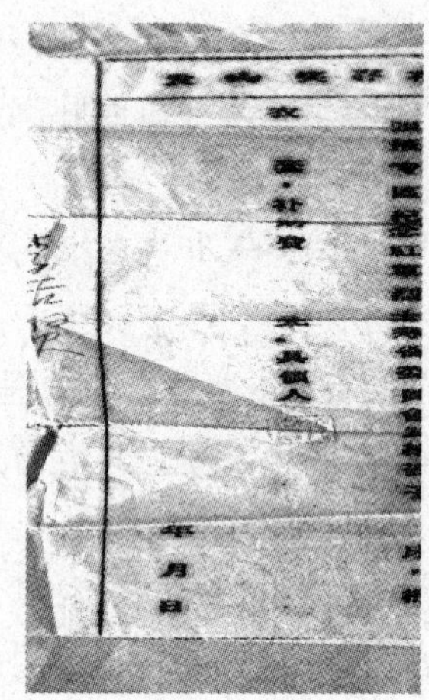

李吉先当年领奖的领条存根

上食物和面粉，送到山里去躲藏。不幸的是，他们在半路遇上马匪而被抓捕，被拴在马上拉到保公所里审问。李宗先弟兄3人逃在外面躲藏了七八天，马匪将3个红军送给众人，并向众人要李家兄弟，李家兄弟没有办法只得回来，再求人说情。最后给了马匪两头牛、两头毛驴、9只鸡、4匹土布、9斗大豆，兄弟3人还每人花了白洋80元才算了事。

马匪的多次敲诈，使李家兄弟债台高筑，为了还债，李家兄弟给地主打短工、扛长工。李宗先将自家仅有的两间房子变卖，彻底成了上无片瓦、下无寸土、身无分文的穷光蛋，只能靠给别人扛长工才还清了借下的80元白洋。

3个小红军终未逃出魔掌，都被马家军抓走。后来，傅永选和王文清逃了出来，又来到李家，丏有安下落不明。李宗先送给傅永选制

李荣先家当年藏过王文清的木柜

作箩儿的一套工具，傅永选以制箩手艺为掩护，最后回了老家，王文清又来到了李荣先家里。一次，马匪来搜查红军，李荣先的妻子杨月珍把王文清藏到了柜里，可是，自己才十几岁的儿子却被马匪抓走。李荣先只得请地方士绅孙振铎出面，才花钱赎回了自己的儿子。民乐解放前，李荣先帮助王文清以招女婿的身份与山寨村下李家的李孝芸结婚成家定居。土地改革时，王文清分得了土地，在山寨村务农。王文清一直把李家兄弟当祖宗一样看待，直到他 1984 年病故。

1939 年底，为了糊口，李宗先在张掖城摆摊卖牛杂碎，在街上偶然发现丏有安给马家军赶大车，李宗先问丏有安为什么不跑？丏有安说："等咱们的队伍过来就跑！"临别时丏有安送给李宗先两件衣服和一个水壶做纪念。兰州解放后，李宗先收到了丏有安的来信，说"我已回归部队，继续革命，在人民解放军驻宁夏部队里任职"。

民乐解放后，李家弟兄分得了土地、房屋，结束了给人打短工、扛长工的历史。

王文清一家

1958 年 9 月，李家弟兄由于当年救红军有功，民乐县人民政府奖给李宗先弟兄 3 人锦旗一面，奖给李宗先棉衣一套，床单一条，奖给李吉先蓝、白布各 16 尺，还有毛巾两条、袜子两双。

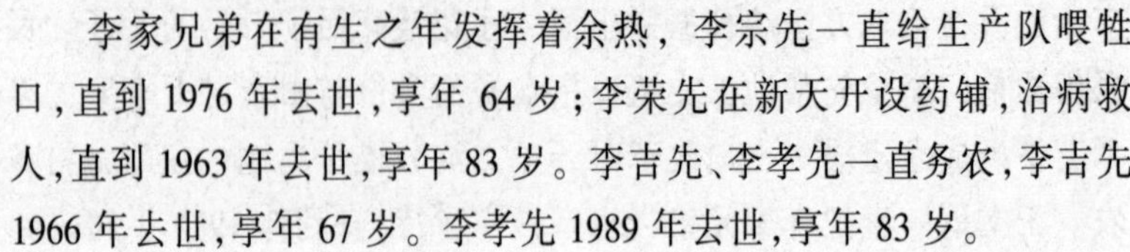

李家兄弟在有生之年发挥着余热，李宗先一直给生产队喂牲口，直到 1976 年去世，享年 64 岁；李荣先在新天开设药铺，治病救人，直到 1963 年去世，享年 83 岁。李吉先、李孝先一直务农，李吉先 1966 年去世，享年 67 岁。李孝先 1989 年去世，享年 83 岁。

（王国华）

王之臣
——镌刻在墓碑上的故事

在民乐县顺化乡曹营村的王氏墓地上，葬着一位普通的老人，老人的墓碑上刻着这样几行字:“故公生于一八八三年,卒于一九五四年十月初四日；故公乐善好义勇于助人，于一九三七年四月营救红军将士贺主成、林春芳等七人,掩藏于臭泉沟窑洞内养伤十五天,慷慨解囊相助指路东返;略纪其事,高风亮节以昭子孙。”这位老人就是冒死救助过红军的王之臣。

王之臣夫妇

2011 年 5 月 10 日,笔者专程前往曹营进行了访问。王之臣老人虽已故去半个多世纪,但他的女儿——年逾九旬的王金莲,给我们讲述了她与父亲一起救助红军的故事。

1937 年，红西路军失败后，马家军疯狂搜捕红军，残害救助红军的百姓，许多百姓对流落红军都爱莫能助。而王之臣之所以倾

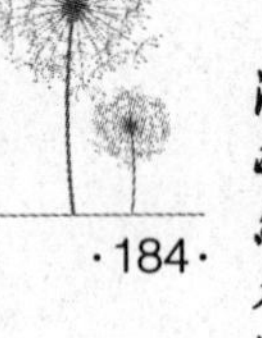

其所有冒死为饥饿疲惫的红军解危济困，是因为受马家军迫害太深。王之臣生于1883年，由于从父亲王耀新开始就置房置地，到民国时期已是当地有名的富户，土地几百亩，房子七八院，磨坊、碾坊、油坊、醋坊俱有，还开了个当铺。人富了，就会被人眼红嫉妒。当地人不嫉妒，是因为王之臣和父亲王耀新都是大善人，穷人借粮能还则还，实在还不起的王家也从不逼债，父子俩在当地威信很高。可是，他的万贯家财却常常被马家军"惦记"着。王金莲清楚地记得："民国十七年，马家军来要钱，正好我爹外出，他们把我爷爷王耀新和我大爹王尽臣绑住，全身缠上布泼上油点火烧。爷爷因置地置房花完了钱，马家军没要上钱，就把我大爹活活烧死，临走时还把爷爷头上砍了一刀，骂着'老贼，舍命不舍财！'我们进屋看爷爷头上的血还在冒。"

马家军来抢来烧不是头一回，但烧死哥哥王尽臣，砍伤父亲王耀新，这仇恨王之臣刻骨铭心已经10年。

1937年4月的一天夜里，红军林春芳等人来到民乐县靠山根的王家大庄。王家大庄正是王之臣离村子很远的一个庄子，当年已经16岁的王金莲记住了那夜发生的一切："那天夜里，下着大雪，狗叫得很厉害，我们以为马家军又来了，我父亲上到房上看外面有人，问什么人？他们说是红军，开门进来，一共7个人，还有一个女的。他们衣服很单，手脚都冻伤了，但是很谦恭。我父亲架火让他们烤，我和母亲赶紧烧水给做饭。"来人正是林春芳等人。

当年为红军送饭的王之臣女儿王金莲

林春芳，1913年出生于河南新县卡房乡居畈村一个农民家庭，少年时就接受了进步思想，和群众一起参加打土豪分田地的斗争。1931

年 1 月参加中国工农红军，1932 年 10 月随红四方面军主力进入川陕革命根据地，1934 年加入中国共产主义青年团，翌年 2 月转为中国共产党党员。1936 年 11 月任红西路军三十军医生，并随西路军西进作战。

红西路军石窝分兵后，林春芳被编到左支队，随李先念西行。后为了缩小目标，组织上决定分散行动，临时组织了一支 30 多人的小分队，由八十八师师长熊厚发负责军事，林春芳负责卫生医疗工作，要他们向东寻找河东红军。他们在祁连山里迂回一个月后，大家商量再次分散行动，在东进途中林春芳一行 7 人来到王之臣家乞食投宿。

林春芳一行当晚住在王之臣家中，想在这里恢复一下体力后继续东行。王金莲记得："爹还给红军专门杀了一头猪。那天爹和红军在庄子里宣（聊）了一夜，天快亮了才送到山上的窑洞里。爹说了马家军烧死我大爹的事，红军和爹手拍上，输赢都打下了，说迟早要回来给爹报仇哩！"为了防止被敌人发现以招致不测，次日天还没亮，王之臣装上炒面和青稞面干粮，将林春芳他们送到离村子 3 里地的

曹营的王家大庄子旧址

臭泉沟的窑洞里。

臭泉沟是山下一条很清澈的水沟，沟旁有王之臣的一个庄子。王之臣地多牛羊也多，为了放牧和耕种山地的方便，他在那里依山打了庄子，山下挖了几孔窑洞，窑洞围在庄子里，庄子里圈牛羊，窑洞住人。

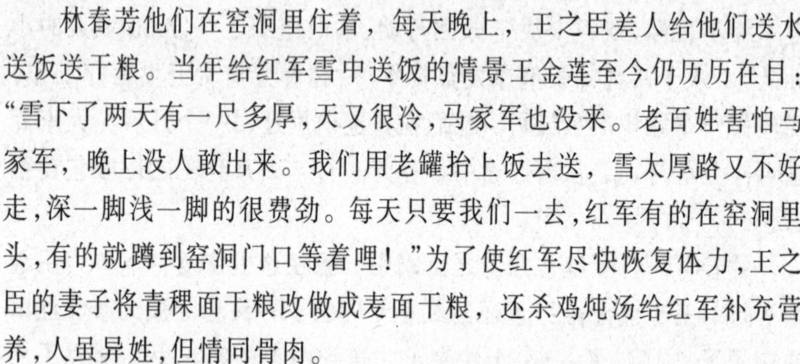

林春芳他们在窑洞里住着，每天晚上，王之臣差人给他们送水送饭送干粮。当年给红军雪中送饭的情景王金莲至今仍历历在目："雪下了两天有一尺多厚，天又很冷，马家军也没来。老百姓害怕马家军，晚上没人敢出来。我们用老罐抬上饭去送，雪太厚路又不好走，深一脚浅一脚的很费劲。每天只要我们一去，红军有的在窑洞里头，有的就蹲到窑洞门口等着哩！"为了使红军尽快恢复体力，王之臣的妻子将青稞面干粮改做成麦面干粮，还杀鸡炖汤给红军补充营养，人虽异姓，但情同骨肉。

就这样，林春芳等人在王之臣冒着杀头危险的掩护下，在窑洞里住了十几天。在这期间，马家军两次到村里搜查红军，保长、甲长、民团也纷纷出动驻村骚扰。为了不连累王之臣，林春芳他们决定转移。临走时，王之臣给他们带足了干粮和炒面，并嘱咐了他们行走的

林春芳与妻子

路线和马家军驻地的岗哨情况。

王之臣出于对马家军的痛恨和对红军的爱戴，给了林春芳等7名落难红军力所能及的掩护和接济，使他们绝处逢生，林春芳等人感激涕零，并留下字书以志不忘。

离开王之臣家，林春芳他们向东行进。一天，敌人沿着他们在雪地里留下的脚印追赶过来，他们被抓捕，押到凉州第二监狱。后经党中央营救，于1937年12月回到延安。

1949年9月，已经担任西北军区卫生部第四后方医院副院长的林春芳随中国人民解放军第一野战军第一兵团解放民乐。进驻民乐后，林春芳即向房东赵文明打问到了王之臣，想和王之臣见面叙旧谈心，以表肺腑之言。但因军务在身无法离开，就写了个条子托赵文明从速交给王之臣。王之臣接到林春芳的条子，连夜赶到民乐县城找林春芳。可是，军情有变，林春芳已于凌晨4点就向张掖出发了。王之臣得知部队当天要在民乐五坝宿营，就骑着毛驴赶到五坝与林春芳见面。12年后再重逢，不是亲人胜似亲人，林春芳向部队首长报告了实情，并让司务长准备饭菜招待了王之臣。那天夜里，林春芳和王之臣睡在老乡家的热炕上畅谈了一夜。次日，部队奉命向张掖挺进，为酬谢王之臣的救命之恩，林春芳把自己的坐骑——一匹青骟马送给了王之臣。

当年为红军送饭的王之臣女儿王金莲

那年中秋节，部队驻扎在张掖，王之臣让大儿子王得志带着家乡的月饼和土特产专程到张掖看望林春芳，他们一同赏月、谈天。王得志离开时，林春芳送给他一套衣服和鞋袜，还给王之臣带了两条纸烟。

不久，林春芳离开张掖去了兰

王之臣的墓碑

州，部队进行整训，准备开赴朝鲜战场。1949 年 10 月 28 日，林春芳给赵文明来信，信中要他转告王之臣，说“我现住兰州市航空司令部，他儿子要到我处工作，来时可找我好了。最好十一月来。”王之臣没有回音，林春芳也随部队赴朝参战，从此再无联系。1954 年，王之臣去世，享年 71 岁。

抗美援朝结束后，林春芳先后担任东北军区后勤部卫生部第二十六陆军医院副院长，东北军区第一陆军医院院长，沈阳军区总医院第一副院长，沈阳军区后勤部卫生部副部长等职，1993 年 12 月在沈阳逝世，享年 81 岁。

70 多年过去了，那段往事虽然已经沉淀在岁月里，但在王之臣老人的墓碑上却镌刻成了永恒。

（王国华）

田明安

——超越亲情的人性风骨

1939年夏天，居住在民乐县洪水城东门外的小商人田明安听说教场那里打死人了，里三层外三层围了好多观看的人。田明安也走了过去，只见在烈日炎炎下，一个全身伤口长满蛆虫、爬满苍蝇的人躺在地上一动不动。

这人叫向如沛，1914年出生在四川省苍溪县。1933年加入中国工农红军，先后在红四方面军政治部、红三十军八十九师二六七团三营七连当传令兵，任过班长、排长。1936年10月随红四方面军征战河西走廊，1937年3月部队在康隆寺一带战斗失败后，向如沛被俘，被关押在张掖南关的车马店里。

田明安

车马店里天天都有大批的战友被抓捕进来，每天晚上又有不少的战友拉出去被刀砍、活埋，气氛恐怖至极。向如沛每天趴在一个破旧的风箱下面，躲过暗无天日的8天后，向如

田滋发

沛和未遭杀害的其他被俘战士被编成组，8 人一组抬着马匪军的伤员从张掖往西宁行进。

在路经民乐县三堡村时正值夜晚，住在一位老百姓家里，这家老人看到向如沛年小体弱十分可怜，当他看到没有看押的马匪兵时，就把向如沛推进了自家的草房，埋在麦草里，让他不要动弹，不能露头，随后将草房门锁上。马家军发现丢了人，就用刺刀在草堆里乱戳了一顿也没找见。过了一天一夜，马匪军走了，老人端来一盆小米面条，向如沛感动得泪流满面，一口气吃了个精光。他觉得那是很久以来吃的最香、最饱的一顿饭。老人不敢留他，趁着夜黑，老人让他的大儿子把向如沛送到离家较远的下天乐一带，从此，向如沛就过上了乞讨的生活。

1937 年 4 月，向如沛讨饭到民乐县新庄村，正赶上村子里筹备修建学校、庙宇。在那里，一位老人共收留下 12 个流散的红西路军战士做零活糊口。由于他们是外地口音，说话时被一个马匪逃兵发现，就叫来保甲长押送他们去洪水县城。行至海潮坝时，大家齐心上前拉的拉、抬的抬，把那个马匪逃兵拖到河坝里用石头砸死了。这以后，他们怕给老百姓带来麻烦，便分散活动了。

就这样一路乞讨、东躲西藏的过了两年。1939 年 5 月，本以为马匪军搜抓红军伤病员和失散人员的风声不紧了，向如沛便讨饭来到洪水城。可是因不是本地口音，很快就被驻民乐县城的中央军抓住，要他交出一马一长枪一刀一短枪。向如沛没有这些东西，就被圈在营房里。一天晚上，乘着看管不严，向如沛又逃了出来。可是在顺化曹营讨饭时，向如沛不幸又被中央军抓捕，押回县城逼问其他红军的下落，向如沛死也不肯说实情。中央军 20 多人把他围起来，用乱棍轮流打他，直至被打得昏死过去。敌人将向如沛拖到县城的北教场，扒光衣服，又残忍地割去了他的左耳朵后扬长而去。

田桂芳

附近善良的百姓见匪军走了，便围上来观看。只见向如沛的腿上、屁股上的肉全烂了，头发里都是蛆。“毕竟是一条命呀！”看向如沛还有一口气，田明安老人心里很同情，等到天黑下来，他便返回家中，叫上自己的儿子田滋发和女儿田桂芳，再次来到北教场。

田明安，四川人，生于1888年。年轻时来到民乐，靠挑货郎担维持生计。妻子是民乐县东乐村谢氏人家的女儿，人称“田嫂子”。田明安在家门前摆个干果摊，有时也到各村寨去送些针线、布匹、鞋帽等挣钱养家。家中只有几间民房，儿子已经16岁，女儿也已14岁，家境并不宽裕，但还有些存粮。他曾为洪水城的粮仓收过粮食，每年交公粮的时候他负责用斗过量百姓交来的粮食，常常不小心将斗里的粮食洒在地上。等收工后，负责粮仓的人就让他把这些洒在地上的粮食收起来算做他的工钱。他想虽然没有工钱却有粮食，这样干了三四年，家里有些存粮的时候他又去做生意了。没有工钱却有一些扫下的粮食，比其他农民多几口吃的。

田明安与儿子田滋发先将赤身裸体、浑身是伤的向如沛抬到了洪水城南角的土地庙里。土地庙比较僻静，许多地方已经坍塌，废弃多年无人进出。虽没有门窗，却可以避风遮雨。他们在地上铺上干草让向如沛暂时安身。以后，田家的人每天为他治伤换药、送水送饭，为他找来衣服，把他打扮成本地人。慢慢地，向如沛的伤口开始愈合了，他也可以走动了。时间长了，田明安总觉东躲西藏的还是太危险，就让他到山里装哑巴挖煤。向如沛不敢与人接触，他住在窑洞

向如沛

里，铺些干草就是他的床，晒些野菜、蘑菇就是他的口粮。他没有忘记田明安家的救命之恩，有时悄悄地从山上下来给田明安家送些旱獭肉，来来往往相互之间更增加了一份感情。

田明安也常给他准备盐和衣服拿到山上去用，每次向如沛从山上下来就留他在家里住几天。田明安以出去做生意为名，经常让妻子做点干粮再由他偷偷给向如沛送去，因为有田明安的关照向如沛对生活有了信心，便把田明安当成了自己的亲人，田明安一家 4 口也不把向如沛当外人。不久，田明安把女儿田桂芳许配给向如沛，一起定居在洪水镇城关村。得到消息的马家军不依不饶，常常来田家讹东西，讹不到东西，就把田明安和田滋发捆去毒打。田明安把摆小摊挣的钱全给了马家军才保住了性命。

1952 年土地改革，政府把田明安和田滋发的土地分到离洪水城 3 里外的西烧房庄村，从此田明安和田滋发就在西烧房庄村定居。1957 年田明安去世，时年 80 岁。向如沛与妻子田桂芳在洪水街上以摆杂货小摊维持生活，直到 2002 年向如沛去世，享年 88 岁。

（邢剑丽）

周成文　周守先

——“还魂汤”救了红军命

周成文

1937年正月的一天，民乐县永固镇元墩子村18岁的牧羊娃周守先，背着粪筐在杨家楼庄子一带一边放羊一边拾粪。杨家楼庄子离村子较远，是半山半坡的牧地，附近的农民常把羊只赶到这里放牧。山下有几孔破窑洞，放羊人常常在这里躲避风雨。这天天气十分寒冷，周守先走进一孔窑洞内躲避风寒。刚进窑洞，他发现一个满身血迹的人躺在地上，好像还活着。他被吓了一跳，于是不顾一切地跑回家，把看到的事告诉了父亲周成文。

周成文是永固镇农民，生于1899年，自幼学习缝纫，成年后手艺精湛。他常年走村串户，靠给人缝制皮袄维持生计。因为他的好手艺，在十里八乡有很好的人缘。妻子何氏是民乐三堡人氏，嫁人周家后，勤俭持家，是一个地道的贤妻良母。她与周成文有五个儿子和一个女儿，周守先是他们的大儿子。由于周成文有裁缝手艺，一家八口人的日子比其他人家要好一点。

听完儿子周守先的一番话，周成文马上意识到此人十有八九是个红军，因为红军在高台、临泽血战的事他早听说了。他对周守先说："就是死了也要给口还魂汤啊，毕竟是一条人命！"他不让家里人声张，只让妻子何氏烧了一罐小米汤，带着周守先一起去了窑洞。

窑洞内的人名叫黄三明，四川省仪陇县兴隆塘葛家山人，1914年出生在一个贫苦农民家庭，1933年踏上了革命的征途，先后在仪陇县保卫局、通江总保卫局工作。1935年长征开始，他被归编于中国工农红军三十军，在二六四团一营参谋部当传令兵。长征到达通化时他被调到骑兵师当班长，1936年10月随红四方面军西征河西走廊。1937年1月红西路军骑兵师途经民乐县城时，为营救关押在洪水城内的被俘红军，夜间在攻城时黄三明右小腿被打断，撤退中，因他不能乘骑行军，部队暂时把黄三明寄放在民乐永固镇邓家庄的一个空场房内。场房的主人起初给他送过几天饭，但后来怕受连累再没来过。为防被人发现，黄三明又忍着疼痛爬到了这个窑洞里。由于行动不便，又没有吃喝，黄三明已经奄奄一息。

来到窑洞，周成文、周守先父子俩先给黄三明灌了些热米汤，气若游丝的黄三明身体渐渐温暖，意识也渐渐清楚起来，很感激眼前这父子俩救了他。周成文看着这个可怜的红军娃，心想：天寒地冻的，这样下去这个红军娃早晚性命不保。他想把他带回家，但又怕被人发现，为了避人耳目，等到天黑时，父子俩连背带拖把黄三明搬到了自己的家里。

周守先

到了家里，周成文发现黄三明的两手两脚已经冻伤，右小腿的枪伤正在感染化脓。周成文让黄三明睡在他家的热炕上，像对待自己的儿子一样，给黄三明端来热饭让他吃饱后，又用盐水清洗伤口。没有药,只能用土办法给他治枪伤和冻伤。周成文的妻子何氏天天看管着孩子,不让他们对外人说家里藏着伤员的事。

黄三明

当时马匪军搜查红西路军的风声很紧,周家怕被人发现,白天把黄三明藏在自家的草房中,有时也藏在板炕洞里;晚上再把他抬到自家的热炕上。每天晚上周家人都给黄三明用辣椒水泡手脚治冻疮。为了让他尽快好起来,周成文还让妻子拾来黑牛粪反复滚煮,晾温后涂抹在黄三明的双手双脚上,坚持每天晚上重复一次。为了给黄三明增加营养,周成文从亲戚家借来白面给他做饭吃。十多天后,黄三明的冻伤全好了,枪伤也好了许多。

一个月后,周家收留红军的风声还是传了出去,民团要来周家抓人。周成文让大儿子周守先把黄三明背出庄外,在一个深沟里给他打了个草铺为他御寒,还拾了土垡子垒成坝为他挡风。每天借着放羊的机会给他送点吃喝,想等风声小了再接他回家。

民团团丁在周家没有搜到人,就说周家私藏“共匪”,私藏枪支,勒令周成文交出“共匪”,交出枪支。由于黄三明行动不便,又有人告发,不久,黄三明被民团抓住。民团把周成文父子和黄三明用牛车押送到县城,关押在班房内。周成文父子被捆绑着吊起来毒打,直打得他们鲜血淋淋。何氏也因此又气又急,一病不起。被逼无奈,周家只好卖掉了耕牛,给民团团长送去了白洋 50 元,才将周成文父子释放出来。虽然周成文父子活着回来了,何氏的病却没好起来,家里生活日渐艰难。周成文耕种着家里的几亩薄田,周守先去给树庄村张家地主放牛羊。经过这次劫难,周家家道日渐败落下来。1943 年,周成文的妻子何氏病逝,时年 43 岁。

被敌人毒打后抛弃在街口的黄三明，在村民的帮助下拄着拐杖四处乞讨。1938 年的一天，黄三明讨饭到了洪水城的皮匠朱子贵家，被朱子贵收留，并用白硝（芒硝）浸泡过的白布避开脓口包敷在肿胀的地方给他去腐消毒，每天一次。月余时间，黄三明的腿上肿胀已消，疮口也已经愈合，但留下了右踝关节僵硬，终生瘸行的残疾。

在朱子贵家，黄三明虚心好学、尊敬长辈，朱子贵很喜欢他，把做牛皮鞋的手艺教给了他，让他靠手艺生活，再不用去讨饭了。1947 年秋，经人介绍，黄三明到南丰边家庄与杨浩春的遗孀、招夫养子的吴氏结合，有了稳定的家。吴氏又和黄三明生有一男一女，全家靠他做皮衣、做鞋维持生活。1952 年土地改革时，黄三明分了粮，分了地，还分了耕畜，真正当家做了主人。

周成文的儿子儿媳们

1955 年周成文因病去世，时年 56 岁。1958 年 9 月，周成文、周守先父子被评为“保护红军有功人员”，受到张掖专署的奖励。周守先终生未婚，解放后给生产队放过羊，土地承包后依然给村里人放羊，当了一辈子放羊佬。1992 年去世，享年 73 岁。

70 多年过去了，周成文、周守先父子救助红军的故事依然鲜活在人们中间。

（姚天涛　邢剑丽）

杨有芳

——可怜人怜悯可怜人

1937年4月,西路军女战士沈玉芳被青海的马匪军打断了一条腿,在荒郊野外的灌木丛中艰难地爬行。沈玉芳是四川省江油县人,1914年出生,1933年参加红军后,在红四方面军九军卫生队当看护员,一年后加入了中国共产党。1936年10月随军渡河西征,在红西路军总部卫生队任排长。1937年3月,沈玉芳在梨园口战斗中不幸被俘,被马家军押往青海,一路挨打挨饿受冻,受尽了马匪军的蹂躏,折磨得昏迷不醒后被遗弃在青海的深山中。

沈玉芳拖着伤腿爬了半天,已经筋疲力尽。正在绝望之时,她对面走过来一个男人。来人叫杨有芳,甘肃民乐县洪海乡石卜村人,生于1908年,自小父母双亡,家贫如洗,靠给人家做雇工维生。后被马敌韩起功部抓了兵,因受不了虐待,在一次行军途中寻机逃出。逃出后又不敢回家,就在山中给牧主放羊,29岁了还孑然一身。

沈玉芳

沈玉芳觉得来人不是坏人,就说出了自己的遭遇。杨有芳将她背到一个僻静安全的地方,从牧主的帐篷里取来了炒面、干粮等食物让沈玉芳充

饥。

为了御寒和安全，第二天，杨有芳又将沈玉芳送到一座石窑里，他找了些柴火，并背去了干牛粪供沈玉芳烧火取暖，备了一桶水和吃的米面，还送给她一件破棉袄、一顶毡帽让她女扮男装以防不测。就这样，沈玉芳在那里住了20多天，养得有精神了，腿也能行走了。沈玉芳想离开那里去寻找部队。杨有芳也怕日子多了让牧主发现凶吉难卜，就答应送沈玉芳一程，可他手里又没有盘缠。他想了一夜，决定偷走牧主的马顶自己的工钱。第二天，他给牧主写了一个条子，牵了一匹好马，带了一褡裢炒面、干粮，和沈玉芳离开了青海。

两个人经十多天的昼息夜行走到了永昌县新城子。杨有芳劝沈玉芳先与他同回民乐，可沈玉芳找部队心切，一心想走，就要了杨有芳家的住址，发誓如果不达目的，一定去民乐找他。为给沈玉芳凑盘缠，杨有芳将马带鞍一同卖了，将卖马的钱资助给沈玉芳，让她东去找部队，杨有芳则独身回到了原籍民乐。因家中无亲人，杨有芳独自一人住在向本家借的一间小房里，虽然寒酸，但总算有了一个落脚

沈玉芳(前排左三)在流落红军座谈会上

的地方。

由于沈玉芳在永昌八坝被恶狗咬伤，在一个刘姓大娘家里一面养伤，一面帮这家干些零活。1938 年秋天，沈玉芳又到民乐县洪海乡石卜村找到了杨有芳，两人成家定居务农。从此，人们都称她“杨小奶”。杨小奶和杨有芳有了一男三女四个孩子。1965 年，杨有芳去世，终年 57 岁。1978 年秋天，沈玉芳去世，终年 64 岁。

（张生智）

李兴俊

——为了生命中的继嗣

在民乐县四坝村，人们依然清楚地记得李兴俊。李兴俊收养流落红西路军战士李逢嗣，并把浓浓的父爱倾注在这个红军娃身上。

李逢嗣原名曾文鉴。1923 年出生于四川省遂宁县安坝居乡，1933 年 7 月参加中国工农红军，红军出川后他被调往红五军四十三团给任天贵团长当通讯员。1937 年 1 月高台战斗中任天贵牺牲，曾文鉴受伤被俘。1938 年春，从张掖押往山丹途中，趁押解匪兵防范松懈之时，曾文鉴连夜逃出来。他不顾身体的病痛，拖着伤残的双腿往前跑。因天黑看不清路，他摔下了山崖昏死过去……从昏迷中醒来后，曾文鉴咬着牙，爬到民乐县四坝村一户人家的大门前，便不省人事了，这家的主人正是李兴俊。

李逢嗣（曾文鉴）

李兴俊，1901 年出生于民乐县四坝村的一个富户家中。父亲李万源，年轻时与两个弟弟在洪水城共同经营着几个酒坊、豆腐坊，家里屯有大量的粮食和银元，当数民乐的四大财主之一。李万源兄弟 3 人共有 9 个儿子，李兴俊排行老大。李万源的两个弟弟去世早，李万源用李家的钱财给 9 个儿子盖房、娶媳妇，可谓是人丁兴旺、家大业大。李兴俊才情风流，被时人称为民乐四大才子之一，还当过农会会长。李兴俊共娶了四房妻室，第一房妻子赵氏，与李兴俊生有一女，其他三房妻子均未生育儿女。李兴俊不仅风流儒雅，还是个孝子，他身为县农会会长，亲自为年迈的父亲煨炕，在当地都传为佳话。

这天，李兴俊打开家门看见门口躺着一个人，身上到处是伤，衣不遮体。他走上前去一看是个孩子，还有一口气，就赶紧把他背进家里。等他醒来后先让他喝了些小米汤暖暖身子，然后让家里人做饭给他吃。曾文鉴很感激这家人，同时心里多少也有些担心。

李兴俊猜出他是一个流落的红西路军战士。曾文鉴见隐瞒不下去就对李兴俊说了他的经历，并希望李兴俊能救他一命，李兴俊将曾文鉴领进了家中。

在接触中，李兴俊发现这个小红军聪明伶俐，会写字、会唱歌，他很喜欢这个孩子，他就有了收留这个孩子的想法。为了防备马匪和反动民团杀害这个红西路军小战士，李兴俊凭借家族的势力，多次托人向驻守民乐的马家军私下送钱送礼，以收义子为名把曾文鉴留了下来，并将其改名叫李逢嗣。1938 年秋，李兴俊就将李逢嗣送到洪水学校开始念书。

李逢嗣之妻樊菊英

李逢嗣在李兴俊家的日子过得衣食无忧，李兴俊对待他像自己的亲儿子一样。可是李逢嗣还是想着怎样回到革命的队伍中去。1940 年冬天，18 岁的李逢嗣从学校偷跑出来向东去找红军队伍去了。李兴俊心急如焚，四处打听李逢嗣的下落，他要把儿子找回来，他担心兵荒马乱的外面不

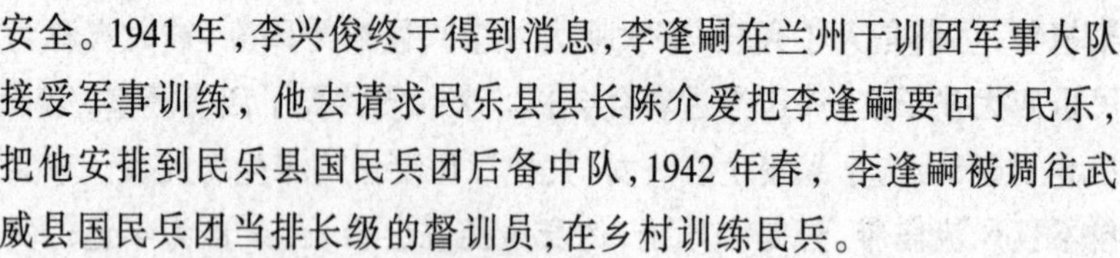

安全。1941 年，李兴俊终于得到消息，李逢嗣在兰州干训团军事大队接受军事训练，他去请求民乐县县长陈介爱把李逢嗣要回了民乐，把他安排到民乐县国民兵团后备中队，1942 年春，李逢嗣被调往武威县国民兵团当排长级的督训员，在乡村训练民兵。

李兴俊不希望李逢嗣再去外面打打杀杀，也不喜欢他参加政治运动，一心只希望他平平安安。他让李逢嗣告假返乡，给他包办了个媳妇，在李家劳动种地。

李逢嗣不甘心过这样的日子，当年秋天，因李逢嗣要赌博，被关进班房。李兴俊又去请求县长朱魁。朱魁看在李兴俊的份上，便把李逢嗣放了出来，叫他到民乐救济院当管理员，后又到民乐县警察队当警察。

1943 年春，李兴俊当上了民乐县洪水完小校长。他不让李逢嗣干警察队的事情，他想让李逢嗣安心念书，安心过日子，将来为他养老送终，第二次把李逢嗣叫到洪水完小念书。

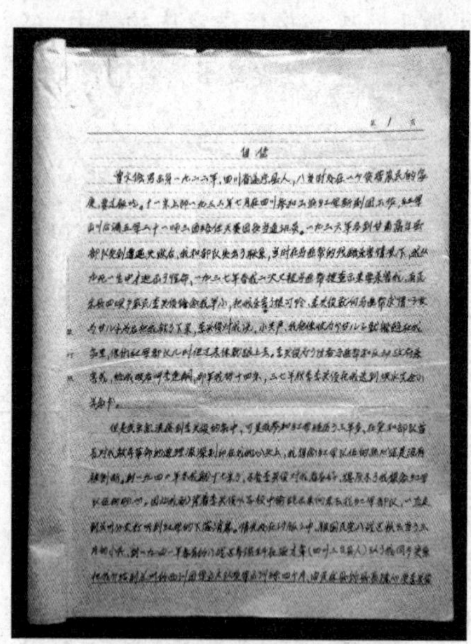

李逢嗣 1979 年写的自传

李兴俊尽心尽力地呵护着李逢嗣，生怕他再有意外。1944 年，李兴俊任民乐县初立中学校长，由于他风流儒雅，很受老师学生尊敬。盖教室修学校投入了李兴俊大量的银元，因此在民乐，李兴俊是一位受人尊重的开明绅士。1945 年农历三月，44 岁的李兴俊因病去世，他的学生抬着他的灵柩送到了四坝村李家坟。

李兴俊去世后，妻子赵氏吞食大量鸦片身亡，时年不满 40 岁。其他三房妻子有的回娘家居住，有的改嫁。

李兴俊没有亲儿子，李家兄弟认为李逢嗣是个四川人、共产娃，不是李家的后代，便要将其逐出李家。1947 年李逢嗣离开了李家，去师管区农牧场放牧维持生计。

民乐解放后，李逢嗣担任过警卫独立会队长，民乐县公安局侦查员，在县文教局任过科员，当过合作商店经理，在民乐旅社工作过，1961 年 4 月他回到农业社当社员，在生产队当保管。

李逢嗣 1951 年与民乐县山城子村贫民家的女子樊菊英结婚，定居在民乐新丰村，1984 年甘肃省民政厅向他颁发了"西路军红军老战士光荣证"。1987 年，李逢嗣在洪水新丰村去世，享年 65 岁。

70 多年过去了，民乐一中的老校长李兴俊救助红西路军战士李逢嗣的故事，至今还在民乐流传。

（邢剑丽）

郭仰曾
——大爱超越亲情

1937年3月,14岁的小红军文吉安在康隆寺战斗中被马家军抓捕。在张掖关押了两个多月后,马家军又把他们押往青海去修公路。在途经民乐县城休息时,敌人把他们暂时关押在洪水城里。洪水城的税务官郭仰曾听说有些红军押在洪水城,想去看看是什么情况。押解官知道他是国民党的税务官就放他进去了。郭仰曾看见许多红军战士都是十几岁的孩子,面黄肌瘦、衣衫褴褛,有的手脚都冻坏了,缩成一团,心里十分同情。看见有人来看他们,正在生病的文吉安央求郭仰曾救他。

郭仰曾的妻子陈氏

郭仰曾,甘肃文县人,1900年出生,在文县读过书。父母去世后,他来到河西的山丹县,想在那里找份工作糊口。一户姓陈的人家见郭仰曾面相清秀,读过书又没有家室,有心把自己的女儿许给他,就收留了他。不久,郭仰曾娶了这家女子为妻。成家后,岳父帮郭仰曾在山丹城找了份工作,后来又托人去民乐县当上了洪水城的税务官。

郭仰曾带着妻子租房住在洪

水城里，在那生活了几年，人到中年还无儿无女，早就有心收养一个儿子。这次看见这些红军娃，他心生怜悯，回去筹了些银两私下去执法大队求情，说家里要找个干杂活的人，想从那些红军娃里面领一个回去。

郭兴文

郭仰曾平时没有跟别人结过什么怨仇，执法大队就让他悄悄地把文吉安领回了家，并叮嘱不许透露半点风声，郭仰曾心领神会。

郭仰曾领回家的文吉安，1922 年出生于四川省营山县东升镇一个小商家庭。1934 年参加游击队，后调红九军二十五师七十五团政治处当工友。1936 年 10 月随军渡河西征，1936 年 3 月在康隆寺战斗中被马家军抓捕。

郭仰曾把文吉安藏在自己家里，因为是租来的房子，来来往往的人多，夫妻俩先把文吉安藏在夹墙中，3 个月过去了，有时家里来了外人就赶紧让他躲进板炕中藏身。怕惹麻烦，文吉安也很少跟外人交往。就这样还是被人发现了，于是郭仰曾托人把文吉安送到张掖壮丁所，装成哑巴伙夫。马家军先后两次来他家搜查，把郭仰曾抓到圣天寺毒打。等到马家军搜查的风声小一些了，郭仰曾又把文吉安接回洪水城，别人问起文吉安来，他就说是自己的儿子，是不久前托人从陇南把儿子领到洪水城来一起生活的。别人不知他家根底，也就没人怀疑。

郭仰曾夫妇一心想要个儿子为他们养老送终，就把文吉安的名字改成了郭兴文。郭兴文是个老实本分的孩子，郭仰曾夫妇很喜欢他。后来，他们在洪水城开办了一个小百货铺子，开始教郭兴文做生意。郭仰曾当过洪水城的粮食科科长，生活还算过得去。过了几年，郭仰曾张罗着给郭兴文娶了洪水城西门外李家的女子为妻，从此，郭仰曾夫妇跟郭兴文小两口过上了平常人的生活。

1949 年 9 月，中国人民解放军解放民乐，民乐县旧政府部分人员在县长张汝伟号召下保护国家财产、文书档案、粮食仓库。郭仰曾积极响应，带领仓库保管、自卫队人员白天晚上日夜巡逻。直到 9 月 17 日民乐解放时，民乐粮库保护得完整无损。郭仰曾跟着县长张汝伟投诚了解放军，郭仰曾担任了民乐县政府第一科科员。

郭兴文也找到了组织说出了自己的真实身份，经组织调查后他被安排在洪水城管局下属的制鞋厂工作，有了一份工作。1951 年土地改革时，郭家分了房子，分了地。

1958 年肃反时有人说郭仰曾为国民党做过事，审查退职后被安排到洪水城关村，成了一名普通的农民。“文革”时期又因曾为国民党供职而被批斗。不论什么时候，郭兴文都没有离开郭仰曾，他说：“我的生命是郭仰曾救的，我家世世代代都姓郭。”

郭兴文（前排左二）参加流落红军座谈会

1970 年，郭仰曾去世，享年 70 岁。郭仰曾的妻子陈氏于 1998 年去世，享年 91 岁。郭兴文把他们安葬在洪水城关村。2002 年 4 月郭兴文去世后，郭家的后人将郭兴文与郭仰曾安葬在了一起。

（邢剑丽）

安福才

——给红军“安”“福”的裕固族老人

1937 年 3 月,国民党马匪军从临泽的梨园口追杀红西路军指战员到祁连山康隆寺、石窝山。

红九军通讯二排排长田忠道在康隆寺阻击战中头部和腿部负伤,被马匪俘获。在押送张掖途中,田忠道乘敌不备时逃出。他撕下破军装上的布条缠住头部腿部的流血伤口,捡到一根木棍拄着,东躲西藏,一瘸一拐,来到了肃南县大河草原的宽沟。

宽沟的东面是高高的悬崖峭壁,西面是一条山沟,沟里流着一股泉水,一座牧民的帐篷就扎在沟里,田忠道向这座帐篷走去。警觉的牧羊犬听到声响,立即愤怒地狂叫着,似乎要把拴它的铁链挣断。早已被马匪兵惊吓得心惊肉跳的牧民,听见狗叫声还以为又是马匪来搜捕打劫,就悄悄穿好衣服打算弃房逃走,就在这时帐篷门里钻进来一个人,请求给予帮助。

田忠道

这一家人是肃南五格家部落的裕固族牧民,全家只有老两口和一个女儿。男的名叫安福才(裕固名为别訾),他个子高大,身材魁伟,夫妇俩年龄都在 40 岁以上,女儿尚年幼,他们的汉语不太

流利。当他们听说来者是红军,又是一个人,头部的伤口已流得满脸是血,饥寒交迫使他浑身颤抖,站立不稳,他们一家人才算松了一口气。安福才是个铮铮汉子,是世代勤劳的贫苦牧民,却有一副菩萨心肠。他平时见马匪凶神恶煞地搜捕红军,把红军宣传得像妖魔鬼怪,而且窝藏红军者要全家杀头,可今天亲眼见到的红军却是浑身伤痕的受苦人。他走出帐篷向四周观看听闻,不见有其他动静。回到帐篷后,他下定决心救下这个年轻的红军战士,于是立即让家里人烧茶做饭,用热水为红军战士擦洗伤口,并敷上了珍藏的麝香。

伤口不流血了,疼痛减轻了,肚子吃饱了,身上不冷了,多天连续作战的疲劳袭来,田忠道身不由己坐着就睡着了。天快亮时,他被叫醒,安福才给他换上了牧民的褐衫、长皮袄、毛袜、“皮亢沉”(一种鞋尖上翘的皮靴),在皮袋里装上炒面、小米,拿上一个单耳铜罐子和一张羊皮,用羊肚子袋装上水,就匆匆带他离家向东面的山顶走去。山的东面是二三十丈高的悬崖,像刀切一般。崖边有一长年被雨水冲刷的流水槽,水槽仅容一人,手攀脚蹬着槽边可以上下。下到悬崖的半中腰,洪水把水槽冲成了一个S形的深槽,中间向里凹进,上边只露一线天,水槽上边像屋檐一般遮风挡雨,凹进的部位却很宽敞。安福才放下所拿的器物,将田忠道搀扶了下来,安顿让他坐下。他又顺水槽爬了上去,找来一捆柔软的干野草和一袋干牛粪,把草铺在了凹进的地方,上面铺上了羊皮。他又在附近找来3块石板,用石块按铜罐的大小支了一个三角形的地炉,把羊肚子里的水倒入罐子,又放进了小米,用火镰打火点着了干牛粪,就开始熬米汤。米汤熬好了,天也亮了。安福才临走前一再叮嘱,白天不许生火,不能冒烟,因悬崖下边有一条通往红湾寺的路,经常有马匪路过,烟火会引来马匪,到了晚上夜深人静时,可用铜罐子烧茶煮饭,白天就安安静静躺着养伤,别乱响乱动。走时又解下了腰带上的火镰、火绒、火石,教他学会了引火方法,并说过一两天再来看他。

安福才知道救红军要冒很大风险,会连累全家。于是他要全家人小心谨慎,守口如瓶。他信佛教,懂得救人一命,胜造七级浮屠的佛理。他胆大心细,每隔两三天,就在夜深人静时背上水、食品和烧火用的干牛粪去看望田忠道。他每次去都绕一个大圈，从不同方向走,唯恐一条路走多了会走出脚印,引起别人的怀疑。有时为不留下脚印,快到山洞附近时他就脱掉脚上的“皮亢沉”走路。他每次来都用麝香熬水小心翼翼地给田忠道洗伤口。时间一天天过去，伤口逐渐长好了,天气也渐渐暖和了,马匪的搜山次数也少了。田忠道从山洞里爬上山观察熟悉地形,也可到安福才家喝茶吃饭,帮忙干活了。这时安福才的妻子又生下了一个儿子，给家中增添了喜气也增添了负担。

田忠道在危难时刻得到安福才一家人的救护，救命之恩重如泰山。于是,他双膝跪倒在安福才夫妇面前拜他们为义父义母。安福才也着实喜欢这个红军小伙。田忠道对生活、生产和环境慢慢熟悉了,整天早起晚睡背水打柴,放羊挡牛,以减轻两位恩人的生活负担,他逐渐融入了这个家庭。

在义父一家人耐心传授下，田忠道学会了不少裕固族语言,草原上的人们也都知道安福才有了义子。一天,安福才准备了两瓶酒、一块茶砖和哈达，带领田忠道去拜见了裕固族五格家部落的正头目善巴,以示对部落首领的尊重,并请求部落接纳和保护他的义子。头目的首肯,使田忠道成为部落的一个成员。

安福才家帐篷里最上方,供着一个佛龛。每天清晨,都要在佛龛前点上酥油灯,把净水铜碗用白绸子仔细擦净,献上纯净的山泉水。自从救下这个红军战士，就更加虔诚地每天祈祷佛爷保佑这个红军战士和全家人平安吉祥。他不但虔诚信佛，还保留着从清朝起满族人留辫子的传统习惯，他的脑后留着一条长长的辫子，平时就缠到头上。他有一件紫氆氇做成的长袍礼服，外出或遇喜庆节日时就穿戴整齐,给人一种威严整洁的感觉。

田忠道虽有了安身立命的地方，但他时刻想着要找到自己的部

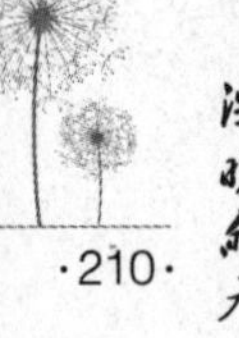

队。一天,他把心里话告诉了义父,义父知道了孩子的志向,没有强加阻拦。于是田忠道挥泪告别,走出了大山,到了高台新坝一带。为了生存他给地主家当长工,结果部队没找到又被国民党抓夫去修兰新公路,为了不暴露自己的身份充当了两年哑巴。找部队无望又身陷绝境,他只得又逃回草原义父家。为了生活他挑起了货郎担,挑着生活日用品与牧民的畜产品、中药材、山货等进行交换以维持生计。后经人撮合,在高台红崖子与地主家的使唤丫头郇金怀成了婚,漂泊大半生总算有了家。义父也尽其所有,力所能及地帮助义子过日子。

田忠道一家

全国解放后,田忠道在高台县红崖子乡参加了土改,按人口分得地主的土地24亩,房屋3间,毛驴一头,从此过起了农耕生活。但种地得有耕牛耕地,他的义父安福才将一头秃头大犏牛借给他,春种秋翻结束后再将牛送回义父的牛群放牧,年年如此,为他种田解决了一个很大的困难。田忠道全家人做冬衣的羊毛、炕上铺的毛毡、褐子做的被面和过年吃的牛羊肉都是安福才送的。1958年,反封建斗争在草原上掀起,安福才的老伴一生胆小怕事,在一次批斗会上,有一个积极分子揭发安福才一家使用了长工,有剥削,安福才的老伴被吓得胆战心惊,百思不解,当天夜里就在帐房杆上上吊而死。1960年,安福才也在饥饿疾病中去世。不久,安福才的儿子也因病去世,田忠道又把这份情谊移续到他的义妹安兰芳身上,在他70岁时,还骑着毛驴到夏季牧场上去看望他的义妹。

(田自成)

江西力

——蒙古族之花绽放美丽

这是一个蒙古族阿妈救助落难红军廖永和的故事，这个故事展现了人性的慈善，也诠释了蒙汉人民的无疆大爱。

廖永和，1916 年出生在安徽省金寨县关庙村，1931 年参加红军。1936 年春，任红西路军三十军八十九师二六九团二营副营长的廖永和在倪家营子增援高台的战斗中右腿负伤。石窝会议后，廖永和被编在左支队，在攀越海拔 4000 多米的托来南山时掉队，在步履艰难的行程中，他又遇上了 11 名伤病员。在零下二三十度的冰天雪地里，在祁连山腹地一个叫乌兰达坂的岩洞里隐蔽着。

廖永和

一日清晨，一位姓洪的指导员发现不远处的山坡上有人影在晃动，洪指导员走出洞外，没走几步，随着一声枪响，便倒下了。廖永和同一位班长听到枪声，立即持枪出洞，刚走出洞口，又是一阵枪声，班长应声倒地，廖永和左腿被打伤，昏了过去。袭击者抢走了他们所有的枪支弹药和能用的东西，把伤病员用绳索捆绑了起来。在袭击者走后，为了安全起见，幸存者把昏迷中的廖永和转移到了另外一个山洞，

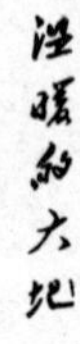

这里是肃北县一个叫苏克考赛的地方。

廖永和右腿原本就有伤,左腿又被打伤,继续赶路已不可能,为了不连累大家,廖永和要求大家抛下他去追赶部队。大家虽不同意,但也没有好的办法,最后留下没负伤的火娃子(原名何延德)照顾廖永和。大家到野地里捡了一些兽骨、兽皮和柴火后,同廖永和与火娃子挥泪告别。廖永和下肢不能动,常常处在昏迷状态。火娃子每天把骨头砸碎和皮子一起煮成汤一口一口地喂他,每天烧开水给他擦洗伤口。

山洞外的不远处就是肃北盐池部落的春牧之地。一天，火娃子正用战友们留下的一口铁锅为廖永和熬着捡来的骨头，一缕青烟冒出洞外，引来了一男一女两个穿着长袍和高靴的蒙古人，来人是江西力阿妈和她的儿子尼玛。江西力阿妈看到洞里躺着一个二十多岁受了伤的年轻人,身边还有一个十多岁的孩子,就轻声说:“他赛拜努!”(你们好!)廖永和与火娃子虽不知道说的是什么意思,但看着阿妈一脸的真诚，就轻轻地点了点头。江西力阿妈意识到他们并不懂蒙语，就马上改用汉语关切地询问廖永和与火娃子的情况。她的汉语说得并不流利，但廖永和还是听明白了。看到江西力阿妈长得慈眉善目一脸的真诚,而且说话很谦和,并无恶意。廖永和说:“我们本是要去新疆找点事做的,谁知路上竟遇上了野兽,受伤了,就在此疗伤。”

江西力阿妈是个很聪明的女人，打看到廖永和他们第一眼的时候,就已经猜测出他们是被马匪军打散的红军。在此之前,她已多次亲眼看到马匪军残忍地追杀红军。对马匪军的所为她很是憎恨。看着衣服破烂身受重伤的廖永和还有他们那锅里煮着的两根兽骨,江西力阿妈什么话也没说就离开了。

第二天江西力阿妈和儿子尼玛骑马再次来到山洞，给廖永和同火娃子带来了十多斤小米和十多斤麦面，还有一斤多食盐。廖永和同火娃子简直不敢相信，在几近绝望时却遇上了好心的江西力阿妈。火娃子赶快生火做饭,他们每人吃了两小碗。由于两人很久没有吃到过粮食了，这顿饭他俩吃得真香啊！

廖永和的妻子格能

苏克考赛的5月，红日映照雪峰，白云缭绕山腰。廖永和让火娃子找来两根棍子，想试着走走，但身子像瘫了一样，还是无法行走。廖永和知道自己的身体还是没有好，还得继续疗养。

就在廖永和同火娃子快把粮食吃完的时候，江西力阿妈派儿子尼玛和弟弟来到山洞，要接他们去家里住。廖永和很感动，但想到要给江西力阿妈一家带去很多麻烦，就婉言谢绝了。江西力阿妈派儿子尼玛又接连来了几次，廖永和还是谢绝了。最后江西力阿妈又亲自来到山洞，一脸真诚地对廖永和说："眼看着春牧马上就要开始了，这一带的土匪也会因春牧多起来，马匪军没准也会来，住在这里会很不安全的，还是到我家去住吧。"

廖永和的心终于被说动了。江西力阿妈用马把廖永和驮回了家，并把他安置在自己家毡包外的一个棚子里住下。江西力阿妈怕人多容易暴露，就把火娃子安置到了她的胞弟盐池湾部落头人尕布曾佳家里。

江西力家里有5口人，他们夫妇和两儿一女。丈夫好逸恶劳，常给奴隶主做些事，牧民都称他"管家"，儿子和女儿都是草原上的牧民。江西力接廖永和到家里是出于同情，而管家则想要个不花钱的奴隶。

廖永和的伤还很严重，伤口还有脓水流出来，有很重的气味，但是江西力阿妈并没有因此而嫌弃，而是每天都很耐心地为他擦洗伤口，敷药疗伤，并炖煮了肉汤给他滋补身体。廖永和在江西力阿妈的精心照顾下，伤口渐渐愈合，很快就能扔开棍子独自行走了。

为了出门方便，也为了安全，江西力阿妈决定教廖永和学说蒙古话。她用自己仅有的一点汉语知识，连说带比划教廖永和说蒙古话。为了生存和安全，廖永和学得很认真，江西力阿妈教得也很有耐心。她从最简单的会话开始，把蒙古人的日常用语和一些蒙古族的风情民俗、禁忌、喜好等一点一点教给廖永和。

江西力把廖永和当成了自己的亲人，不仅教他学会了说蒙古语，还把自己丈夫的蒙古袍和靴子送给他穿，把他打扮成了一个地道的蒙古人，并手把手的把修理蒙古靴子的手艺传给了他。后来有一段日子廖永和就是靠着这个手艺在草原上生存的。

1937 年 7 月，马步芳驻酒泉部队的副官马得福带着骑兵来肃北的牧场搜查被打散的红军。面对敌人的盘问，廖永和镇定地用蒙古语回答了马匪的问话，有惊无险躲过了一劫。

1940 年，江西力一家从肃北牧场迁移到了青海柴达木盆地边缘的德令哈牧区，廖永和也一起跟了过来。他腿上的枪伤也终于痊愈，他还学会了骑马。江西力知道，廖永和虽身穿蒙古袍，口讲蒙古语，但他是红军，他一定想着自己的部队和战士，草原不属于他，他迟早是要走的。

一日夜晚，江西力阿妈塞给廖永和 10 个银元，并把儿子尼玛爱

廖永和一家

骑的那匹枣红马牵到廖永和面前,要他去寻找自己的部队。

廖永和告别了江西力阿妈却不知道自己该到何处去?他渴望回到部队去,但不知道自己的部队在哪里?4 年来他对外界的局势一无所知,但他坚信红军的队伍一定会打回来。他决定先找个地方把自己安顿下来等待时机,好在他早已适应了蒙古人的生活,便在离德令哈牧区不远的巴音河畔住了下来。他在巴音河畔遇到了一位叫格能的蒙古族姑娘,后来成为了他的妻子。在那里,廖永和和格能一住就是 9 年。

1949 年青海西宁解放后,他步行 18 天来到了湟中县,找到了县委书记尚志田。尚志田把廖永和的情况迅速上报给了青海省委。很快青海省委就有了回音:让廖永和到西宁青年干部培训班学习。1956 年,德令哈单独设县,廖永和成为这个县的首任县长。

工作安定了下来,廖永和开始寻找江西力。经多方打听,得到了蒙古阿妈江西力的下落,让廖永和感到特别高兴。要去见江西力的那一天,格能按照她们的民族习俗,买来了上等的布匹、砖茶以及哈达。整整 16 年了没有见面,也没有一点消息,当一身中山装、颇有干部风度的廖永和蓦然出现在江西力的面前时,她惊喜得不知该说什么。又听随行的同志介绍,廖永和现在已是德令哈县的县长了,她一把抱住廖永和,老泪纵横,高兴地说:“尕娃,我的好孩子,你还没把我这个阿妈忘了啊!”那天,廖永和就住在江西力家,他们像母子一样亲热地话着家常……

1973 年,廖永和同妻子格能一同回到老家安徽省金寨县梅山镇的红村安度晚年,直到 1995 年 10 月 28 日,廖永和与世长辞,安葬在金寨革命烈士陵园。

蒙古族阿妈江西力早已离我们远去,人们对她的印象也已随牧民的迁徙而渐渐淡远。但她救助红军的故事却载入了史书,她像一朵草原上的格桑花,永远绽放着美丽。

(崔学丽)

王永年

——深明大义的富豪乡绅

1937年4月,西路军总政治部教导团教育参谋左叶,带着与大部队失散的10个干部战士寻找东返之路,在从张掖东行途中与战友失散后,孤身漂泊,昼伏夜行,沿着残断的古长城只身一人乞讨来到了永昌县水磨关。

几个月前,西路军在永昌时,左叶随教导团驻扎在永昌水磨关的乡绅王永年家。王永年,甘肃永昌人,出生于晚清,读过四书五经,娴熟阴阳八卦技艺又精通世故。其祖上门庭生辉,先祖王懋学是明朝天启壬戌进士,授户部山东清吏司主事,承运仓局,廉勤奉职,死于任上。王懋学弟王心学是明朝天启四年(1624年)甲子举人,为山东长清县令,后被拜为监察御史,卒后封赠为河南提刑按察司副史。王心学之子王我荐恩荫四川顺庆府同知。到王永年这辈,仍儿孙满堂,权势炙手,5个儿子中就有3个先后在地方上干公事。他家有牧场,牛羊成群;土地千亩,陈粮囤积;骡马铁车一应俱全,水磨、油坊、店铺多处,可谓农商兼营,富甲一方。他在永昌城乡有庄院四五处,在水磨关有两座黄土夯筑的围寨式的庄院,其中的一处北临河岸,森严壁垒。庄院内有4座院子。由于房多,西路军教导团就全部驻进了他家,光他家的粮食草料,就供红军教导团吃用了半个多月。

那次,左叶就住在王永年老先生的卧室里。一天,因不了解红军而躲在夹屋暗室中的王永年,乘左叶爬上庄墙观看战事房中无人之际，走出夹屋，又趴在八仙桌上偷看红军的军事地图。左叶的突然出现，把老人家惊吓得三魂出窍，跪在左叶面前又是磕头又是作揖，左叶边弯腰扶老人起来，边说："老人家，别这样！别这样！我们共产党，工农红军不兴这个，快起来！"老人没想到被国民党马家军宣传成"共产共妻""青面獠牙"的红军既不凶悍也不怪异，竟是如此的和蔼可亲。消除恐惧之后，两人便攀谈起来，王永年老先生如数家珍，将自己的家族历史告诉了左叶，左叶也与老先生攀成了半个"老乡"。自此，王永年与左叶同居一室，交情日深。

在与左叶的接触中，王永年了解了共产党和红军的奋斗理想与目标，非常钦佩，再感于红军保护他一家老小之恩，因此与红军相处得很融洽。王老先生不仅无偿提供粮油、皮毛、肉食、草料等物资支援西路军，而且西路军西进时，他还将一头骡子送给了左叶，并再三地叮嘱左叶：得胜班师路过此地时，一定要进寒舍来坐坐，喝杯淡茶，叙叙旧情。

然而，历经四五个月的左叶蓬头垢面，衣衫褴褛，一身疲惫。他准备悄悄地绕过王老先生的庄子，结果被王永年家的长工认出来了。王老先生听说左叶来了，一如从前地热情招待，深明大义的老先生冒着极大的风险，给他换洗衣服，沏茶递饭，热情地款待他。面对那个院落，左叶感慨万千！几个月前，这里短兵相接，枪炮声不断，但是紧张中依然有歌声和笑声。然而，现在却是物是人非，马敌及保政人员四处搜查流落红军，到处充满了血腥的恐怖。王老先生宽慰左叶：胜败乃兵家常事，留得青山在，不怕没柴烧。左叶在王永年家中休养了几天，婉拒了老先生赠送的盘缠，只带着相赠的干粮，朝东而去，一路乞讨回到了陕北。

在这前后，陆陆续续、三三两两的失散红军但凡路过王家时，王永年都要给予优惠款待，资助干粮、盘缠。

光阴荏苒，岁月如箭，王永年在永昌解放前就去世了。

一晃就是40多年。1982年7月22日，时任中国农业科学院副院长的左叶，怀着一片怀古之心，再次来到永昌。他要寻找那些当年失散的战友，他要感谢这片在危难之时曾给予过他帮助的土地。

其实左叶心里非常清楚，当年已经是年逾古稀的王老先生早已辞世，然而他还是执着地让陪同的同志带他到水磨关去看看王老先生当年的庄院，寻找王老先生的后人。

年逾花甲的左叶，站在当年刀枪厮杀的战场，往事历历在目。近半个世纪的岁月，水磨关已经发生了翻天覆地的变化，他已经记不清当年王老先生庄子的具体位置，只有无尽的感慨！对王老先生当年给予他的救助，永昌人民当年给予他的支援，他一直没有忘记。

左叶（左五）与流落永昌的红军合影

北京、永昌相隔数千里，院长与平民职务不同，然而共同的理想和信念，把他们联系到了一起。左叶生前非常怀念河西走廊的人民，也十分牵挂流落在那里的战友。早在20世纪70年代，左叶就寻找机会，曾到过河西走廊，寻访当年救助过他的乡亲们和流落在那儿的战友。那个时候，做西路军研究的人很少，他能够冒着当时的一些禁忌回来，这和他内心深处对当地人民的深厚情感是分不开的。

（朱新斌）

王裕基　王金莲

——父女毁誉为红军

王裕基

王裕基字伯亲，永昌县人。生于清同治六年(1867年)，卒于民国28年(1939年)。于清光绪二十三年(1897年)考取酉科拔贡。光绪二十七年(1901年)补行庚子科举人，曾任宁州（今甘肃宁县）学正(教育局长)。

王裕基于民国元年(1912年)任永昌县立高等小学(原云川书院)校长，民国7年(1918年)，在县城西街小庙创办“女子初级小学校”，民国16—18年(1927—1929年)担任永昌女子小学校长。1929年至1935年间，王裕基先后两次任永昌县教育局局长，于1935年辞职。之后的几年时间里，在自己的家里还办了家庭学校，与方尔泰共同授课。主要收教贫困人家的子女，深受民众赞赏。他在职期间，还为永昌县“短期”小学兼课。

王裕基一生从事教育，治学严谨，办教育有道。在永昌期间，办学认真，管理有方，诲人不倦。对待老师严格平等，教育学生决不苟且。同时，对贫富学生均能平等看待，在老师、学生和民众中声望很高。王裕基的儿子王金鑑，毕业于国立北京大学。4个女儿，王金莲、王金桂、王金兰、王金梅，都才华出众。

王裕基的夫人郭氏（左）与女儿王金梅(右)

王裕基还续修了《永昌县志》8卷（民国6年续修本），从志书里可以看出他尊重科学、摈弃迷信和热爱自己家乡的强烈思想感情。

王裕基不惜为永昌人民奉献才华，为永昌县教育事业和文化事业耗费了全部心血的高尚精神，永远留在历史的记忆之中，被誉为永昌县历史上的文化名人。

王老先生一生不畏邪恶，为人正直，支持进步。1936年，红西路军进入永昌后，他全力支持，主动将家中的堂屋提供给西路军军政委员会开会，他还亲自书写标语，动员老师、学生张贴于街头，还给红军战士送了衣物。

王金莲

大女儿王金莲，从小读过私塾，有很好的文化修养。1929年，在回民对永昌的大屠杀中，王金莲的丈夫惨遭杀害。二女儿王金桂也上过私塾，写一手非常漂亮的毛笔字。王金莲与王金桂当时都是永昌女子小学老师，红军在永昌停留时，妇女抗日先锋团在这里搞了近两个月的群众工作。她们在开展妇女工作，恢复女校教学时，与妇女抗日先锋团团长王泉媛结识，相处密切。也积极和红军女战士配合，共同进行抗日宣传活动。红军西进后，军阀马步青部属和地方反动势力互相勾结，抓捕了不少区(县)、乡苏维埃政权成员和为红军办过事的老百姓，王金桂也被抓了去，被马匪兵严刑拷打。王裕基多次出面营救区苏维埃主席狄万川和王金桂，最后只营救了王金桂一人。

王泉媛

在平时，凡地方上发生不合情理的事情，他都要出面干涉，求得公平处理；他很重视地方文物古迹，经常倡导进行保护；于民国17年至19年(1918—1920年)，还主持维修了永昌文庙；对县城北海子公有树木经常加以管护，对偷砍树木者，必行严格处罚。对此，民众非常崇敬。

1937年，红西路军西征失败，部分红军失散流落，王裕基很同情她们，他利用自己的特殊身份力所能及地帮助红军。一次，流落在永昌北海子乡赵家庄的16岁的女红军杨桂香到他家打听红军的消息，王裕基告诉了杨桂香红军眼下的处境，并劝杨桂香在赵家庄隐蔽下来，以保全性命，等待时机。

王金桂

1938年，王泉媛二次来到永昌时已身陷囹圄，王裕基及女儿们十分同情王泉媛的处境，时有秘密往来，王泉媛仍向两位女教师灌输革命思想，王裕基也常替王泉媛写家信。王金桂经常去看王泉媛，王泉媛告诉王金桂，她绝不会嫁给马进昌，她一定要找机会逃跑。一次，王金莲邀王泉媛吃饭，不料被保政人员发现告密，王金莲被县政府抓去受到审讯拷打。自此，一向受人尊敬，自尊心很强的王裕基老人，因女儿受辱，痛恨官府而郁愤成疾，不久便死去，享年72岁。

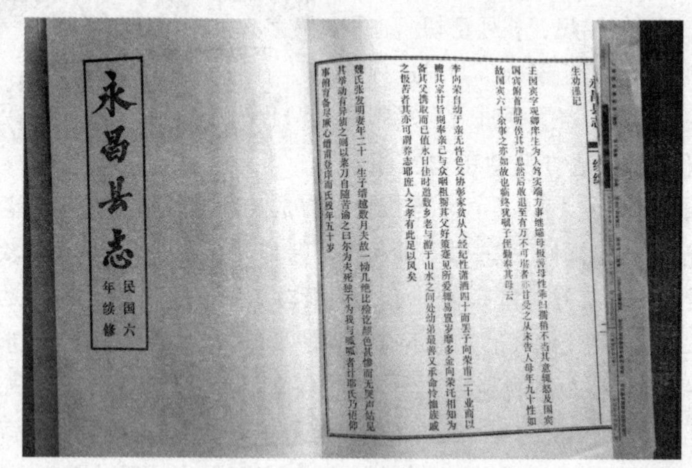

永昌县志
民国六年续修

生劝蒸记
王国宾字观卿庠生为人笃实端方事继母极善母性乖舛獨稍不当其意辄怒及国宾
国宾俯首静听俟其声息然后敢退至有万不可堪者亦甘受之从未告人母年九十性如
故国宾六十余事之亦如故也临终犹嘱子侄勤奉其母云
李向荣自幼于亲无忤色父协彰家贫从人经纪性諸酒四十而墨子向荣甫二十业商以
赡其家甘旨独奉亲已与众啜粗粝其父好蓄蓄见所爱辄易置岁靡多金向荣托相知为
备其父携取而已值永日佳时邀数乡老与游于山水之间处幼弟最善又承命怜恤族戚
之极苦者其亦可谓养志耶庶人之孝有此足以风矣
魏氏张发明妻年二十一生子缙越数月夫故一恸几绝比殓讫颜色甚惨而无哭声姑见
其举动有异徊之则以菜刀自随苦谕之曰尔为夫死独不为我与呱呱者计耶氏乃语仰
事俯育备尽厥心缙甫登庠而氏殁年五十岁

王裕基编修的《永昌县志》

王金莲先与儿子相依为命，后嫁于永昌县城一大户人家的后代赵国基为妻，1958 年随儿子去了新疆，1960 年病逝，终年 52 岁。王金桂嫁于靖远人张希若，育有 4 个女儿，后丈夫因病去世，又改嫁当地农民郭兴财，1975 年去世，终年 67 岁。

（朱新斌　王国华）

毛丕礼

——毛卜喇村的善良磨户

毛丕礼

毛卜喇，是甘肃永昌县的一个小山村，它在中国的版图上小得连一个点都找不到，但就在这个小山村里，却发生过惊世骇俗的事情。2012年5月13日，在流落红军龚少明儿子赵顺贤的带领下，笔者来到了这个位于长城脚下的小山村。

出永昌县城向西约20公里再往北，一座山峰横亘在眼前，不熟知这里的人根本不知道山的那边还另有世界。一条柏油路带子一样绕进寸草不生的山里，当绕出这座山时，眼前豁然开朗，四面环山的只有几十平方公里的盆地上，有一丛一丛的绿色，像绘在巨盆上的风景画。长城犹如游龙，蜿蜒于北山脚下。这就是毛卜喇村，一丛绿色就是一个村民小组。

很早以前，这里曾是蒙古人居住的地方，毛卜喇本是蒙古语，意思是“苦涩的泉水”，这股泉水至今还流淌着绵绵的红色故事。

1936年12月27日夜，中国工农红军西路军在敌人集结重兵，企图围困西路军总部机关的危局下，放弃了永昌县城，全线撤离，继续西征。为了减轻部队负担，加快行军速度，临行前不得不将70余名重伤员安置到距离县城10公里的杏树庄（现焦家庄乡杏树庄村）王之绩的庄院内。

红军大部队撤离后，凶残的马家军在红军驻守过的村庄进行了疯狂的搜查。马家军闯进王之绩庄内的红军伤员住处，翻铺搜身，进行惨无人道的洗劫。他们将部队发给红军伤员的生活费用全部抢走后，令其部下将这些伤员赶出庄院，威逼地方群众把不能行走的重伤员抬出庄外。庄院的主人王之绩老人看见红军伤员受此折磨，深感不安。他叫了几个邻居，迅速将庄外一座3间的草房腾出，把被敌人赶出的红军伤员全部安置了进去。但是，正是滴水成冰的季节，陷于绝境中的红军伤员，有的伤口严重感染化脓，有的因失血过多处于休克状态。出于对红军伤员的同情和怜悯，王之绩偷偷给伤员们烧水送饭，还让他妻子和一些邻家的老人们从家中拿来布条、盐水、中草药，替伤员擦洗、包扎伤口。

由于没有药品，伤势得不到控制，加之没有粮食，重伤员连续死亡。每有伤员死亡，王之绩就叫来看磨门子水磨的磨户毛尚新、毛丕礼父子，他们或人抬，或骆驼驮，或牛车拉，把红军遗体一一掩埋到古城山冈上。

毛丕礼和父亲毛尚新是永昌毛卜喇村（现属红山窑乡毛卜喇村）人，由于家境贫寒，难以度日，1931年，毛尚新带着妻子陈氏和两个儿子儿媳全家从毛卜喇来到杏树庄，给地主陈世堂家扛长工当磨户。由于深得主人信任，毛丕礼父子给陈世堂家

毛丕礼与妻子马丕兰

看管杏树庄和毛卜喇的两处水磨。红军来到永昌时，由于陈世堂是大户，家里住进了很多红军，毛丕礼与红军的姬姓司务长一起在水磨上为部队连续磨面一个多月，他们结下了很深的情谊，姬司务长还将一挂银锁送给了他的孩子，他深深体会到红军才是穷苦人民自己的军队。如今目睹马家军的暴行和处在绝境中的红军伤员，毛丕礼毅然参加到养护红军伤员的行列中。他凭借水磨与伤员住处较近、来去方便的条件，主动挑起了生火担水、做饭送饭的担子。口粮不够时，他就将自家的粮食拿出来补贴，就连他给人磨面时剩留的一点麸子、黑面也全部拿出给红军伤员做饭。若是有人来磨面，毛丕礼就伸手讨要一些，当地百姓看着红军伤员可怜，也主动捐送一些。就这样，毛丕礼把红军伤员当成自己的亲人一样照顾，他还让妻子马佩兰和他的弟媳为红军伤员清洗伤口。由于天气寒冷，3 间草房也无法容纳几十名伤员，毛丕礼就将几个重伤员背到水磨房自己的住处，让他们睡在自家的热炕上。

为了防止伤员伤势继续恶化和缓解人多粮少的矛盾，毛丕礼将膝关节受伤和腰部被子弹射穿的 16 岁的四川籍红军陈永红、被敌人

毛丕礼一家

马刀砍伤面部的18岁的四川籍红军魏玉德、小腿负重伤的23岁的四川籍红军任元谋3人背回毛卜喇自己家中，让他母亲陈氏分担养护。

毛卜喇距杏树庄有10公里。由于是山后的村子，相对闭塞，毛丕礼的母亲每天用麻油和豆面调成糊状，敷在三个红军化脓的伤口上，用狗舔排毒的土办法为伤员减轻痛苦。在毛母的精心照料下，红军伤员的伤势得到了控制。

1937年春天，在杏树庄养护的30余名红军先后恢复了健康，陆续离开。有十多名红军在地方群众的掩护下先后在当地成家定居。魏玉德经过毛丕礼母亲的精心照料，伤势痊愈。他想帮助毛家做点力所能及的事情，来报答他们的救命之恩。一天，魏玉德赶着毛丕礼家的羊去放牧，途中碰到4个马家军骑兵，他们要强行抓羊宰杀吃肉。魏玉德起初装作哑巴阻拦，却遭到马家军一顿鞭打。被惹怒了的魏玉德张口大骂，敌人认定这个四川口音的人就是红军。于是，他们将魏玉德绑到了毛丕礼家中，又借故毛丕礼窝藏红军，进行敲诈勒索。毛丕礼被他们捆绑起来，与魏玉德一起被带到保长家中。他们将毛丕礼吊在梁上拷打，还威胁毛丕礼"将共产娃子抓去当马夫"，要以"通匪"论罪，逼他拿出1500块白洋赎身，毛丕礼不得不答应第二天卖了羊交白洋。他们一直把毛丕礼折磨到半夜才放下来。为防止

龚少明

龚少明的丈夫张登第

龚少明(左一)与流落永昌的部分老红军合影

毛丕礼逃跑，马敌还把毛丕礼和魏玉德夹在他们中间睡觉。夜间,趁马敌睡熟的机会,毛丕礼用牙齿解开了魏玉德身上的绳子,再让魏玉德帮他解开了绳子,两人从在门槛上睡觉的马匪腿上跨过去,在庄墙上搭了梯子,毛丕礼先把魏玉德吊下去,让他逃跑,自己把绳子拴在墙内的梯子上,翻出保长家的庄院,逃出虎口,又随同全家人一同进山躲避,才避免了一场灾难。

在毛丕礼的救助下，红军任元谋在他家生活了两年，伤愈后自谋生路,后定居青海大通县。魏玉德在他家生活了3年,后在杏树庄赘婿成家定居,解放后在某煤矿当了工人,后病故。陈永红因伤势严

1984年在西路军史料协作会上,龚少明(左二)与部分老红军参观高台纪念馆

重，在他家生活了 5 年后，在毛丕礼的帮助下，与他的族侄女毛香兰结婚，在毛卜喇定居，直到 1979 年去世。

在毛丕礼救护 3 位红军伤员期间，在梨园口战斗中小腿负伤的红西路军妇女团副连长龚少明和女战士龚有才，东返经过毛丕礼家时，也恳求留下养伤，毛丕礼又将两位收留养护。半年后，在毛丕礼的帮助下，龚少明嫁给了当地的赵登第，龚有才嫁给了当地的刘五爷，均定居毛卜喇。龚少明于 1986 年去世，龚有才于 1972 年去世。

1958 年，毛丕礼因救助红军有功，被推举出席了张掖专员公署召开的保护红军有功人员表彰大会，受到了党和政府的表彰奖励。1986 年，毛丕礼去世，享年 74 岁。

毛卜喇，这个户不足千家、名不见经传的小山村，蕴藏的红色故事与它北环的长城一样令人敬仰。

（王国华）

赵学普　黄开兰

——待红军战士如亲生子女

1937年农历二月中旬的一天，永昌县城南来了18名相互搀扶的红西路军失散人员，他们是在高台、临泽战斗失利后流落东行的。已是吃晚饭的时候了，这些红军战士在地主孙海州的庄子附近停下来休息。村子上空弥漫着雾霭和炊烟，几天没进粮米的红军想去乡亲们家里讨饭，但是，集体行动目标太大，易遭马家军搜捕，只好分开讨要。

一个衣衫褴褛，面容憔悴，双脚裹着毡条的女红军，一瘸一拐地来到北海子乡赵家庄村，在农民赵学普家的院门外停了下来。她叫杨桂香，16岁，四川巴中县人。参加红军前她是学生，参加红军后被编在妇女独立团，是个共青团员。

赵学普

赵学普家是一个河西农村常见的四合院，有堂屋、倒座和厦房。杨桂香惊慌不安地向院内张望着，由于天气寒冷，她浑身冻得发抖。院里的主妇黄开兰看见她，便走了过来。杨桂香向黄开兰讨饭吃，黄开兰才听出是个女的。杨桂香说的又是四川话，黄开兰意识到一定是个红军。看着这么小就出来当红军的杨桂香，黄开兰觉得太可怜，就赶紧把杨桂香扶进了屋，让她坐到热炕上的被窝中，给她端来了饭。

赵殿琨

杨桂香吃罢饭，在炕上一暖和，她冻伤的双脚上裹着的冻硬的毡片融化了，泥浆和汗水渗进冻坏的肉里，一阵阵钻心的疼，忍不住在炕上翻滚着“噢哟噢哟”地叫起来。黄开兰和女儿赵殿秀立刻找来剪刀，剪开女红军缝在脚上的毡条，这才发现那两只脚已经冻肿化脓。黄开兰让小女儿端来一盆冷水，把女红军的手脚都泡进盆里，轻轻帮她揉搓。过了好大一阵，杨桂香的疼痛稍稍减轻，她不再叫疼了，但双脚还是不敢着地。

家里突然来了个红军，让赵学普和黄开兰很为难。赵学普和黄开兰夫妇是赵家庄村普通的农民，这时他们已有 6 个孩子，大小和杨桂香差不了几岁。孩子渐渐长大，生活也越来越紧张。加之马家军对红军的搜捕很严，夫妻俩都知道家里留个红军会是什么后果。可是，黄开兰看着这个女红军实在可怜，便和赵学普商量将她留在了家里。

赵殿秀

当晚，赵学普先打发 17 岁的大儿子赵殿琨和 13 岁的二儿子赵殿玉连夜收拾好南倒座屋里的洋芋窖，在里边铺了些麦草，以便让杨桂香在意外情况下躲藏，他还叮嘱几个孩子千万不能走漏风声。黄开兰拿出女儿赵殿秀的衣服让杨桂香更换，杨桂香很快就脱掉了外面的衣服，可里面一件被汗水湿透的内衣却迟迟不愿脱掉。黄开兰感到奇怪，几经劝说，杨桂香才吞吞吐吐地说内衣夹缝里藏着“团证”。黄开兰也不知道“团证”是啥，便说：“不管是啥金贵的东西，我给你保存着！”听了黄开兰的话，杨桂香才将渗透血汗的内衣换下。

为防止马家军搜查，黄开兰把杨桂香换下的全部衣服都藏了起来。然后，她用蒲公英和甘草熬水，给杨桂香擦洗冻伤，用酒糟和温化的冻牛粪热敷杨桂香冻坏的手脚。经过七八天不间断的土法治疗，杨桂香冻坏的手脚消肿了，脓血开始收敛，只是脚还不敢着地走路。

虽然天天给杨桂香治伤，但赵学普家里藏了个红军，全家都很担心。他让孩子们每天都轮流到庄外瞭望，只要一见政保人员、军警或陌生人来，就赶紧回家报信，家里人先把杨桂香藏在窖内锁好，再去给来人开门。等外人走后，再把杨桂香放回热炕上。天气暖和时，女儿赵殿秀就在房顶上，一边装作干活一边放哨，让杨桂香在院内晒太阳。

一个多月后，杨桂香冻伤的手脚完全治好，双脚也能着地走路

赵学普、黄开兰一家

赵学普的妻子黄开兰

了。黄开兰给杨桂香梳了一条假辫子，让孩子们都叫她姐姐。遇到别人时就说是家里来的亲戚。杨桂香挂念着同行的红军，天天想继续往东走，东渡黄河，回陕北。赵学普夫妇担心一个女孩子路上危险大，同意她先出去打听打听，找个红军做伴。杨桂香独自一人到孙家庄附近，没有打听到任何消息，又回来了。又过了两三个月，马家军搜捕红军的活动停止了，杨桂香也能自由外出活动了。她听说永昌城里又来了许多流散红军，她让父亲去打听有没有留下来的红军去陕北，她也去城里打听了几次，都没有结果。最后一次，她又到县城举人王裕基家打听了情况，回来后决定不走了，可能她觉得已经失去了东返的希望。

从此，杨桂香成了赵学普家的一员。她像对待亲生父母一样对待赵学普、黄开兰夫妇，学着叫“爹”“妈”。对 6 个年龄相仿的孩子她也当成亲兄弟亲姐妹。平时，杨桂香跟着姐妹干家务，闲来无事，她就给家里人讲一些红军的事迹和革命道理。她劝父亲不要学地主的样子打新庄、盖新房，不要干剥削压迫穷人的坏事，不要给国民党干事。当时国民党实行保甲制度，来维持地方治安，甲长由地方群众轮流担任。1937 年秋冬间，轮到父亲赵学普当甲长时，杨桂香硬是劝他辞却了。

赵殿玉

1939 年农历正月十六日，赵学普因交不上苛捐杂税被押在了武威监狱。一次，日本飞机在永昌城南关投弹轰炸，黄开兰一家听说武威监狱被炸，杨桂香把生完孩子刚几天的母亲黄开兰放到了地窖里，就去县城打听消息。回来时,杨桂香拣了几块炸弹皮。母亲责备她太冒风险,她却说这些炸弹皮都是好钢铁,拾回来有用。

不久,赵学普释放回家,杨桂香得知有个“王部长”(当时永昌人都叫王泉媛为王部长)被“尕老五”(马进昌)俘虏了,她对父母说一定要救,不救她就会死。按照预先的约定,赵学普将从“尕老五”厕所洞里爬出的“王部长”接出,送到了东城门上。这事引起了敌人的怀疑,把赵学普抓去关了几个月。但不论敌人怎样折磨,赵学普都不承认,敌人无奈只好把他放了。

杨桂香勤快、细致,一年以后就能独自处理家务了,加上她和兄弟姐妹们都处得很融洽,所以很受父母的喜爱和器重。1939 年,赵殿秀出嫁到了永昌焦家庄乡杏树庄村的刘家。杨桂香也年满 18 岁,按当地的风俗,已到了该出嫁的时候。父母先给她物色了一家生活较好的人家,杨桂香拒绝了,她说婚姻要自己做主。这年夏天,河西堡宗家庄的亲戚来家里帮助修麦场的围墙。杨桂香送水送饭结识了贫苦青年李贵林,谈上了恋爱。农历八月,父母为她办了嫁妆,将她嫁了过去。结婚以后,杨桂香不忘赵学普全家的养护之情,逢年过节,都去走“娘家”,看望救她养她的父母和兄弟姐妹们。

1941 年,杨桂香在生孩子时不幸难产死亡,把杨桂香当亲生女儿的赵学普全家为此都很悲痛!那一年,赵学普家因交不上苛捐杂税,被国民党政府以抗拒公粮、军粮的罪名封了家门,全家人在三九寒天被撵了出去,流落到武威张义堡,靠给人打短工度日,直到 1949 年永昌解放后全家人才回到了永昌。

在赵学普与黄开兰的 9 个儿子中,二儿子赵殿玉参加过中国远征军;四儿子赵殿理参加过中国人民志愿军;五儿子赵殿辉参加中国人民解放军;七儿子赵殿基参加过中印战争。

1942 年 2 月,正在永昌中学上学的赵殿玉投笔从戎,保家卫国,他和 100 多名甘肃新兵在兰州集中后赴西安,被编入国防部教导 4 团,享受黄埔军校学员待遇。短暂训练后,参加中国远征军远征缅

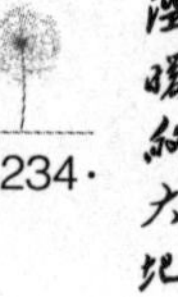

甸，投入抗日战场。在密支那的战役中赵殿玉右小腿被敌军子弹洞穿。在奉命进入云南作战时，赵殿玉活捉两名日本兵而获得一枚军功奖章。日本投降后，在远征军归国的战斗中，赵殿玉再次负伤，大腿被子弹击中，取出子弹后，愈合处一直隐隐作痛。直到1989年，疼痛加剧，赵殿玉到医院检查，医生在他大腿肌肉中又取出一颗子弹。1948年，赵殿玉回到家乡永昌。

1949年，中国人民解放军解放永昌时，赵殿辉参加了解放军，在祁连山剿匪中参与了活捉叛匪乌斯曼的战斗。剿匪结束后，赵殿辉回到永昌。

1950年，赵殿理参加中国人民志愿军，后转业到玉门油矿，与铁人王进喜同时担任正、副大队长。1958年，朱德委员长视察玉门油矿时，赵殿理和王进喜与朱德合影。1962年回到永昌。

1958年，赵殿基参加中国人民解放军，1962年参加中印战争，1963年复员回永昌。

永昌解放后，赵学普和黄开兰家是革命家庭，家里挂满了牌匾。

赵殿琨(后排中)、赵殿玉(后排右二)弟兄们

赵殿琨被选为永昌县人民代表，在初级社任社长；赵殿玉担任了乡长。

几十年过去了，这个革命家庭中的革命人已相继老去离世，1963年10月，赵学普去世。1974年10月，黄开兰去世。村上的人对赵学普全家救养女红军一事也渐渐忘却，不再有人提起。

“文化大革命”中，赵殿玉由于参加国民党的远征军而被打成“反革命”，判刑20年，在打柴沟服刑9年后平反。这时又有人揭发说赵学普家当年图了女红军的财，把她杀害了！于是被列为专案审查，一段时间后又不了了之。

1998年7月，当了一辈子农民又经历了风风雨雨、当年参与救助红军的赵殿琨去世，时年78岁。2007年，赴战抗敌又经历了枪林弹雨、当年参与救助红军的赵殿玉去世，时年83岁。

（董汉河　王国华）

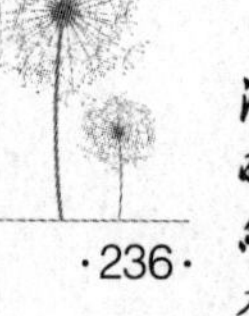

李泉山

——十二墩真诚的穷乡亲

李泉山

1937年3月14日石窝会议后，西路军总部作战参谋陈明义和警卫连排长肖永银，挑选20余名警卫护送徐向前、陈昌浩离开部队回陕北。他们20多人组成的小分队，艰难地在雪地里跋涉前进。一方面忍受着自然气候的恶劣和缺衣少食的饥寒交迫，一方面与围追堵截的敌人周旋。白天，他们隐蔽在山沟里、岩石下和树丛中；夜晚，他们快速兼程向着启明星升起的东方前进，就这样走了两个夜晚。

由于目标太大，敌人又查得很严，人多行动不方便，他们就兵分几路，徐向前、陈昌浩把带着的盘缠分了一部分给他们，便化装成失意的生意人，带着保卫科长和4位警卫员消失在山径上。

为了缩小目标，陈明义和肖永银把马拴在路边的树上，带着20多位交通员进山与敌人周旋。

陈明义，1917年3月出生于河南商城县一个贫苦农民家庭。1931年参加中国工农红军，1933年7月加入中国共产党。1936年10

月随徐向前西渡黄河，任西路军总部一局作战参谋，西征河西走廊。

陈明义

肖永银，1917年生，河南新县人。从小放牛，上过一年小学，后参加儿童团，当过队长。1930年参加中国工农红军，1935年4月加入中国共产党。1936年10月随红四方面军渡河，任西路军总部警卫连排长，西征河西走廊。

陈明义和肖永银带着二十几人在祁连山周旋了30多天。一天，他们被敌人包围在一座孤山上。他们抵挡了一天，子弹打光了，陈明义正用石头砸敌人时，一颗子弹打中了他的手腕，鲜血直流。到天黑，当他集合队伍突围时，二十几个战士已经死的死，亡的亡，只剩下他和肖永银。两人只好滚下崖去，在夜色掩护下脱了险。白天，他俩隐蔽在山沟里，夜晚向着启明星升起的东方走。渴了吃把雪，饿了嚼树皮充饥。

一天晚上，陈明义、肖永银来到了武威东北的十二墩村(现凉州区长城乡新庄村)。村子紧靠长城，在腾格里大沙漠边上。陈明义、肖永银二人投宿到李泉山家。李泉山是地道的农民，祖祖辈辈居住在十二墩，由于家中底子薄，是个小户人家，生活十分艰辛。但他尽力为两位红军战士提供方便，白天让陈明义和肖永银出门要饭充饥，夜晚让他们睡在自家炕上。为了换口饭吃，陈明义和肖永银替老乡干活、写信、记账。当地青年结婚，他们还和年轻人一同去闹新房，逐渐地同群众有了感情。老乡不把他们当成乞丐，而是当成有学问的落难人同情尊敬，慷慨地送给麦麸、炒面等。有人还想聘请他俩当教书先生，只是他俩归心似箭，总是婉言拒绝。半个月后，二人恢复了体力，决定越过沙漠，

肖永银

陈明义与妻子女儿

东返延安。

离开十二墩的前两天，为了准备过黄河和过黄河后的盘缠，他们把最后一枚金戒指拿出来，请李泉山到集市上换钱作路费。不幸的是金戒指被马家军官抢走了。李泉山哭着跑了回来，他觉得对不起两位处在绝境中的红军战士，大哭了一场，又把自家的被子抱出去当，想换了钱给他们作路费。陈明义和肖永银好歹说了半天，才把他劝住。临别时，李泉山过意不去，送给他们很多的干粮，还送了两个能装20磅水的大号葫芦给他们做水壶。李泉山流着泪紧紧握着陈明义和肖永银的手，苦苦挽留，村里的群众也纷纷出来，请求他们两人留下来给孩子们教书。但肖永银、陈明义怀着回延安的急切心情，和老乡们挥手道别，进入沙漠，踏上了东返的路程。

过了黄河，他俩晓行夜宿，到了甘肃环县的三岔镇，当他俩听说援西军司令部就驻在镇原县城时，就不顾一切地去了镇原。当他们

陈明义(左四)与流落张掖的红西路军战士合影

走进援西军司令部时，刘伯承很快接见了他们，并安排他俩吃饭、洗澡理发、换新衣。不久，他俩就接受了新任务，奔赴抗日的战场。

红军改编为国民革命军第八路军后，陈明义任一二九师司令部作战参谋。解放战争时期，陈明义任豫皖苏军区参谋长。1955 年，陈明义任西藏军区副司令员、司令员，成都军区副司令员。1955 年授予少将军衔。2002 年去世，享年 85 岁。

肖永银于 1938 年任一二九师三八五旅十四团一营营长、团长。新中国成立后，曾任南京军区装甲兵司令员，南京军区参谋长、副司令员，成都、武汉军区副司令员。1955 年被授予少将军衔。2002 年 4 月在南京去世，享年 85 岁。

（张　东）

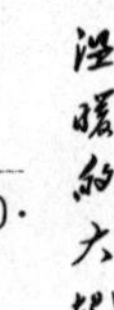

马二奶奶
——美德传承留千秋

1936年11月的一天，在武威河东乡的达家寨，一位小脚妇人带着儿子马丰林从娘家返回途中，听到了受伤后爬到达家庙里的红军战士张克成的求救声。这位妇人是武威谢河乡五坝村的“马二奶奶”。

马二奶奶名叫赵义秀，生于清光绪十五年（1888年）。丈夫马成德，是武威谢河乡五坝村人。因丈夫马成德在家中排行老二，人称“马二爷”，赵义秀也被人称为“马二奶奶”。1934年，丈夫马成德突然去世，赵义秀独自承担着抚养4个孩子的重担，生活极其艰辛。

随着呼救声，马二奶奶走进庙里，看见有六七个红军伤员，个个衣衫褴褛，面带菜色，有的包扎着简单的绷带，一个战士伤口还在流血，无法行走。看罢，马二奶奶走了。接下来的几天，马二奶奶每天都来庙里，给红军伤员们送来熬好的小米粥。

马二奶奶

那个伤口流血的红军叫张克成，四川南部县人，1913年出生，是红西路军九军二十七师七十九团二营八连的战士。1936年10月在古浪战斗中左腿中弹受伤，随部到了武威达家寨，大部队出发时与几个伤员一起掉队，躲藏到庙里。

张克成

达家寨的这座庙宇虽然年久失修，到处走风漏气，但中间正殿的主神像还完好，附近来上香的村民多少带点供品，几个掉队的战士在庙宇里靠着这些供奉神灵的食品维持着生命。几天后，另外几个战友陆续走了，张克成腿伤很重无法行走，只能继续留在庙里。

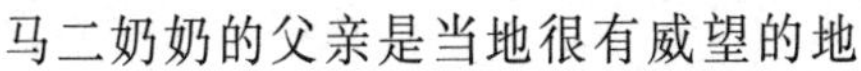

马二奶奶的父亲是当地很有威望的地主赵五爷。当马二奶奶向赵五爷说明想把这个红军伤员接回家的意图后，赵五爷知道救助红军会有全家被杀的危险，可不救，红军就会被杀或者被冻死。见女儿如此善行，赵五爷也动了恻隐之心。一天夜里，马二奶奶带领赵五爷差的人，用毛驴把张克成先驮到了赵五爷家中，赵五爷安排专人调养伺候。其间，马二奶奶每天都以回娘家为借口去看望张克成，用曲曲菜、大葱皮、艾蒿子、花椒熬水给他治伤。在马二奶奶父女的精心照料下，张克成的伤势逐渐好转。

张克成与妻子李玉珍

树大招风，赵五爷毕竟是当地的大户，很引保甲长注意。保甲长带着人到处搜查，这给赵五爷也带来了不小的麻烦。为了张克成的安全，马二奶奶又用毛驴把张克成转移到了五坝村自己的家中。由于孀居，两个儿子两个女儿都已是大人，家境十分窘迫。马二奶奶只能从娘家拿些细粮做成吃喝，精心伺候张克成。

中共甘肃省張掖地方委員会
甘肃省張掖專員公署
奖状
獎給
保護紅軍將士及其子弟有功的
馬二奶奶同志
一九五八年十月一日

马二奶奶参加保护红军有功人员座谈会的奖状

一次，保甲长带领几个人去马二奶奶家搜查。得到消息的马二奶奶灵机一动，支使走了自己的孩子，上炕钻进了被子里，搂上了张克成装睡。保长进来后，看到马二奶奶和儿子和衣睡觉，不好意思搜查，就走了。以后，保甲长几次三番地带人上门到马二奶奶家搜查，都被马二奶奶巧妙地支走了。

经过一段时间的治疗，张克成腿伤痊愈。伤好后，张克成唯恐再连累这位好心的大娘，坚持要去追赶大部队。马二奶奶怕他在路上遭遇不测，就执意挽留。可是，风声越来越紧，让张克成继续留在马二奶奶家危险更大。马二奶奶利用和区长孙延山的亲戚关系，求情孙延山，死磨硬缠地把张克成送到孙延山家躲避。搜捕的保甲人员虽有怀疑，但也不敢在区长家轻举妄动，终于使张克成躲过了劫难。为了保护张克成，马二奶奶的家境越来越困难，只得将不足出嫁年龄的小女儿早早嫁了人。

为了使张克成能够活下来，马二奶奶就让张克成装成哑巴，与自己的大儿子马丰林装作兄弟俩，利用马丰林的箍匠手艺，四处以钉锅补盆谋生，从而躲过了马匪的追杀。

时间久了，人们都传说马二奶奶有个红军儿子。把红军留在当地，保甲长十分惧怕，他们就想方设法逼迫张克成离开。1944 年，保甲长突然来到马二奶奶家，要抓她的红军儿子去当兵，马二奶奶将张克成藏在了窖里，保甲长就将马二奶奶的小儿子马向林抓走，顶替张克成在武威新城当兵。一天晚上，马向林逃跑出来，被敌人发现开枪追打，马向林趴在一个坟坑里才躲过了敌人的枪子。

马二奶奶的墓碑

马二奶奶把张克成当亲儿子看待，3 个儿子中张克成排行老二，张克成也叫马二奶奶为“妈妈”。1950 年，马二奶奶为张克成娶了邻村姑娘李玉珍为妻，土地改革时，张克成分到了土地和房屋，从此定居在了武威谢河。

张克成牵动了几家人，几家人保护了张克成。张克成为了报答马二奶奶的救命之恩，把自己的长女张瑞兰嫁给了马二奶奶的三孙马伯，两家结为亲家。从此，张克成和马二奶奶一家，骨肉相连，亲上加亲。

1958 年 10 月 1 日，中共张掖地委召开表彰保护红军有功人员大会。马二奶奶由于年老不便不能参加会议，她的儿子马向林和张克成到张掖参加了表彰大会，带回了中共甘肃省张掖地方委员会、甘肃省张掖专员公署对马二奶奶保护红军将士做出的贡献进行表彰奖励的奖状。

1961 年，马二奶奶去世，享年 75 岁。

1987 年 10 月张克成去世，终年 74 岁。

2011 年 11 月，凉州区人民政府为表彰马二奶奶救助红军的功德，特立碑纪念，上书“保护红军功犹在，美德传承留千秋”。

马二奶奶虽为一农村妇女，却能在乱世之中不避危险和贫困，救红军于危难之时，可谓德高齐天，功盖日月。

（温彩霞　王雷）

汉族老奶 藏族喇嘛 土族阿爹 四泉人
——都是红军的救命人

老红军吕仁礼头部右侧3寸来长皮肉绽起的刀疤给人留下非常突出的印象。因头骨碴子无法清除，刀口时时流脓出血。新中国成立初期，吕仁礼在北京协和医院治伤，苏联医生惊奇地问：“这样重的伤，你怎么没有死？”

对这样的问题，吕仁礼回答说：“我每每回忆起当年的艰苦经历，就想起那些给我饭吃，为我治伤，帮助过我，保护过我的汉族老奶，藏族喇嘛，土族阿爹，想起收留过我的四泉人……”

吕仁礼

1958年，驻军甘肃永登的中国人民解放军炮兵第十五师师长吕仁礼，响应上级号召下连当兵，他带部队在乌鞘岭下的石登寺山里挖石膏，他打听到20多年前流落过的四泉村就在附近不远处，便专程到四泉村（现甘肃永登县上川镇四泉村）看望了当年结识的张万功、张明功老哥俩。患难之交，情重如海。虽然张家哥俩的生活十分困难，但他们还是用手抓羊肉招待了吕仁礼。

吕仁礼，1916年出生于安徽省六安县，1931年参加红军，西路军时曾任五军骑兵团团长。高台战斗中，他被马家骑兵的马刀砍中头部右侧，昏死过去。第二天，马家军打扫战场时，发现吕仁礼还有一口气，让人把他拖到文庙里。骑兵团被俘的战士给他喂老百姓送去的小米汤，他慢慢好了起来，一段时间后，敌人用马车把他们押解去西宁。冰雪盖地，风沙弥漫，不少战友在伤痛、寒冷和饥饿的折磨下死在路旁，暴尸荒野，任狼狗争食。吕仁礼头上韭菜叶子宽窄的骨头渣子翘起，他咬牙拔了出来。走路时脚步一重，头就剧烈疼痛。为了御寒他从死人堆里拣了一件破皮袄裹在身上。

在路过民乐洪水时，红军伤员一夜之间被屠杀20多人。吕仁礼亲眼看见敌人的骑兵用热水洗刀上的血迹。行到大通二十里铺时，老百姓拿出大饼换他们的衣裳，说到了西宁乐家大湾被俘红军都要被活埋。他们被关押在村南的一家老财主家，大院北边是房子，南边是羊圈。晚饭吃的是稀稀的青稞面片加点小米和酸菜。吃得稀，就老要小便。开始敌人还开门锁门，后来小便的人多了，只好连门也不锁了。吕仁礼借到羊圈解手的机会，看清从羊圈旁边的土堆可以爬到房上。

后半夜，门口哨兵抱着枪打盹儿。机会难得，他装着解手，悄悄从羊圈旁边的土堆爬到房上，跳出了院墙。吕仁礼朝东跑了一里多路，天要亮了，路上人多起来，他不敢再跑了。他发现不远处有一座水磨，就在那里躲了起来。等天黑后，吕仁礼继续向东走。

在饥渴难耐的时候，他向一个背着背篓的汉族妈妈乞食。老妈妈把他领到家中，从炕洞里掏出几个烧熟的洋芋蛋，又端来一碗拌汤，让他吃喝。老妈妈50多岁，无儿无女，老伴又被拉到大通县城当民团，两年多没回来了，老妈妈一人孤苦伶仃地度日。吕仁礼吃喝后，就在老人的热炕上沉沉地睡了一觉。天快黑时，他要走了。老妈妈让吕仁礼穿上了给老伴缝制的棉衣棉裤，换下了他身上的血衣，又给了他一顶破毡帽，盖住了他头上正在化脓的伤口，还给了他一

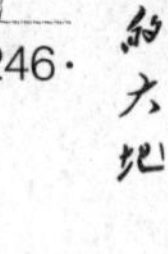

个讨饭的破褡裢，叮嘱说："你走山路，山上是番子和土人。川里不要走，碰上马家兵就没命了！"

几天后，吕仁礼来到张家寺的一个喇嘛庙，一位60多岁的藏族老喇嘛看他头上流脓流血，把他领到家里的热炕上休息，给他拌了点炒面，吃了顿饱饭。在喇嘛那里，早晨开水冲炒面，晚上青稞面片子，好心的喇嘛还用草药给他洗伤敷伤。他的伤口渐渐愈合后，归队心切的吕仁礼再三辞谢喇嘛后又踏上了归程。

青海与甘肃交界的大通河，河水咆哮，浪花翻卷。渡口有只小船，可是马家军把守很严，外乡口音的人是不可能过去的。正在吕仁礼焦急不安的时候，来了一位土族老乡，带着妻子和两个十几岁的女儿到甘肃永登赶烟场，替别人收大烟。

他哀求土族阿爹说："我是秦州人，给红军带路上来的，头上负伤。父母年龄大了，想回家去。大通河上有哨卡，我一个年轻人不好走，想同你们一块渡河！"

土族阿爹痛快地回答说："行，今晚你和我们住在一起，明个儿渡河。如果哨卡盘问的话，你就'哦，哦，哦'摆手不要说话。我就说你是我的儿子，是个哑巴！"

翌日清晨，他们一行顺利地过了大通河。

在永登城外，吕仁礼看见一群人在马家军队的威胁下修筑兰新公路，一打听方知正是西路军被俘将士。他心如刀割，但不敢停留。他随土族老人一家到了皋兰的秦王川。秦王川大烟收割还没开始，阿爹就帮他找零活干，一起住在沙坑里。割烟开始后，阿爹参加收割去了。他不会割烟，只好每天等人家收割完了，用小铁片在烟葫芦上刮一点遗留下来的烟浆，一天收一两钱，换点大饼吃。烟场结束后，麦收又开始了，他们又帮人拔麦子混口饭吃。

1937年7月，他来到秦王川北部的四泉村。当时，四泉村总共还不到10户人家。他化名杨戈，给一家小地主管牲口、放羊、打场干点零活。8月底，土族阿爹一家回青海了，他就留在四泉。

吕仁礼(前排中)与战友们合影

他在四泉结识了张明功、张万功兄弟。张万功是个佃户,全家3口人,有妻子、女儿,租种着地主的土地。张明功家里也有两个女儿和妻子共4口人。张明功让吕仁礼和他们一起给地主打场挣饭吃,张万功带吕仁礼到山里放牲口躲马匪,在张氏兄弟的掩护下,吕仁礼在四泉村度过了4个月。

秋天来了,从河南来了一批难民,有20多人,这些人既不要饭也不干活,专门敲诈富户和当官的,当地老百姓称他们是"吃大户"的。吕仁礼这时挣了几块白洋,奔延安的路线也打问清楚了,他就混进了这些人的队伍中。吕仁礼因是随行所以不分钱粮,只是拿个打狗棍子沿途挡狗讨点吃的,混个饱肚子。

第二年春,吕仁礼跟着这伙人从永登县境出发,在靖远附近渡过了黄河。在这里,吕仁礼意外地碰到了红五军四十五团政委张力雄,两人听说三岔有八路军办事处,合计了一下,便离开了河南人。他俩来到镇原三岔八路军办事处,从这里,他俩又踏上了去延安的路。

全国解放后,吕仁礼担任中国人民解放军第一野战军三军九师副师长。1952年西北部队整编时,吕仁礼升任炮兵第十五师师长,驻地在陕西咸阳一带。1954年,炮兵第十五师迁驻甘肃永登。1961年,吕仁礼授少将军衔。1964年离休。

就在吕仁礼离休的那年,张明功得了重病,吕仁礼专程前往看望,后还寄钱给他看病。1965年,张明功去世。

(冯亚光)

回族皮匠　藏族妇女

——都把红军当亲人

1937 年 3 月，红西路军总供给部部长郑义斋牺牲后，他的妻子杨文局正怀着 8 个月的身孕，在祁连山中被马匪俘虏。在押解过程中，因为杨文局要生孩子，敌人把就她丢掉了。就在杨文局饥寒交迫、在逃亡路上快被冻死时，一个路过的回族皮匠救了她。在这户老百姓家里，杨文局生下了郑义斋的遗腹子郑盟海。

杨文局，1913 年出生在四川省达川市魏兴乡，9 岁时被迫抵债到地主家当丫头。1928 年，杨文局逃离地主家，参加了川东游击队，1929 年加入中国共产党，后被编在红军总供给部任保管科长。1934 年 4 月，在川陕根据地，杨文局与总供给部部长郑义斋结婚。从那以后，他们夫妻一起经过了长征，又继续西征。

1950 年杨文局（前排右二）重新参加工作

1937 年 3 月 13 日，西路军余部不足 3000 人，被国民党马家军分割包围在祁连山中石窝附近的几个小山头上，形势十分危急。郑义斋和妻子杨文局与供给部的剩余同志集中在一个小山头

杨文局(左二)与流落张掖的红军合影

上,保护着西路军的全部经费。当日下午,郑义斋接到去总部开会的通知,他把同志们分开保管的金子、银元等集中到一起,用包袱包好,又让杨文局用针线密密地缝牢,准备次日送给总指挥部首长,作为部队疏散和首长潜返陕北的经费。

夜幕降临了,刺骨的寒风裹着祁连山的积雪,吹打着衣衫褴褛而又濒临绝境的西路军将士。阴森森的树林里,厚厚的积雪发着幽暗的光。同志们相互依偎着,坐在冰冷的雪地上,身体冻麻了,打着寒战。警卫员曾少章拾来干柴,扒开积雪,燃起一堆篝火,用仅剩的一个小铁壶熬了点小米稀粥,给郑义斋盛了一小茶杯。郑义斋接过杯子,喝了两口,就递给了身边的妻子杨文局。

此时的杨文局特别需要照顾。这并非因为她是供给部部长的夫人,而因为她是一位即将临产的孕妇。这已经是他们的第二个孩子了。第一个孩子是在长征刚开始生的,是个男孩,因行军打仗,不久就送给了一位老乡。第二个孩子又要出生了,他们却面临生离死别的绝境。作为丈夫,郑义斋知道自己的责任,他应该加倍关心已经怀孕 8 个月的杨文局。但是,此时此刻,他只能省出自己的几口稀粥,递给妻子。

14日一早，郑义斋带了十几个骑马的警卫人员，护送着杨文局缝牢的那个裹着金银的包袱，顺着山沟，向总部所在地出发了。但是，刚走出不远，郑义斋他们就被敌人包围了。郑义斋和十几名警卫人员全部牺牲在山坡上，残暴的马匪兵用马刀砍碎了郑义斋的尸体……

杨文局听到丈夫牺牲的噩耗，悲痛欲绝！同志们极力安慰着她，劝她保重，为郑部长保留下第二个孩子。“对，一定要把腹中的孩子保住，这是对郑文斋最好的纪念，也是自己和丈夫共同的希望所在。”于是，她挺起沉重的身子，随同志们转移分散。

冒着零下几十度的严寒，杨文局和3位女战友在大山里辗转三四天，又冻又饿，只好下山找老百姓想办法。在封冻的小河边，她们发现了马蹄和人的脚印，便惊喜地循迹而行。但不一会儿，便发现马蹄越来越多。“不好，可能是敌人！”说着，她们赶紧往回返。刚钻进一个破窑洞，还没几分钟的工夫，马家军一个连长就带着队伍把窑洞包围了。杨文局和几位赤手空拳的战友，束手被擒，被押送到张掖。几天后，敌人把杨文局等押往青海。半路上，杨文局要分娩，敌人才让她离开了俘虏的队伍。

梅洛桑确增

杨文局辗转来到武威张义堡的石嘴子，在这个藏、汉、回族杂居的深山村寨里，一个回民皮匠收留了她。这个回民原先是马家军的连长，退伍后住在乡下，开了个小铺子，没有老婆孩子，他很同情杨文局。在他家里，杨文局生下了孩子。

在这偏僻荒凉的寨子里，一个带着孩子的外乡女人，又是人人都

“怕”的“红军婆子”,怎么生活呢?为了等待时机寻找组织,为了革命的后代,杨文局抑制住内心难以忍受的悲痛,投靠了这个好心的回族皮匠。这个人后来成为她的丈夫,因为这个婚姻,杨文局才能够躲开马步芳部队的搜捕,把她和郑义斋的孩子抚养成人。

一次,杨文局跟着皮匠在西顶草原结识了一位善良的藏族妇女李坚草吉。李坚草吉的丈夫叫梅洛桑确增,汉名叫梅花汪,是西顶草原的富裕人家,也是一位乐善好施之人。在相互的交往中,杨文局与李坚草吉结下了友谊。由于皮匠经常在外,李坚草吉干脆把杨文局母子接到她家共同生活。杨文局和李坚草吉也结拜为姊妹,与儿子郑盟海在李坚草吉家生活了12年。

在这期间,杨文局想尽一切办法打听红军的消息,村里来了货郎,她总要去看看是不是组织派来的人。她还说服皮匠在村口路旁摆了个小杂货铺,一面做小买卖,一面注意来往的行人。经过一段时间,她打听到党在兰州设立了八路军办事处,她决心去兰州。可是,路途遥远,交通不便,杨文局几次带着孩子出走都被皮匠追了回来。

1949年,解放军渡过黄河进军河西走廊,杨文局闻讯,立即带上孩子,在李坚草吉的帮助下,骑上毛驴,翻山越岭找寻部队。当她在武威附近看到头戴红星的部队时,便不顾一切地高声哭叫起来:“我回来了!我回来了!”

1984年杨文局(左)与王定国(中)、董桂芳合影

杨文局回到部队后提出的唯一要求就是分配工作,尽快恢复党籍。党组织分配她任永昌县妇联主任,她以出色的工作使永昌县妇联成了全国学习的榜样,并于1950年初获准重新参加党的队伍。后

来，她先后在全国妇联少儿部、中央党校西北二分校工作和学习，最后又愉快地服从组织分配，到酒泉担任了劳改局被服厂厂长。

杨文局一直惦念、关注着西路军失败后散落西北各地的和她一样遭受种种苦难的战友。她利用各种机会到处调查访问，为他们排忧解难，奔走呼号。经过努力，她终于见到了徐向前元帅，使西路军失散人员的问题得到了解决。

1994 年 8 月，82 岁高龄的杨文局，嘱托她的在陕西省警察学校任校长的儿子郑盟海和在西安医科大学任教的儿媳雷晓莹千里迢迢到武威的张义堡、天祝的西顶草原，寻访曾经救过他们母子性命的救命恩人。回族皮匠和李坚草吉早已过世，两家后人在 50 年后再次重逢，再次续写着红军与藏族家庭的传奇故事。

（董汉河　王国华）

李姑姑　柴世贵　陈佩昌

——道俗两界的好心人

1936年冬天，天气又阴又冷，已是吃罢晚饭的时候了，大靖城南龙王庙的李姑姑从土炕上起来，推开门一看，一阵风正卷着雪屑在庙院里打旋，墙脚边和台阶下已积起了厚厚的雪。李姑姑连忙关起屋门，添了件衣服，拿起扫帚，从庙堂的台阶到山门口扫开了一条小道。当她推开山门时，门道里竟躺着一个人，身上裹着一块破旧的褐毯子，正瑟瑟发抖。李姑姑仔细一看，原来是个十八九岁的男娃娃，左脚还被破毯烂布包着。她连问几声，这个娃娃只是一个劲儿地摇头，好像是个哑巴。李姑姑慌忙叫了人，把这不明来历的娃娃抬进了庙里的土炕上。

李姑姑原名李国惠，自幼家境贫寒，成年后许配给了本地人杨自原为妻。可丈夫整天修炼邪法，想腾云驾雾，炼成个来无影去无踪的仙人。生了两个女儿后，丈夫还是不务农事，李国慧万念俱灰，与丈夫感情越来越疏远，便在大靖的龙王庙里当了道姑，时间久了人们渐渐淡忘了她的名字，都习惯地叫她李姑姑。李姑姑是出家之人，她认为“救人一命，胜造七级浮屠”。她赶紧央人请来了医生，天天为这个娃娃冻伤的脚清洗敷药，李姑姑更像照看亲生儿子一样精心呵护着这个娃娃。在与娃娃的接触中，李姑姑发现这娃娃是个“哑巴”，他虽不说话，但有时却热泪盈眶，分明是在表达着对自己关爱之情的感激。想想近几个月来，马家军到处清查追捕失散红军伤员，大呼小叫“见共不留，斩草除根”的恐怖情景，她似乎对这娃娃的身份有了某些感知。

一天傍晚，李姑姑悄悄问道：“这娃，我看你也不像是真哑巴，倒像个受伤的军人，你准定是红军的伤员吧？”“哑巴”终于忍不住放声痛哭起来。

他不是哑巴，他名叫廖代森，19 岁，是中国工农红军西路军九军二十五师七十三团三营八连战士，四川省宣汉县明月乡人。他父亲是个厨师，手艺很好，在地方上小有名气。父亲先后给他娶了 4 个妈妈，他是第二个母亲的孩子。小时候他读过几天私塾，识得几个字。后因父母关系不和，他离家出走，在一个小镇上给人家当了店员。1933 年 10 月，红四方面军来到了他所在的小镇，廖代森参加了红军。1936 年 10 月在甘肃会宁会师后，奉命向河西走廊挺进。红九军进入古浪县境后，在大鱼沟遭到敌人拦击。红军冲破防线在干柴洼与马家军打了一天一夜恶仗，重创了敌军，自己也损失惨重。突围后，又在横梁山与敌人交上了火，廖代森被手榴弹炸伤了左脚，5 个脚趾全炸没了。红军队伍连夜转移时，廖代森无法行走，就同几个伤员一起躲在了倒仰沟附近的一座破庙里。

大靖财神阁

当地老百姓非常好。虽然马家军严密搜捕，悬赏缉拿红军伤员，但他们还是冒着生命危险给红军战士通风报信，送吃送喝，秘密掩护。大靖山泉坝峡口村有个叫张应泰的人，用牲口把廖代森驮到了自己家里。张应泰是个老实的庄稼汉，他家有几亩山地，由于缺人手，种不过

红军在古浪的宣传品

来。他想把这个红军娃收养为干儿子，养好了伤帮他种地。然而，过了几天，张应泰见这娃伤势太重，外面搜捕红军的风声又紧，他认为庙里要比一般人家安全些，庙里的李姑姑也是个好心人。就给廖代森添了件衣服，包好了脚，裹了件旧毯子，要他装成哑巴，趁着黑夜用牲口把他驮送到了这个龙王庙里。

为了使廖代森能够长期稳定地生活，李姑姑又给廖代森找了个好心肠的人家。这人名叫柴世贵，是大靖城里有名的鞋匠，50多岁，有一个儿子，3个女儿。家境虽说不上富裕，但小日子过得还算殷实。柴世贵不愁吃，不愁穿，愁的是儿子二三十岁了却不上正道，他心里一直闷闷不乐。一天，柴世贵听说龙王庙里的李姑姑收养了个“哑娃子”，想找个好人家送去当养子，柴世贵便产生了行善积德的念头。见过几面之后，他对这“哑娃子”很是喜欢，就将廖代森正始认成了干儿子。柴世贵对这个干儿子寄予了很大的希望。他为廖代森四处寻医问药，精心调理，廖代森的伤势也就一天天好起来。

一年后，柴世贵的夫人又生了个儿子。柴世贵有个朋友叫陈佩昌，是个皮匠，在大靖城里也小有名气。他生了5个女儿，却没有儿子，心里一直乐不起来。柴世贵就把“哑巴”干儿子送给了陈佩昌。陈佩昌很高兴，从此总算有了一个干儿子，只是又聋又哑又瘸而已。

没过多久，由于陈佩昌夫妇不能与这个干儿子和睦相处，柴世贵又用毛驴把干儿子驮回了自己家。从此，“哑巴”既当干儿子又当徒弟，柴世贵毫无保留地教给了他做鞋的技术。后来，老鞋匠见干儿子年龄已不小了，就花 16 块大洋，托人为其说成了一门亲事，让他成婚落户在古浪县山泉乡（现甘肃古浪县民权乡）西川村定居。

1949 年 9 月 13 日古浪解放。装了 13 年哑巴的廖代森终于开口说话了。古浪县人民政府县长杨隆凯任命廖代森为大靖区山泉乡乡长。1953 年，廖代森被派往天祝县干部学校学习，1957 年分配到古浪县商业局工作。1963 年，廖代森病逝，时年 46 岁。

廖代森的救命恩人李姑姑、柴世贵和陈佩昌也都于 20 世纪 60 年代先后去世。

（丁国文）

杜荣堂

——救助红军的英模人物

杜荣堂，男，1885年4月6日生，甘肃古浪县定宁镇星光村岘子组人。1936年11月15日晚，红西路军向古浪行进，一个十七八岁的小红军因有病，在晚上行军时又过于劳累，坐在路旁休息时，不知不觉睡着了，结果掉队了。他背着一支长枪和一小捆行李，带着一个手榴弹，在定宁寨杜家岘子要饭吃，并请求住宿。马家军的恐吓与搜查使村民不敢让红军留宿，这个小红军便来到了附近的打麦场上。

杜荣堂看见后，他从打麦场上把小红军领到了自己家里。此时杜荣堂已有4个孩子，家境并不宽裕。别人也劝杜荣堂不要救，但杜荣堂是个善良人，小红军病情又很严重，他觉得"如果没人救，这个娃娃等跑到古浪就跑死了"！因此，别人害怕他不害怕，他和妻子郑氏熬好"四合汤"(民间土方)让小红军喝了后，用针扎他的手指头放出黑血，并让小红军睡在热炕上出汗。小红军喝了水，吃了饭，又出了汗，病情逐渐好转。晚上，家里来了两个人，说红军不能救，救了有杀头的风险，万

杜荣堂

一被马家军抓走，孩子还小，怎么办？劝杜荣堂赶快将红军送走。为了防止马家军搜查，杜荣堂让小红军住在庄门外的小草房里，这个草房靠近一条沟，万一有人搜查可以顺沟跑走。不料，当天晚上就有人闯进小草房，恐吓要杀小红军，小红军的枪和行李被抢走了。第二天，杜荣堂了解到红军在古浪驻扎，决定将小红军送到古浪。小红军在杜家又住了几天，杜荣堂亲自用毛驴驮着小红军送到古浪红九军驻地。红军的首长和战士们对杜荣堂热情友好，让他吃了饭，并给了他一斗二升小麦和一桶香油作为酬谢。

红军部队西去后，国民党中央军把杜荣堂传去要枪，杜荣堂用24两大烟请居住在当地的河南人张象克去说情，并写下了“有枪给枪，没枪给120块大洋”的条子。后来杜荣堂卖了8石糜子，给中央军送上了大洋，中央军出具收到一支枪的条子方才罢事。又过了一月时间，马匪军来了，又把杜荣堂抓去，脖子上被坠上磨盘，严刑拷打向他要枪，后来他的家人卖了20石小麦，又卖了豌豆、驴、马等，凑了800块大洋，顶了枪钱，才把杜荣堂从古浪马家军的营部赎回。杜荣堂回到家，手脚没有一处好的地方，袜子已经和血粘在一起无法脱下，只好用剪刀剪开剥去。杜荣堂在家躺了3个月，伤才慢慢好转，但只能靠借债生活了。

当年红军给杜荣堂送香油的油桶

杜荣堂虽然因为救红军遭到马匪军的毒打，但他并没有被吓倒，1937年3月，红西路军遭到失败，失散的红军三三两两陆续东返。一天晚上，有4个红军在杜荣堂家门外请求留宿，杜荣堂让他们到家里吃饭、住宿，几天后的夜里将他们送走。4月，杜荣堂听说杜家岘子有人抓了一个红军，杜荣堂找到这个人

中共甘肃省张掖地方委员会
甘肃省张掖专员公署
奖状
奖给
保护红军将士及其子弟有功的
杜荣堂同志
一九五八年十月三日

杜荣堂的奖状

进行了斥责，他才将这个红军放了。随后，在杜荣堂的指点下，这个红军顺利东返。

古浪解放前，杜荣堂的妻子郑氏去世，杜荣堂种地、做饭、带孩子，一个人撑着家。

1958 年 10 月 3 日，在中共张掖地委、张掖专员公署召开的救助红军有功人员表彰大会上，杜荣堂因保护红军有功而受到表彰奖励。政府还奖给他青布、蓝布和床单等物品。

1973 年 4 月 23 日，杜荣堂去世，享年 88 岁。

（丁国文）

邓兰英

——被红军称为妈妈

邓兰英,女,生于1900年,甘肃古浪县横梁乡朱家墩村小山组农民,与丈夫刘玉经营着几亩山地,过着贫寒的日子。1936年红军西进,在横梁山与马匪作战,14岁的小红军许明杰,脖子上被马匪砍了两刀,后因伤势过重掉队。许明杰在老乡家讨饭时碰到了邓兰英,邓兰英十分同情他,将许明杰收留在家。许明杰因伤口恶化,病情十分危急,邓兰英立即用盐水洗净后在伤口上贴上麝香。在邓兰英的精心照料下,许明杰的伤势逐渐好转。

家里突然多了个生人,难免有人猜疑。为了避人耳目,邓兰英和丈夫刘玉把许明杰认作了干儿子,对外人说是一个远方亲戚的孩子。刘玉到大靖城扯来布匹,邓兰英为许明杰做了一件深蓝洋布面子白里子的新棉衣,还给许明杰买了一顶新棉帽。邓兰英夫妇把许明杰视如亲生,相依为命。

但是,可恶的保甲长不让许明杰住在邓兰英家里,他们领着马匪军一次一次地搜查,邓兰英夫妇只好把许明杰送到附近的炭窑装成哑巴躲避敌人。

邓兰英夫妇因为保护红军许明杰,多次受到保甲长的敲诈勒索。保长祁天山时时处处找麻烦,经常谩骂恐吓邓兰英:"刘玉婆子,你把红军娃子留下了,向你的红军娃子要枪哩!"还把刘玉抓去,上拔断筋的刑法来要枪。许明杰来时本来就是空手,但保甲长经常拿这件事来威胁，敲诈勒索了不少钱财。许明杰经常哭着说："妈妈，人抓得站不住，咋办哩？"

1937 年 9 月 22 日，许明杰到当地开铺子的地主祁柱家买纸时，被祁柱扣下，祁柱向邓兰英夫妇要枪，邓兰英没有办法，后来给了祁柱 20 块钱才算了事。

1940 年，许明杰被保长赵明福领的马家兵扣下，借口要枪和子弹，邓兰英夫妇把 3 亩水地佃给了人，给了他们 200 块大洋才了事。就这样，马匪还借口邓兰英把子弹给了她的弟弟，又敲诈了邓兰英弟弟 200 块大洋。一次，甲长祁谱把许明杰抓去当兵，邓兰英出面阻拦，祁谱用绳子把邓兰英捆了，又把刘玉抓到大靖城拷打，后来邓兰英托人给祁谱送了一包麝香才将刘玉放回家。

红军许明杰在邓兰英夫妇的保护下住了 6 年。1942 年，许明杰在保甲长的逼迫下实在住不下去了，邓兰英夫妇就给许明杰准备了简单的行装和食物、盘缠，让许明杰返回了家乡四川省巴州县孙家坪乡神坛村。古浪解放前，许明杰还来过几封信，曾再三邀请邓兰英夫

红军曾经召开过会议的古浪土门大庙

古浪横梁山红军与马匪激战的战场

妇搬到四川省巴州县去住，被邓兰英夫妇婉言谢绝了，后再无音讯。

邓兰英夫妇在保护许明杰的同时，还保护过一个红军。那是许明杰到她家不久，有一位30多岁，头上、身上都有枪伤，5个脚趾都被冻烂的名叫耿宗福的红军，他被人夺去财物后推下枯井。邓兰英的丈夫刘玉发现后将耿宗福救出领回自己家里，邓兰英精心照顾，给吃给喝，白天抬到院子里在阳光下晒洗伤口，晚上抬到热炕上。邓兰英热心照顾耿宗福，耿宗福也亲切地称邓兰英为“妈妈”。

耿宗福会做木匠活，他说等他病好了要给邓兰英夫妇盖房子。不料一个月后，由于耿宗福伤势过重，导致股骨头坏死而死亡。临死前，为了答谢邓兰英的救命之恩，耿宗福将一条银链留给邓兰英做纪念。古浪解放后，邓兰英夫妇把银链交给了人民政府。

1958年10月，中共张掖地委、张掖专员公署召开救助红军有功人员表彰大会，当时由于古浪修大靖峡水库，邓兰英全家搬到了天祝居住，她没有收到会议通知，也没能参加表彰大会。1959年，刘玉去世，时年50多岁。邓兰英1983年3月去世，时年83岁。

（丁国文）

杨万才　赵全贞

——负有使命的“婚姻”

在电视剧《潜伏》中，中共情报人员余则成和翠平在敌人眼皮底下乔装夫妻，上演了一幕精彩谍战剧。1937年，青海西宁马步芳部队中被俘的红军战士杨万才、赵全贞，为了营救被俘的红西路军组织部长张琴秋，舍生取义，在马步芳的虎穴里上演了一场真实版的《潜伏》。

1937年5月3日的《青海日报》第3版上有这样一条短短的消息：红军俘虏杨万才，四川苍溪人，17岁，与红军新剧团团员赵全贞，四川巴县人，16岁，在家时由双方父母订立婚约，于今日行结婚礼。由新剧团团长赵仰天为主婚人，李晓钟为证婚人，王剑年、韩山如为介绍人。马军长亲临参加，杨厅长希尧训话。席间并由该团团员表演歌舞。

一份由国民党马家军控制的报纸上，怎么会出现一则关于红西路战士结婚的消息呢？两个红西路军战士为什么要在敌人的地盘上举行婚礼呢？

1936年12月5日，驻扎在甘肃永昌的红西路军总部“前进剧团”奉命去慰问演出，在永昌二十里铺遭到马家军包围，杨万才、王定国等30余人被俘，3个月后他们从甘州被押解到西宁，杨万才给马步芳工兵营营长马进忠当了勤务兵，王定国被编在了马步芳的“新剧团”。

一天，杨万才到“新剧团”去找王定国，见到了被俘后更名潜伏在剧团的红西路军组织部部长张琴秋。张琴秋在祁连山战斗中因弹尽力竭被俘，在押解青海途中她改名“苟秀英”并化装成伙夫，到青海后在羊毛厂做苦工，是当时马家军重点搜捕的红西路军领导人之一。王定国获悉张琴秋到了青海，就以剧团缺伙夫为名，将张琴秋要进剧团掩护了起来。

张琴秋

不久，马步芳得知张琴秋被俘，并已解送青海。于是到处张贴告示，悬赏重金捉拿，张琴秋的安全受到严重威胁。为了保护张琴秋，王定国和另外两位被俘的新剧团成员黄光秀、赵全贞想出了一条计策。

一天晚上，黄光秀利用马步芳对她宠爱的优势，找到马步芳，告诉他说赵全贞和杨万才是从小订的娃娃亲，两个人一块当红军一块到河西，如今失散了，赵全贞想找到她的未婚夫杨万才和他完婚。在黄光秀的劝说下，马步芳答应寻找杨万才。不久，黄光秀又去说服剧团团长、马匪司令部参谋处主任赵仰天。赵仰天怕赵全贞闹情绪，影响全剧团，耽误马步芳看演出，也答应派人寻找杨万才。

在做通马匪的工作后，王定国代表组织找到杨万才，让他和赵全贞假结婚，组成“临时家庭”，借此转移和掩护张琴秋。

就在王定国和杨万才谈完话的当晚，马步芳派传令兵来叫黄光秀去跳舞。黄光秀跳完舞后告诉马步芳，说杨万才找到了，赵全贞要求立刻完婚，马步芳一口答应。马步芳之所以这么做，其实也有他自己的打算：当时国共两党已合作抗日，中央一再向他致电不要加害红军，他要以支持红军俘虏婚姻的举动，向中共表明自己的“宽大”，以掩盖他屠杀红军的罪行，捞取政治资本。

过了几天，马步芳亲自下令让赵仰天当主婚人，并把杨万才、赵全贞结婚的消息刊登在《青海日报》上。马步芳还亲自过问婚事，把杨万才和赵全贞叫到他的官邸，当面把他们的婚事安排给赵仰天操办。

在赵仰天的操持下，杨万才和赵全贞顺利“结婚”，婚礼办得隆重而热闹。赵仰天认赵全贞为干女儿，马步芳携带礼物亲自参加婚礼，马家军高级官员和省府各厅县都前来恭贺。

杨万才和赵全贞“结婚”后，赵仰天就把杨万才从工兵营调到一〇〇师师部当勤务兵，杨万才经常晚上住在师部。一天，赵全贞找到赵仰天，以“杨万才经常不在家，一个人晚上睡觉害怕”为由，提出找个做伴的人，并点名要“苟秀英”，这样，张琴秋顺利到了杨万才的“家”。

张琴秋到了杨万才和赵全贞的“家”，这里就成了红军女俘们的秘密活动中心。为了让张琴秋及时了解外面的形势，以领导红军的斗争，杨万才利用给赵仰天当勤务的有利条件，经常给她偷些报纸看，阅毕再送回。一天，他看到《河西日报》上登着悬赏捉拿张琴秋的消息，就偷偷将报纸带回家，由于疏忽，没有及时送回。赵仰天发觉后追查，他矢口否认。赵仰天恼怒了，即令人把他捆绑起来，抡起马鞭将杨万才打了个半死才让人架着回了“家”。

后来，由于叛徒告密，西宁城到处搜捕张琴秋。加上马步芳下令解散剧团，女俘嫁人，男俘补兵，王定国等几个女俘被押往甘肃张掖，剧团剩下的人少了，继续掩护张琴秋已不可能。杨万才和赵全贞经过商量，决定让张琴秋离“家”转移。

陶万荣(后改名苏风)

剧团附近有个中山医院，里面也有几十名女俘。中山医院的院长叫谢刚

吴仲廉

杰，她有个女儿叫谢宗珞，此时正要去外地上学。通过细致的工作，中山医院的红西路军女俘说通了院长谢刚杰的女儿谢宗珞，愿意要张琴秋、吴仲廉、陶万荣等人当仆人随行。随后，赵全贞找到赵仰天，说苟秀英长了大疮（梅毒），得赶快离开，赵仰天答应了。就这样，张琴秋等人平安地来到中山医院，后以仆人身份随中山医院院长谢刚杰的女儿谢宗珞到达西安，又辗转回到了延安。

1937 年秋天，杨万才和赵全贞的婚姻被马步芳强行拆散，杨万才被调到马步芳骑兵暂编第一师，并随军东下参加抗日战争。该师参谋长赵仁对他颇为同情，部队开至西安时，赵仁即暗中允许他带上枪支、马匹回归延安。从此，杨万才亦如蛟龙归海，直奔抗日前线了。赵全贞则被马步芳的旅长马步銮霸占为妾，全国解放前夕被胁迫随之去了台湾。

杨万才后改名杨林，曾由于“历史问题”被关了几年牢房，后在天津驻军某部担任政委，退休后住在天津的干休所。

（董汉河　赵国鹏）

绽永贵

——真诚的党外朋友

1937 年农历 5 月初的一天早上 9 点，青海西宁马步芳一〇〇师师部参谋绽永贵到参谋处上班。管理“新剧团”的赵仰天对他说：“把孙桂英、王定国她们送张掖去了。”绽永贵事先一点也不知道，忙问：“啥时走的?”“今天早上刚押上马车走的。”绽永贵二话没说，骑上自行车就向北追去。

绽永贵是青海西宁人，马步芳第一〇〇师少校、中校参谋。早在马麒当循化营参将时，绽永贵的父亲绽福元就给他家担水做杂活。以后，马麒升任西宁镇总兵和青海省主席，调他父亲当差官，绽永贵即随父到西宁读书，时常出入马府。从幼时起，绽永贵就给马步芳的长子马继援当陪读，关系甚笃。尔后，马步芳当政，马继援到重庆上陆军大学时，仍由绽永贵相陪。绽永贵因从小喜文不喜武，在南京建筑学校毕业后，又回到马步芳部队中当了文官。马步芳知道他很爱好吹口琴，就时常让他为自己独奏。“新剧团”成立时，每逢演出，马步芳就指定他去伴奏，有时马步芳还责成他到“新剧团”去办一些事情，渐渐地，他和“新剧团”的被俘红军就熟悉起来了。

由于他与马步芳一家关系匪浅，马家军其他人都敬重礼让三分。因此，他可以常到“新剧团”的被俘女红军中活动，甚至吹着他最喜爱的口琴陪女红军们排练、演出。

1937 年春，绽永贵和被俘女红军戚永洁结婚。戚永洁是西路军

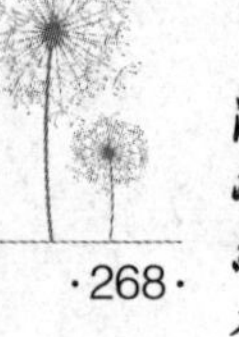

军医院的护士，在河西被俘，后分配在西宁羊毛厂撕羊毛。与他结婚后，经常用各种方式给他灌输革命思想，并要求他暗中设法照顾和营救新剧团里尚未暴露身份的红军干部和共产党员。这在当时，的确是要冒极大风险的，稍有不慎，就会在顷刻之间身首异处。他经过再三考虑，接受了戚永洁的忠告，答应一定积极地做些对被俘人员有益的事。

绽永贵从学校毕业回西宁不久，马步芳让他领着被俘红军修建西宁惠宁桥，他不但不虐待被俘红军，就是红军扛着面袋子逃跑他也不管。一次，绽永贵从马步芳中校副官马正虎那里得悉，马步芳要将一些被俘人员活埋、暗杀。他立即赶到"新剧团"，告诉了王定国、宋时华等人，要她们千万小心，见机行事，积极做好逃走准备。绽永贵还为她们筹助路费和干粮。

那天中午时分，绽永贵骑车在大通县桥头追上了押送王定国、孙桂英的马车，绽永贵叫马车停下，对押送的马家军排长说："马主席说了，路上要好好照顾她们，早住下，早休息，早起来，趁凉快赶路。要是乏了，让她们马上骑一会儿!"绽永贵拿出20块现大洋，交给王定国："这点钱给你们拿上，路上好喝个水！"王定国她们连声感谢。绽永贵又拿出5块现大洋，送给押送的排长："这是给你的。"排长立刻喜笑颜开，一再让绽永贵放心。回到西宁后，绽永贵又给穿戴破烂的张琴秋买了双鞋，准备让她逃走时穿。

王定国

1937年端阳节后，王定国等人被转往张掖韩起功部不久，后经兰州八路军办事处的党中央代表谢觉哉营救，回到了党的怀抱。

绽永贵救红军，是因为他不满马步芳的暴行。1929年，马步芳把俘虏的马仲英的一些人，还有冯玉祥部下国民军投诚的人，在甘州全部用日本刀砍死了。后来又杀了那么多被俘红军。他认为马家军太凶狠,太残暴了!

1949 年 9 月,绽永贵随部起义。解放后,绽永贵因历史问题被捕入狱,妻子戚永洁回原籍四川省阆中县戚家沟二龙场居住。1957 年底,他提前释放后,在《四川日报》登报寻找戚永洁,却杳无音信。1986 年,绽永贵听说戚永洁从四川到了兰州安明秀家,他马上跑去见了一面。1987 年,戚永洁到青海看望了绽永贵。

1982 年三四月间,绽永贵意外地收到了王定国、杨万才热情洋溢的信件。王定国在信中说:“我是 1936 年到 1937 年在青海一百师剧团里的王定国，你还记得吧?” 杨万才的信说:“你这几十年可好吗? 这几十年来，我和定国同志经常谈到你在革命低潮时对我们的帮助。想到这些,我们是很感激你的。”王定国还在另一封信里回述了一些往事:“你当时是保护我们的,常常为我们说话,有一次晚上,赵永鉴打我们,你还同他吵了起来。在物质上你也多次帮助过我们。过冬时,你为我买过一双棉鞋;去张掖时,你来送行,还给我们 20 块白洋作为盘费……”

原来,王定国和杨万才得知绽永贵还健在,便先后来信,邀请他到北京做客。1982 年 5 月,绽永贵到了北京,和他们促膝畅谈。1983 年 9 月，王定国来青海搜集西路军史料时，还特地在青海省政协主席沈岑等同志的陪同下，到绽永贵家里看望。这种感情使绽永贵老泪纵横,感慨万端。自然,他没有把这些仅仅看做是个人之间的深情厚谊,而是看做患难时对党外朋友的一种真诚。

绽永贵没有留下子女,只留下了我们对他深深的感激。

（董汉河　王国华）

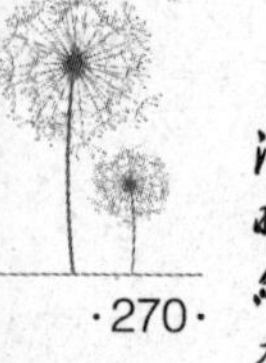

魔窟红星

——红西路军在张掖的秘密党组织

1937年，被俘后关押在甘州城内的红军战士面对敌人的白色恐怖英勇不屈，秘密组建了地下党支部。党在残酷环境中的活动一直没有停止过，并且酝酿了一次又一次的反抗斗争。

甘州城骆驼店内关押着200名被俘的红军战士。一天，韩起功的“补充营”来到甘州城骆驼店挑选了3名被俘红军去做劳役，其中就有在祁连山中被编入西行支队，后因战斗负伤滚下冰河被俘的红三十军八十八师二六五团九连连长刘德胜。刘德胜来到“补充营”被编在一连一班。过了半个月，他因患关节炎和左脚枪伤感染，无法继续干活，韩起功部只好将他送进伤兵医院。在住院期间，刘德胜遇见了曾在红西路军电台工作的战友邱均品、蔡文良，经过一段时间的交往，他们相互鼓励，坚定了革命信心，决心要团结起来，建立党的组织，营救西路军被俘、失散同志，寻机返回革命队伍。6月初的一天，刘德胜、邱均品、蔡文良来到甘州城

刘德胜(左)

内的一处芦苇塘边，秘密成立了张掖地下党支部。并推选刘德胜任党支部书记，邱均品为组织委员，蔡文良为宣传委员。

武杰

党支部成立后，首要任务就是联络其他党员，扩大党的组织。不久，邱均品就与从西宁来的敌三〇〇旅剧团内的被俘女战士王定国和在三〇〇旅司令部当勤务兵的三十军八十九师参谋武杰等同志取得了联系，了解到他们来张掖前曾见到了党中央派去的代表，党中央正在设法与国民党方面交涉营救被俘红军指战员。为了进一步扩大党的组织，壮大党的力量，地下党支部又一次秘密召开会议，对支部工作进行了明确分工："补充营"4个连和电台的党员，由邱均品联系，并由他和蔡文良利用给敌发报之机，用西路军波段密码与党中央取得联系，汇报当地被俘人员情况，配合党中央的营救工作；张掖看守所的秘密党支部，由王定国联系；敌三〇〇旅司令部八大处和张掖县邮政局的党员，由武杰联系；流落失散在甘州城的党员，由刘德胜联系；每个人与所找到的党员均保持单线联系。随后，党员们分头活动，武杰在甘州城街道上与靠做小买卖维生的寇惠民、李心政、李传珠、李学儒等同志取得了联系，并成立了街道临时党支部，李心政被选为党支部书记。在敌人修枪房里，由汤利仁、袁清平、李绍海等同志，组成了党小组。王定国在永积被服厂和王府街裁缝店，与胡嘉宾、周强同志取得了联系。徐世淑在街头与讨饭度日的黄志亭、刘克先同志接上了关系。这样，党支部经过两个月的工作，使支部党员数量发展到30多位，为营救被俘失散红军奠定了较好的基础。

为了摸清红西路军被俘指战员在敌监狱内的情况，更好地开展营救工作，党支部派人四处打听消息。通过关系，他们了解到张掖县看守所里也建立了由刘瑞龙、魏传统、董光益、刘静生、袁正明、徐宏

刘瑞龙

才、张玉清、惠子明8名被俘红西路军干部组建的狱中秘密党支部，刘瑞龙任党支部书记，魏传统任党支部副书记。其党支部以“坚定思想、稳定内部”为任务，相约绝不暴露身份，每天利用放风时间，在地上划“坚定”二字互勉；唱《苏武牧羊歌》，以“留胡节不辱”、“大节不稍亏”、“历尽难中难，心如铁石坚”等歌词相互激励。党支部了解到这些情况后，研究决定由王定国等同志做国民党张掖县县长马鹤年的工作，营救狱中刘瑞龙等红西路军的领导干部，并与狱内同志保持联系。经马鹤年帮助，通过几次探监联络，同志们更加坚定了信心，自由活动的范围也进一步扩大，联系的人越来越多，直到出狱，没有一个人暴露身份。

8月上旬，党中央派民主爱国人士高金城医生来到甘州重开福音堂医院，这个医院实际上变成了张掖地下党组织活动的秘密联络站。一天晚上，王定国在修枪工人董月英家里见到她曾认识的原在红四方面军工作的蔡光波同志，得知党委托高金城来营救被俘和失散同志们。随后，王定国、刘德胜等同志与高金城接上了头，通过高先生向兰州八路军办事处党中央代表谢觉哉同志汇报了张掖城各个地下党组织的成立及活动情况。从此，地下党组织的活动也开始转入了有组织、有领导、有计划、有目的的营救工作。高金城与韩起功交涉，安排王定国、徐世淑进福音堂医院当护士，利用看病送药的机会，出入敌人兵营，搜集情报，传递信息。此后，医院开始公开收留西路军伤病员，经治疗，凡能走的都尽量做工作给路费，让他们经兰州返回延安。党支部派王定国和蔡光波去花家寨寻找陈昌浩同志，得知了陈昌浩已经顺利地过了黄河的消息。接着，党支部又派王定国与陈大伟、张明新两位医生，以看病作掩护，在民乐县孙家庄和张掖大满堡一带联系和接应红西路军失散人员。还用复写纸写了“中国工农红军改为八路军；在兰州驻有办事处，地址在兰州南滩街54号，朱良才同志在那里接应你们”的条子100多张，散发给失散各处的红军战士；并告诉他们：“身体不好、行动不便的同志，到甘州福音堂后门，敲三下，有王定国、徐世淑同志接应。”

随着斗争的不断深入，党支部也加强了对敌韩起功司令部电台的控制，搜集了更多的情报。在敌电台内部当译电员的被俘红军战士，于8月下旬获知马步芳电令韩起功把关押在张掖的刘瑞龙等8名红军领导干部押往青海和“补充营”准备赴洪水修路的消息。针对这一重要情报，党支部在福音堂楼上召开会议，立即向兰州八路军办事处写信汇报情况。报告写好后，高金城又在纸上写了买药的介绍信话语，让蔡光波次日赶送兰州。随后，党支部安排刘德胜到监狱，将消息转告给里面的同志，让他们提高警惕，坚持斗争，配合党组织营救。后刘瑞龙、魏传统、徐宏才、惠子明4名同志回到了兰州八路军办事处。

张掖地下党支部从1937年6月初建立到10月底结束，在不断地努力下，共收容、营救西路军被俘、伤病、失散人员近300人，先后经过兰州八路军办事处和西安办事处辗转回到了延安，回到了党的怀抱，为我党在河西地区极其被动的环境下营救红西路军被俘战友，宣传发动广大人民群众，扩大我党和红军的影响，做出了巨大贡献。

（王雷）

无名大娘
——无字的丰碑

1937 年发生在高台的那段历史，就像一本沉重的书，它总让人在翻阅的过程中疼痛而又无奈。那是一段不堪回首的历史，那是令人不忍掀开的一章。

1937 年 1 月，中国工农红军第五军在高台与敌英勇奋战，终因寡不敌众，弹尽粮绝，高台失守。军长董振堂、政治部主任杨克明及 2000 多名将士壮烈牺牲。

每当看到这些文字，我们似乎嗅到了一些血腥的气息，似乎能看到西路军浴血奋战的场面。战争留给人们的总是灾难，可是在灾难的背后，却有那么一群善良的人们在那惨烈的瞬间依然留下了温暖的篇章。

“在部队出发攻占高台以前，我头部负重伤住医院治疗，部队从山丹县城出发攻占高台的当天我出院归队。在部队突围后，我到北街西边一个小巷子内北侧一群众家里躲避。这户人家离北街约有两百公尺，我进房门时家里有夫妻二人，住有 3 间房子，中间是堂屋，东侧是卧室，西侧是伙房。大伯、大娘年纪约四五十岁。大娘特别善良机灵，我进去后，她叮咛要我脱衣睡在炕上装有病不能起床，在敌兵来搜查时千万不能答话。我完全按照她的叮咛脱衣上炕睡下装病，她马上给我盖好被子，又端来大米稀饭和馍馍让我吃。睡了两小时，约在下午三四点左右，马步青、韩起功旅部特务连一排二班 3 个士兵进来搜查,我遵循大娘的意见不回答敌人的问题,全由大娘、大伯回答,3个士兵没有问出漏洞就走了。但狡猾的敌兵班长陈有祥走到院门前又返回来让我站起来,当我站起来时他发现小腿有绑腿痕迹,就肯定我是红军伤兵,要把我带走。大娘阻拦不准敌兵带走我。坚持争辩说我是她的儿子,不是红军伤兵,野蛮的敌兵就动手打大娘,目睹大娘为了掩护我而无故遭受毒打而不忍,我就跟随敌兵去了。"这是红军战士陈永禄的回忆。

陈永禄

陈永禄,红五军四十五团一营营部通信员,1937年红西路军高台战斗失败后被一对夫妇所救,后被敌兵所俘。由于时间短暂,陈永禄没有记住他们的姓名。但多少年过去了,那个小院依旧在他的心中,大娘那张温暖的脸一直在他的记忆中。

也许在人一生中,多少记忆都如浪花一朵,可是那朵浪花却浸润着他生命的河床,让他在以后的岁月里都无法释怀。只要想起那张脸,他的心都为之柔软;只要想起那个身影,他的眼睛都会湿润。让他在惨烈的战争中感受到了人间的温情,他知道那是人间的一种大爱。

尽管在那个小院里他没有逗留多久,可是他感受到了灵魂深处的温暖和感动。多少年之后,记忆依旧像是蛰伏在心中的一根电极,在疼痛中感觉有种说不出的温暖。也许就这样的一个片段,会温暖人的一生,就这样的一点光亮,会照亮记忆的路。

这是一段走远的历史,这是一段尘封的记忆。尽管战争无情,可是张掖质朴的人们和红西路军的故事在这片广袤的土地上广为流传,这又是一片多情的土地。

可是,那个老人却也成了疼痛的一部分,回忆的一部分,记忆无法绕道而行。

陈永禄

再后来，战争就以残酷的方式结束了，逝者与泥土永恒，生者就是最大的幸运。陈永禄是幸存者，不管怎么样，活着就是最大的幸福了。

如果能在活着的岁月里给救过自己的大娘说一声感谢，那也是他最大的心愿了。

结束的是战争，可是结束不了的是陈永禄对大娘深深的感恩。在那样的情况下，大娘为了他惨遭毒打的样子，一直刻在陈永禄心中。她坚毅的神色，她坦然的目光，她镇定的表情，那一瞬间他感觉那就是他的母亲。

其实，他也知道，当时在那片土地上有多少那样的大姐、大嫂、大娘，她们平凡的可以忘记自己的名字，可是她们却有一颗善良勇敢的心。

如今，高台县城已发生了翻天覆地的变化，西路军烈士纪念馆巍峨而又肃穆。可是多少西路军已经把鲜血浇灌了那片土地，开出了幸福的花朵，多少人依然去聆听历史的回声，多少人看到那些图片、文字依旧会潸然泪下。

老红军陈永禄已经与世长辞了，那个不知名的老大娘一定也早去了另外一个世界。我相信在另外一个世界，他一定会找到那个把他视为儿子的老人，因为那个无名的大娘那张温暖的脸就像是一座无字的丰碑一直矗立在他的心中。

但愿在另外一个世界里，他们能相认。

（吴晓明）

盲人妇女

——内心的光芒照耀着历史

笔者在一个搞党史的朋友那里见到一段文字，也就一百多字，虽寥寥数语，但它所描述的场景马上就清晰地展现在了我的眼前，令人思绪万千,颇有感慨：

“马家军攻占高台,气焰十分嚣张。除在城内烧杀抢掠残害人民群众外，还日夜不停地追杀红军。营长李中荣正遭马家军追捕无法脱身的时候,适逢一位双目失明的妇女,两人约好,假扮夫妻,掩护李中荣出城。行至城门,马家军要抓李中荣,用枪托将李中荣打倒在地,盲人妇女毫不犹豫地扑到李中荣身上,大哭大喊说:‘这是我丈夫,他是哑巴。’敌人查看男的是哑巴,女的是瞎子,就放他们出了城,李中荣脱险并平安找到了队伍。”

这似乎是某个枪战影片中的镜头，但却不是，这是张掖党史资料中真实的记载。仅此而已，一位双目失明的妇女冒着生命危险搭救了一位不知姓名、素昧平生的红军,她却没有留下名字,她所留给历史的特征仅仅只有4个字“双目失明”。这段记载是出自红军李中荣本人的回忆。

从描述中看，整个搭救的过程中这个妇女却表现出了博大的良善之心和临危不惧的机智从容。是什么使这个普普通通的残疾妇女在危急险恶关头做出了救红军一命的决定？又是什么使她临危不惧、机智沉着地在枪口刀尖面前演出了一节精彩剧目？

前奏后续如何似乎并不重要了，仅此一幕，一个人物丰盈的形象就在眼前了。不是话剧，不是电影，而是真实的历史片段，不存在夸张和渲染，在这段描述中几乎找不到形容词，但正因为它的真实而更显珍贵和感人。那个双目失明的妇女活生生地走进了我的心里，深深触动了我。偷偷试想，假如是我，目睹了几日马匪对红军的残忍屠杀，满目疮痍鲜血，再走近凶狠持枪的敌人面前该是何等的惊惧，哪能有那份淡定从容，从虎口救下一个陌生人呢。想想，对这个双目失明的妇女更增加了几分钦佩。

其实，这个小片断的背后有高台红军惨烈的历史记忆。1936 年寒冬腊月，红西路军挺进高台，面对天寒地冻，缺衣少食，依然坚守阵地，护佑群众，与疯狂残忍的马匪惨烈激战，直至弹尽粮绝，全军覆没。马匪对红军进行了极其残忍的屠杀，而当地人民群众也冒着生命危险，千方百计舍身搭救红军。红西路军为河西人民付出了生命和血的代价，我们的人民群众也为保护红军无惧无畏。

不为名，不为利，不计个人安危，舍身救义，河西人民群众的淳朴大爱令无数人为之感动，为之落泪。革命胜利后很多被救的红军都返回高台想方设法寻找救命恩人，报答恩情。政府也对救助过红军的一些群众进行了补偿和补助，但是就像这位双目失明的妇女一样没来得及留下姓名、后来无法寻找的人也很多很多。

我仿佛看到这位双目失明的大姐经历战火后破烂的衣衫和零乱的头发，她的眼睛虽然瞎了，但依然掩饰不住她无私和善良的内心。人说眼睛是人心灵的灯盏，她看不见世间的光明，却向往着光明，用全部的生命和心灵点亮着光明。无论是贫困还是残疾，无论身处险境还是枪口刀尖，她用她内心的光芒控诉着黑暗，挽救了一个红军的生命，也用这默默无闻的光芒照亮了历史，照亮了我们的心灵。让我们始终铭记，光明来之不易，而心灯是最亮的光芒！

（武强华）

魏传统将军的张掖情结

魏传统

2011 年 3 月，笔者在北京见到了魏传统将军的女儿魏芸，魏芸说她姐姐魏兰前几年去张掖时发现张掖钟鼓楼上有她父亲的字，嘱我回来拍照寄她留存。

是的，张掖钟鼓楼上西边悬挂的褐底绿字的牌匾“玉关晓月”正是魏传统将军题写的。魏传统和张掖有缘，他为张掖题写牌匾，不是一般的书法作品，而是有着特殊的意义。

魏传统，1908 年生于四川达县蒲家镇。1920 年，魏传统在达县第五高小读书时，就受到了革命的启蒙教育。1925 年他考入达县中学。1926 年秋，魏传统加入中国共产主义青年团。大革命失败后，魏传统离开学校，到农村秘密组织农会，选拔觉悟青年，组织游击队。1928 年春，魏传统加入中国共产党，党组织派他到一所小学以当老师做掩护，负责选拔训练培养青年，向红军游击队输送革命力量。

1933 年 10 月，魏传统随川东游击军转入红三十三军，任军政治部秘书长。1936 年 10 月，他随部西渡黄河，参加西路军西征，任先遣工作团秘书长。

1937 年 3 月，西路军兵败祁连山，魏传统接到上级命令，要他带几十个人疏散。他们与打散的小股部队聚拢起来编成了 3 个大队，魏传统被任命为骑兵大队政委。骑兵大队几次被马家军冲散，最后寡不敌众，魏传统等人被马家军抓到了甘州监狱。

在马家军的监狱里，魏传统和其他被俘的红军干部一起组建了党支部，他任副书记，和敌人进行了不屈的斗争。在狱中，他时刻不忘统战工作，和关押在监狱中的百姓拉家常，宣传红军的主张，组织大家绝食抗议马家军的疯狂虐待。他代表“犯人”和马家军谈判，改善了被俘红军的恶劣生存条件。他鼓励狱中的被俘红军紧密团结，互相支持。

1937 年 9 月，马步芳电令驻张掖的韩起功，要把关押在张掖监狱的魏传统等 8 名红军领导干部用一辆马车解往青海。由于党中央和各级党组织有计划地营救，3 天后，他们把魏传统等人从西宁押到国民党兰州绥靖公署贺耀组处。9 月 22 日，魏传统等 4 人回到了兰州八路军办事处。于同年 12 月初，谢觉哉送魏传统与刘瑞龙等 8 名西路军将士到达延安。

中华人民共和国成立后，魏传统相继任总政治部秘书长兼宣传部副部长，解放军艺术学院副院长、副政委、院长，总政治部宣传部顾问等职。1955 年被授予少将军衔。1996 年 8 月，魏传统在北京病逝。

魏传统的诗集

将军一生戎马倥偬，但诗词却伴随了他一生。1937 年，魏传统与大部队失散后，与另两位战友结伴行走在祁连山中。在那样的饥寒交迫中，他都不忘用诗人的浪漫情怀来记述事实、表达感情。这从他写的《祁连山之歌——1936 年在河西临邑》可以看出：

“黑河水，呜淙淙，敌骑紧追踪。敌人进山边，我们登山看，静听敌马乱嘶喊。敌人四处来，山麓升火焰。祁连山是无畏山，我们喜看山接天。祁连山是不朽山，哪怕雪光破眼帘。白白青松哀思多，烈士英魂永铭在我们心间……黑河水，淙淙呜，我们急急向东行，一心向往陕北到归程！攀悬崖，沿绝壁，五鼓三更待月明，漫漫长夜盼黎明。袁正明和小郭，两人欲歇脚，我也走不动，步履维艰从何说……三人只有半袋米，一月不曾止腹饥，各分一把和雪咽，边走边嚼，越嚼味越甘……牧人见我衣襟薄，牧人见我衣还新，衣色纵然新，难耐祁连寒风劲。他瞅瞅自己，又瞅瞅我，爽心就把皮袄脱，尊敬红军表爱心。我怀抱激情走黑河，临别寄语不成声，各自对耳语，大地将苏醒。他日再相见，戈壁必成春！”诗中句句涌动着人情的暖意，流泻着红军的英雄气概。

在北京，魏芸送给我新出版的《魏传统诗词全集》，仔细品读，字里行间无不渗透着浓浓的忆往昔的色彩。尤其是晚年的一些诗作，将军仿佛沉浸在对历史的沉思之中，笔端仍旧流淌着浓浓的红军情感。

1985 年，他在一首《悼长友》中写道：“追昔峥嵘岁月稠，抚今壮怀悼长友。长征路上经忧难，兵败祁连曾携手。辗转河西甥认舅，楚囚几度共休戚。患难之交情常在，鞠躬尽瘁亦风流。”说的就是 1937 年，王定国为营救在张掖监狱中羁押的西路军干部，急中生智将刘瑞龙认作舅舅的故事。

1986 年 8 月，魏传统到嘉峪关参加中国嘉峪关长城研究会成立大会后，来到了他相别近半个世纪的张掖，再次走进了历史。8 月 30 日，他在高台凭吊战友，写下了《高台雨》：“高台今见雨，不是为洗尘。陵园埋忠骨，榆林藏泪痕。深深感秋意，默默祭英灵。苦战知多少，难忘倪家营。”这不是普通的感伤诗，在秋雨绵绵的时节，分明是对长眠地下的战友的遥遥哀思。8 月 31 日，他在临泽又写下了《忆临泽》：“昔住沙河堡，今来观森林。曾吴别爱子，两眼泪沾襟。生死何所惧，抗战为国存。祁连饮恨久，今始满青山。”对当年曾日三和吴仲廉夫妇在强敌来袭、英勇反击的危难之时誓死舍生、临泽送子之事再作追忆。

1987 年，历史仿佛再次走近了他，10 月 10 日，他写下了《临泽送子》:“临泽送子百姓家，夫妻双眼似红霞。征途急于催行动，我辈同情望漠沙。”10 月 12 日他又写下了《据守倪家营子》:“高歌义勇进行曲，面对敌军鏖战激。据守倪家营实难，群众关注在全局。”再次表达对一起出生入死的战友的怀念，对倪家营老百姓那份化不开的浓情。

魏传统为张掖钟鼓楼题写的牌匾

魏传统酷爱书法，作为一名将军，向他求字索句的人很多，但流散全国各地的墨迹却很少。1986 年 8 月，魏传统来张掖时，正值张掖钟鼓楼维修，向全国征集牌匾。魏传统应邀欣然留下了“玉关晓月”的墨宝。也许，这是将军对革命历史的一种追忆和怀念，抑或是一种难以泯灭的张掖情结吧。

如今，《魏传统诗词全集》被陈列在甘州高金城纪念馆里，魏传统题写的“玉关晓月”也与钟鼓楼一起续写着张掖的历史。

（王国华）

后　记

《温暖的大地》是2008年6月由兰州大学出版社出版的《飘落的种子》的姊妹篇。红西路军西征失败后，部分被俘、失散的红西路军将士之所以能重回党的怀抱，之所以能在各地流落生存，是由于当地善良的人民伸出了援助之手。红西路军西征的事迹是感人的，各地人民救助红西路军的事迹更加感人。

自2002年开始，在各地调查流落红军事迹的过程中，我常常被感动着。在感动于一个个流落的红军战士身处困境仍与命运抗争的顽强与坚韧的同时，也被一个个朴实善良的人们不畏强暴、舍生忘死救助红军的事迹感动着。在张掖各县(区)、永昌、金川、凉州、古浪、天祝、酒泉、玉门收集整理流落红军资料的同时，将救助红军人员的资料一并收集，历经10年，成就了《温暖的大地》一书。

可以说当年对被俘和失散红西路军将士的营救，是一场不分民族、不分地域、不分阶级，超越信仰、超越血缘亲情的大营救。在党中央组织营救的同时，各地的宗教、商贾、军政等各界人士，汉、回、蒙、藏、裕固等各民族群众出于对红军的同情和人性的善良，对西路军指战员也自觉展开了生死大营救。可以说，没有各地人民群众的营救和掩护，就没有包括陈昌浩、徐向前等数千名指战员的东返，也没有流落在各地的800多名西路军战士的幸存。人民的善行义举，今天依然感天动地，可歌可泣。

在这场大营救中，当年的人们利用房内的夹墙、院中的榆树、山下的窑洞掩藏红军，并资助口粮和路费助红军东返，自己却遭受毒打，有的甚至付出了生命的代价。他们有的并不富裕，甚至残疾，但这些善良的人们就是凭着对红军朴素的认识，置性命于不顾，视红军为己出，以血肉之躯搭救不知姓名、素昧平生的红军，他们所表现出的博大与善良、机智与从容，诠释了人间的无疆大爱。

正是因为党中央及社会各界人士和各地各族人民的大营救，有4000多名红军战士虎口逃生。其中400多人进入新疆踏上了新的革命征途，为党和人民保存了一批宝贵的革命火种，在此后革命斗争的洗礼中，为中华民族的解放事业做出了巨大贡献，成为我党我军发展壮大的骨干；有近千人被历经艰险转送到八路军驻兰州、西安办事处；有2000多人在群众的帮助下几经周折回到四川、鄂豫皖老家；有800多人被各地群众掩护收留，在险恶的环境下得以生存。

《温暖的大地》记录了各地各族的80多位营救红西路军的各界人士的感人事迹，他们或父子、父女联手，或翁亲、翁婿联手，或夫妻、兄弟联手，以父母的名义，以丈夫的名义，以兄弟的名义，谱写了一曲曲人性的壮美之歌。新中国成立后，他们中有些人被政府表彰为有功人员，有些人却被湮没于历史的深处，但他们每个人都是一本厚厚的书，值得我们用一生去品读；他们的每个故事都是一曲回荡于天地之间的赞歌，值得我们世代去传唱。

成就这部书，得到了许多朋友、同行的支持与帮助，虽未一一列举，但要一并致谢！衷心谢谢你们！

王国华

2012年12月8日